WIZARD

ジャック・D・シュワッガー
Jack D. Schwager
長尾慎太郎[監修] 山口雅裕[訳]

シュワッガーの
マーケット教室

なぜ人はダーツを投げるサルに
投資の成績で勝てないのか

Market Sense and Nonsense
How the Markets Really Work (and How They Don't)
by Jack D. Schwager

PanRolling

Market Sense and Nonsense : How the Markets Really Work (and How They Don't)
by Jack D. Schwager

Copyright © 2012, Jack D. Schwager
All rights reserved

This translation published under license with the original publisher John Wiley & Sons, Inc.

監修者まえがき

　本書は、マーケットの魔術師シリーズの著者であるジャック・D・シュワッガーの手による"Market Sense and Nonsense : How the Markets Really Work (and How They Don't)"の邦訳である。シュワッガーはマーケットの魔術師シリーズにおいて、トレーダーやファンドマネジャーに対するインタビューアーとして超一流であることを証明して見せたが、彼の現在の本業はファンド・オブ・ヘッジファンズ（FoHFs）のマネジャーである。本書には著者がファンド・オブ・ヘッジファンズの運用を通じて学んだ知見が惜しみなく開示されている。特にリスクの正しい測定方法やレバレッジの使い方、パフォーマンスの評価についての解説は本当に素晴らしい。これらを含み本書を通じて展開されているのは、「良い投資戦略とは何か？」「パフォーマンスの良し悪しを判断するには何を基準にして評価すべきか？」という疑問に対する明快かつ精確な回答である。

　一般に、トレードシステムのレビューにおいても、投資先ファンドの選定においても、対象となる検証結果やトラックレコードを、相対的にあるいは絶対的に評価する必要がある。だが、それを客観的に判断する方法については、ファンド・オブ・ヘッジファンズに関連する業務に従事する関係者を除き、これまでは明確な指針が一般には知られていなかったのである。私の知るかぎり、個人投資家向けの書籍でこうした問いに正面から答えたのはシュワッガーが初めてである。

　さらに、彼の解答は同時に「どうすればこの不確実性の高いマーケットで手堅く利益を上げることができるのか？」という、投資家にとっての最大の悩みについてもひとつの見事な解決法を示している。本書13ページの「まえがき」で、『グリーンブラット投資法』や『株デビューする前に知っておくべき「魔法の公式」』（パンローリング）の

著者であるジョエル・グリーンブラットが「彼がもっと早くこの本を書いてくれたら……」と述べているが、私もまったく同感である。ここで、シュワッガーが本書で示した、優れた投資戦略やファンドをロジカルに選択する方法が画期的なのは、それが使い手の努力や経験を一切必要としないところにある。通常、自分自身の裁量でトレードする場合には、マーケットに打ち勝つために相当の努力や期間を要する。現に私たちはそのためにこれまで多くの犠牲を払ってきた。しかし、他者が運用するファンドに投資したり、良いトレードシステムを選択するだけなら、ただ単に本書を読むだけで良いのである。こんな楽な話はないではないか。今日では、良いトレーダーになるための方法論や理論モデルはすでに存在するものの、それでも必ずしもだれもがマーケットの魔術師になれるわけではない。しかし、少なくとも合理的で堅実な投資家となって資産を増やすことは、シュワッガーの教えによってだれでも可能になったのだ。

　翻訳にあたっては以下の方々に心から感謝の意を表したい。翻訳者の山口雅裕氏は分かりやすい翻訳を、そして阿部達郎氏は丁寧な編集・校正を行っていただいた。また本書が発行される機会を得たのはパンローリング社社長の後藤康徳氏のおかげである。

2013年6月

長尾慎太郎

監修者まえがき　　　1
まえがき　　　13
はじめに　　　15

第1部　市場とリターンとリスク

第1章　専門家のアドバイス　　　21
コメディ・セントラルかCNBCか　　　21
エルブス指数　　　25
有料アドバイス　　　27
投資の知恵　　　31

第2章　非効率的市場仮説　　　33
効率的市場仮説と観察から得られる証拠　　　34
価格は必ずしも正しくない　　　36
相場暴落中、ニュースはどうなっている？　　　46
ファンダメンタルズの変化と値動きとのずれ　　　51
値動きに市場のニュースは追随する　　　62
運か手腕か？　証拠1──ルネッサンス・メダリオンの運用実績　　　64
効率的市場仮説の前提にある欠陥──チェスの例え　　　66
勝とうとしない市場参加者もいる　　　68
欠けた材料　　　70
理由は間違っているが正しい──市場に打ち勝つのが難しいわけ　　　74
効率的市場仮説の欠陥を突き止める　　　76
効率的市場仮説が経済理論のごみ箱行きになる理由　　　78
投資の知恵　　　81

第3章 過去のリターンの圧力 ・・・・・・・・・・・・・・・・・・・ 83

リターンが高かった期間と低かった期間の後のS&Pのパフォーマンス　86

より長期的な投資期間で見たリターンが高かった期間と低かった期間の意味　88

最も良いセクターを選ぶと得をするのか？　91

ヘッジファンド──最もリターンが高かったファンドを選ぶ戦略のパフォーマンス　100

最も良かったセクターやファンドを選ぶ戦略のパフォーマンスはなぜ劣るのか？　108

ちょっと待った。言いたいことは……　109

投資の知恵　118

第4章 間違ったリスク評価 ・・・・・・・・・・・・・・・・・・・ 121

何も測らないほうがまし　121

リスク尺度としてのボラティリティ　122

何が問題なのか　126

隠れたリスク　130

隠れたリスクの評価　135

ボラティリティとリスクの混同　139

VaRの問題点　142

資産リスク──どうして見かけにだまされるのか、あるいは価格が重要なのか　144

投資の知恵　147

第5章 リスク以外にも関係するボラティリティ、レバレッジ型ETFの場合 ・・・・・・・・・・・・ 149

レバレッジ型ETF──期待したリターンが得られるとは限らない　150

投資の知恵　　　　　　　　　　　　　　　　　　　　　　160

第6章　運用実績の落とし穴 ……………………… 163
　隠れたリスク　　　　　　　　　　　　　　　　　　　　163
　データに関連する落とし穴　　　　　　　　　　　　　　164
　過去の良いパフォーマンスが望ましくないとき　　　　　166
　比較できないものの落とし穴　　　　　　　　　　　　　168
　より長期の運用実績のほうが不適切なこともある　　　　171
　投資の知恵　　　　　　　　　　　　　　　　　　　　　174

第7章　試算（プロフォルマ）による運用成績の意味と無意味 ……………………………………… 175
　投資の知恵　　　　　　　　　　　　　　　　　　　　　178

第8章　過去のパフォーマンスの評価法 ………… 179
　リターンだけでは無意味な理由　　　　　　　　　　　　179
　リスク調整済みリターン尺度　　　　　　　　　　　　　185
　チャートで見るパフォーマンス評価　　　　　　　　　　202
　投資の知恵　　　　　　　　　　　　　　　　　　　　　214

第9章　相関係数——事実と誤解 …………………… 217
　相関係数の定義　　　　　　　　　　　　　　　　　　　217
　相関係数は線形関係　　　　　　　　　　　　　　　　　218
　決定係数（r^2）　　　　　　　　　　　　　　　　　　218
　見せかけの（無意味な）相関関係　　　　　　　　　　　219
　相関関係についての誤解　　　　　　　　　　　　　　　222
　リターンがマイナスの期間に焦点を合わせる　　　　　　225
　相関係数とベータ　　　　　　　　　　　　　　　　　　228
　投資の知恵　　　　　　　　　　　　　　　　　　　　　231

第2部　投資対象としてのヘッジファンド

第10章　ヘッジファンドの起源 ……………………… 235

第11章　ヘッジファンド入門 …………………… 247
- ヘッジファンドと投資信託の違い　　　248
- ヘッジファンドのタイプ　　　253
- 株式との相関関係　　　265

第12章　ヘッジファンドへの投資──外見と実際 … 267
- ヘッジファンドに投資する根拠　　　269
- ポートフォリオにヘッジファンドを組み込む利点　　　271
- マネージドフューチャーズの特殊性　　　272
- 個々のヘッジファンドのリスク　　　274
- 投資の知恵　　　278

第13章　ヘッジファンドに対する警戒──人間であるが故の誤謬 ………………………………… 281
- 例え話　　　281
- ヘッジファンドは恐ろしい　　　283

第14章　ファンド・オブ・ヘッジファンズのパフォーマンスが単一のヘッジファンドに劣るという矛盾 …………………………………………… 291
- 投資の知恵　　　298

第15章　レバレッジの誤った考え ……………… 299
- 根拠のない投資ルールの愚かさ　　　302
- レバレッジと投資家の好み　　　303

レバレッジが危険なとき　　　　　　　　　　　　305
　　投資の知恵　　　　　　　　　　　　　　　　　　306

第16章　マネージドアカウント──投資家が利用しやすい代替手段 …………………………… 309
　　マネージドアカウントとファンドの重要な違い　　310
　　マネージドアカウントの主な利点　　　　　　　　311
　　専用のマネージドアカウントか、マネージドアカウントへの
　　　間接的な投資か　　　　　　　　　　　　　　　312
　　マネジャーはなぜマネージドアカウントに同意するのか？　313
　　マネージドアカウントに向かない戦略はあるか？　316
　　マネージドアカウントに反対する4つの一般的な意見について　316
　　投資の知恵　　　　　　　　　　　　　　　　　　323

第2部に対するあとがき──ヘッジファンドのリターンは幻想か？　325

第3部　重要なのはポートフォリオ

第17章　分散投資──10銘柄では不十分な理由 … 331
　　分散投資の利点　　　　　　　　　　　　　　　　331
　　分散投資──どれだけ増やせば十分か？　　　　　332
　　偶然性のリスク　　　　　　　　　　　　　　　　333
　　銘柄固有のリスク　　　　　　　　　　　　　　　337
　　分散投資の条件　　　　　　　　　　　　　　　　337
　　投資の知恵　　　　　　　　　　　　　　　　　　339

第18章　分散投資──増やすほど劣るとき ……… 341
　　投資の知恵　　　　　　　　　　　　　　　　　　346

第19章　ロビン・フッド流の投資　　　　　　　　347
新しい検証　　　　　　　　　　　　　　　　　350
リバランスはなぜうまくいくのか　　　　　　　355
誤解を防ぐために　　　　　　　　　　　　　　357
投資の知恵　　　　　　　　　　　　　　　　　358

第20章　ボラティリティが高いことは常に
　　　　　悪いのか？　　　　　　　　　　　　　361
投資の知恵　　　　　　　　　　　　　　　　　366

第21章　ポートフォリオ構築の原則　　　　　　　369
ポートフォリオ最適化の問題点　　　　　　　　369
ポートフォリオ構築の8原則　　　　　　　　　373
相関行列　　　　　　　　　　　　　　　　　　380
相関関係を超えて　　　　　　　　　　　　　　381
投資の知恵　　　　　　　　　　　　　　　　　385

終わりに　　　　　　　　　　　　　　　　　　　　387

付録A　オプション──基本を理解する　　　　　　393
付録B　リスク調整済みリターン尺度の公式　　　　399

死んだ魚をどんなに激しく水に放り込んでも、もう泳ぐことはない。──コンゴのことわざ

子供たちに、そして彼らと共に過ごした時代に愛を込めて
ダニエルに、そしてメーン州で楽しんだラフティングに（次回は救急外来で診察を受けなくても大丈夫だろう）
ザカリーに、そしてコスタリカの熱帯雨林や穴ぼこだらけの道やカニの行進に
サマンサに、そして特別な週末に過ごしたスイスのルガーノの山々やレストランに
あのころを思い出すと、思わず微笑んでしまう。彼らも同じであることを望む。

多くの時間を分かち合った妻、ジョアンに愛を込めて。2台のウィンドウエアコン、お金のない新婚旅行、イングランド北西部のボルトンで感謝祭に降った雪、マンハッタンから近いミネワスカとモホンクでの宿泊、メキシコの火山、マッターホルン、ノバスコシアとプリンスエドワード島でのドライブ、コネティカット州ガイスラーの別荘やエスカープメント、ビッグインディアン、冬のイエローストーン、エリー湖のロングポイント、それにマーサズビニヤード島のネットリザルトで過ごした週末に。

まえがき

　ジャック・シュワッガー氏から新しい著書のまえがきを書いてくれないかと頼まれたとき、最初は喜んだ。それなのに今、不満から書き始めるのは恩知らずだと思われるだろう。それでも、このまま書き進めたい。私は彼がもっと早くこの本を書いていてくれたらと思っているのだ。

　1970年代後半に大学院で経営学を学んでいたときに、この本が参考書として利用できていたら、どれほど助かっただろう。私はまったく納得いかない効率的市場仮説をそこで学んでいた（今日でも、経営大学院で教えられている）。少なくとも、教室の外で現実世界がどのように動いているかを、目を見開いて観察すれば、それは納得できる説ではなかった。効率的市場に関する、彼の簡潔で良識的な説明や反証が当時、私の目の前にあって、私の研究を導き、安心感を与えてくれていたらと思う。

　ポートフォリオマネジャーになりたてのころに、大学院で教えられた狭いフレームワークや、私が直観的に使ったフレームワーク（損するのではという恐怖と楽観の組み合わせ）だけでなく、リスクのあらゆる面を考慮しつつポートフォリオのリスクを考えられていたら良かったのに。

　私の顧客にこの本を渡せていたら良かった。そうすれば、彼らは最近のリターンやボラティリティ、相関関係、ドローダウンや良いパフォーマンスだけでなく、それらのすべてを長期的な視点でより深く理解できていただろうし、私やほかのマネジャーを判断する役にも立っただろう。

　ビジネススクールの教授としては、経営学を学ぶ私の学生にこの本を渡せていたら、彼らは授業や本で学んだ常識や誤った情報の正体を

見抜けるようになっただろうし、定説と化したたわ言やあいまいな考え方に染まって、間違った道に走る者もいなかっただろう。

また、この本があれば、長年にわたってかかわったすべての投資委員会で私の助けになっただろう。短期や長期の運用実績、リスク測定の基準、相関関係、ベンチマーク、指数、ポートフォリオの管理について考えるうえで、必ず役に立っただろう！（ジャック、君はどこにいたんだ？）

おそらく、友人や家族にとって最も重要なことだが、彼らがこの本を手渡されて、市場が実際にはどのように動き、そして、どのように動かないのかを理解し、生涯にわたって役立つことを学んでいたら、本当に良かっただろう。

それで、この信じられないほど簡潔で分かりやすく、良識ある市場の案内書を書いてくれたシュワッガー氏に感謝したい。遅くとも、ないよりはましだ。私は知人すべてに本書を勧める。これは今やあらゆる投資家の必読書であり、早く読むほど、望ましい。

2012年8月

ジョエル・グリーンブラット

はじめに

　昔、ウォール街のある大手証券会社でリサーチ担当部長として働いていたとき、私の仕事にはCTA（商品投資顧問業者。CTAとは当局の管理下で、先物市場でトレードを行うマネジャーたちの正式名称）の評価も含まれていた。CTAが規制当局から報告を求められる統計には、利益を出して解約した顧客口座の比率があった。そこで、私は驚くべき発見をした。私が調べた事実上すべてのCTAでは、損失を出した年が1回もないCTAも含めて、解約した口座の大半が純損失になっていたのだ！　その意味は明らかだ。投資家たちが投資するときと投資を引き揚げるときのタイミングが非常にまずいせいで、一貫して利益を出しているCTAを選んでいるときでさえ、彼らのほとんどが損をしていたのだ！　このタイミングのまずさは、投資対象のパフォーマンスが良くなったあとに投資をして、悪くなったあとで投資を引き揚げるという、一般投資家の傾向を反映している。こうした投資判断はまったく当然で、本能的行動だとさえ思うかもしれないが、通常は間違った判断でもある。

　投資家の最大の敵は、自分なのだ。ほとんどの投資家が自然な直観に従うとき、不思議なほど間違ったことを続けて選択してしまう。ウォルト・ケリーの漫画の『ポゴ』から有名な言葉を引用するなら、「われわれは敵に遭遇した。敵はわれわれだ」が、投資家にぴったりで普遍的な金言となるだろう（ここまでの2段落の一部は私の著書『Managed Trading（マネージド・トレーディング）』から取った）。

　投資で判断を誤ることは初心者に限った話ではない。投資のプロたちも、特有の間違いをお決まりのようにやらかしている。実にさまざまな形で現れるが、共通する間違いがひとつある。それは不十分か無関係なデータに基づいて結論を出しがちなところだ。2000年代初期の

住宅バブルは典型的な例だ。バブルが生まれたひとつの要因は、精巧な数学モデルが作られて、複雑な住宅ローン担保証券の値付けで用いられたせいだった。問題は、これらのモデルに入れるための適切なデータがなかったという点にある。当時の住宅ローンは頭金を要求しないどころか、仕事や収入や資産の確認もせずに、信用度の低い借り手にも貸し出しがなされていた。そうした質の劣る住宅ローンには何の優先権もなかった。そのために、過去の関連データもなかった。数学モデルは洗練されていたが、その時点の状況とは無関係のデータから結論を引き出していたので、悲惨な結果に終わった（住宅ローン担保証券の値付けに最も使われた数学モデルは、信用リスクの代用として、債務不履行率ではなくCDS［クレジット・デフォルト・スワップ］を使っていたが、CDSの価格は過去の債務不履行率に大きく影響された。そして、過去の債務不履行率はその時点とは無関係な住宅ローンの滞納データに基づいていた）。適切なデータがないにもかかわらず、数学モデルは、リスクだらけのサブプライム住宅ローンを裏付けとする債務担保証券に、高い格付けを与える根拠として役立った。投資家たちは1兆ドル以上を失った。

　不十分なデータや不適切なデータに基づいて結論を下すことは、投資の世界では珍しくない。ポートフォリオの資産配分の数学も、広く浸透している例だ。標準的なポートフォリオ最適化モデルでは、最適ポートフォリオ——特定水準のボラティリティで最も高いリターンを生む資産の組み合わせ——を導き出すために、資産の過去のリターン、ボラティリティ、相関係数を使う。しかし、分析で使われているこれらの要素がそもそも将来の水準を示すかどうかは問われていない。そして、実際には将来の水準を示さないことが非常に多い。そのため、数学モデルは過去のデータにはぴったり合っているが、将来に関する指針としては役に立たないし、誤解を招くことさえある。ところが、投資家にとって重要なのは、もちろん将来のほうだ。

市場モデルや投資理論は観察から得られた証拠ではなく、数学を当てはめるのに都合の良い仮定に基づいていることが多い。投資理論の全体系は、市場価格が正規分布をしているという仮定に基づいて築かれている。正規分布をしていれば、正確な確率に基づいた推定ができるので、アナリストにとっては非常に便利だからだ。全世界の市場では、ポートフォリオマネジャーの多くが「1000年に1回」だとか、「100万年に1回」（あるいは、もっとまれに）しか起きないはずだと主張する値動きが、数年おきに起きる。これらの確率はどこから来るのだろうか？　それらは、価格が正規分布に従うと仮定した場合に、極端に大きな値動きが起きる確率なのだ。まれなはずの出来事がたびたび起きるのなら、使われている価格モデルが現実の市場に合っていない、という明白な結論に達するはずだと思うかもしれない。しかし、学界や金融界の大部分は、そういう結論に至っていない。現実に合っているかよりも、便利さのほうが優先されるのだ。

　要するに、広く信じられている投資モデルや仮定は、それらが現実世界で機能すると主張するかぎり、間違っているということだ。さらに、投資家は人それぞれのバイアスや根拠のない信念のせいで、誤った結論や欠点のある投資判断に至ることがある。本書では、資産選択、リスク管理、パフォーマンス測定、ポートフォリオの資産配分を含めて、投資プロセスのさまざまな面で使われてきた従来の考えに異議を唱えるつもりだ。事実という厳しい光にさらされると、投資についてこれまで真実と認められてきたことが、実は根拠のない仮定だと分かることも珍しくないからだ。

第 *1* 部

市場とリターンとリスク
Part One MARKET, RETURN, AND RISK

第1章
専門家のアドバイス
Expert Advice

コメディ・セントラルかCNBCか

　風刺を交えたニュース番組であるザ・デイリー・ショーの司会を務めるジョン・スチュワートは2009年3月4日に、あまりにもひどい予測が続いていると言って、CNBCを酷評した。その番組のきっかけはCME（シカゴ商業取引所）のフロアからリック・サンテリが例のごとくわめき立てたことにあった。彼は「負け組の住宅ローン」に補助金を出すことに文句を付けたのだ。そのフリップはウィルスのように広がって、保守派のティーパーティー運動に火をつけたと多くの人に信じられている。スチュワートの言いたかったことは、サンテリはあらゆる兆候を見逃して家を買った人々はいいかげんだと批判しているが、CNBCはそんな批判ができる立場にはないはずだ、ということだった。

　スチュワートは、CNBCの解説者の予測やアドバイスのうちで、あきれるほど大きく外れた部分を強調しつつ、フリップを流していった。そして、そのひとつずつに、黒い画面に白抜き文字でその後どうなったかを付け加えた。それらには次のようなものが含まれていた。

●マッド・マネーの司会者のジム・クレイマーは視聴者の質問に答え

て、「ベア・スターンズは申し分ない！　お金は動かさないでおきなさい」と、きっぱり宣言した。そこで、画面は黒に変わり、「ベア・スターンズはその6日後に破綻した」という文字が浮かぶ。
- パワー・ランチの解説者はリーマン・ブラザーズの財務の健全性を絶賛して、「リーマンはベア・スターンズとはまったく違う」と言う。黒い画面に変わり、「リーマン・ブラザーズは3カ月後に破綻した」という文字が現れる。
- 2007年10月4日にジム・クレイマーは、「バンク・オブ・アメリカはすぐに60ドルになるだろう」と熱心に勧めた。黒い画面には、「今日のバンク・オブ・アメリカは4ドルを下回っている」という文字が浮かぶ。
- チャーリー・ガスパリーノが、最大手の保険会社であるAIGは絶対に破産しないと言う。次の黒い画面には、現在までに緊急援助として何回か支払われた途方もない金額リストと合計額が示された。
- ジム・クレイマーは2007年後半に強気の予測をして、「これらは買っておいたほうがいい。割高なのは認める……。私の発言が無責任だと思われるのは分かっているが、お金はこうやって儲けるものなんだ」と言ったというフリップが読まれる。あとに続いた黒い画面には、「2007年10月31日のダウ平均は1万3930ドル」の文字。
- 「サブプライムローンで最悪の事態はすでに終わった」と、ラリー・カドローが叫んでいる。黒い画面には、「2008年4月16日のダウ平均は1万2619ドル」の文字。
- 2008年半ばにジム・クレイマーが再び、「買い時、買い時、買い時だ！」と強く勧めている。黒の画面には、「2008年6月13日のダウ平均は1万2307ドル」の文字。
- 「自信を取り戻し始めている人々」について話している、ファースト・マネーからの最後のフリップのあとには、最後の黒い画面のメッセージ、「2008年11月4日のダウ平均は9625ドル」が浮かぶ。

スチュワートは、「私がCNBCのアドバイスに従ってさえいたら、今ごろ100万ドルを手にしていただろう。──1億ドルの資金から始めていたとしたらだが……」というコメントで締めくくった。

スチュワートの攻撃対象は明らかにCNBCだった。このテレビ局は「知は力」のスローガンの下に、金融の専門知識を売りにしていたのだが、1世紀近くで最大の金融危機が迫りつつあったのに、その兆候を見つけられなかったからだ。彼は特定の個人に風刺の集中砲火を浴びせたわけではない。だが、深夜の情報コマーシャルでさえ静かだと思えるほど、異常に興奮した発言スタイルで有名なジム・クレイマーは、特にあざけりの対象になったように見えた。その後の数日にわたって、クレイマーとスチュワートはテレビ番組でやり合った。相手の発言に2人とも、自分の番組やほかの番組のゲストとして出演して反論し、ついに3月12日のザ・デイリー・ショーでは、インタビューゲストにクレイマーが出演することになった。インタビューのほとんどで、攻めていたのはスチュワートで、その矛先は主としてCNBCに向けられていた。番組では何の調査報道もせずに、会社の代表者たちの発言を文字どおりに受け取っているが、それはリポーターの仕事とは言えず、実質的には会社のサクラ同然の振る舞いだ、という主張だった。クレイマーはその主張に弁解しようとはせず、会社のCEO（最高経営責任者）たちが彼に公然とウソをついたのだと言った。そのことは彼も残念に思っていて、それを防げる力があれば良かったのだがと語った。

その番組については、マスコミ各社が競って報道した。ほとんどの記者や解説者は、だれが「ディベート」に勝ったのかという議論に集中しているようだった（スチュワートの勝ちということで、ほぼ一致していた）。しかし、ここでの関心はいわゆるディベートの内容や結果ではなく、クレイマーをはじめ、CNBCの金融専門家たちがひどい

アドバイスを視聴者にした、というスチュワートの最初の風刺についてだ。果たして、この批判は妥当なのだろうか？　スチュワートが3月4日の番組で流したフリップは確かにクレイマーに不利だったが、彼はマッド・マネーで何千銘柄もの推奨をしていた。それほど多くの推奨をしていれば、最悪の予測やアドバイスをえり好みされたら、だれでもひどく無能に見えるだろう。公正であるためには、番組で最も笑いが取れるように選ばれた少数のサンプルだけでなく、全記録を調べる必要がある。

　3人の研究者がまさにそれを行った。ジョセフ・エンゲルベルク、キャロライン・サスビル、ジャレッド・ウィリアムズの3人は、マッド・マネーでクレイマーが初めて買い推奨をした1149回について、正確さと影響度を調査、分析した（ジョセフ・エンゲルベルク、キャロライン・サスビル、ジャレッド・ウィリアムズ著「マーケット・マッドネス？　ザ・ケース・オブ・マッド・マネー［Market Madness? The Case of Mad Money］」［2010年10月20日］。SSRN（http://papers.ssrn.com/sol3/papers.cfm?abstract_id=870498）で入手可能）。彼らの分析は、番組の開始から約4カ月後の2005年7月28日から2009年2月9日までに及ぶ。最後の日は都合の良いことに、ザ・デイリー・ショーがCNBCの番組のマーケット・コールズを皮肉るわずか3週間前だった。

　彼らはまず、マッド・マネーで推奨された銘柄から成るポートフォリオを調べた。各銘柄はそれが推奨された番組が放送される前の終値で買ったと仮定した。この時点が選ばれたのは、番組が価格に影響を与える前の相場を反映させたかったからだ。彼らは推奨された銘柄それぞれに同じ金額を配分して、50〜250取引日の範囲のさまざまな期間で検証をした。これらの推奨に基づくポートフォリオと市場平均のリターンには、どの保有期間で見ても統計的に有意な差はなく、ほとんどの期間で市場平均を下回る成績だった。

次に彼らはクレイマーの推奨が翌日の価格にどう影響したか（前日の終値から翌日の始値までの変化率）を見た。すると、平均超過リターン――類似銘柄の翌日までの平均リターンを超える部分――は2.4％と極めて大きかった。同じ銘柄に前から投資をしている人たちの平凡な結果と、クレイマーの推奨が翌日に大きな影響を及ぼすことを考え合わせればすぐに分かることだが、番組の翌日に買った場合、推奨に基づくポートフォリオはどの保有期間でも市場平均を下回っていた。この下回った部分を年率換算するとかなりの大きさで、－3～－10％になった。また、最も短い保有期間（50日）のパフォーマンスが最も悪い。これは「クレイマーのこぶ」にぶつかって間もない時期に、その銘柄を手放す傾向がかなり強いことを示唆している。結論として、投資家はマッド・マネーで推奨された銘柄を買うよりも、株価指数を買って保有しておくほうがましということになるだろう。もちろん、株価指数を買うのは、明らかに面白味に欠けるのも事実だ。

　私はクレイマーのあら探しをするつもりはない。クレイマーを投資手腕に欠ける芸能人扱いする意図もない。それどころか、2005年10月のビジネスウィークの記事によると、クレイマーはヘッジファンドマネジャーとして14年間働いていた期間に、複利で24％の純益という見事なパフォーマンスを上げている。しかし、彼の投資手腕や少なからぬ市場知識にもかかわらず、視聴者は推奨に従うよりも、ダーツ投げで銘柄を選ぶほうが平均的にはましという事実は依然として残る。

エルブス指数

　マッド・マネーの推奨銘柄を検討した研究は、1人の市場専門家だけの4年間の運用実績を見たものだった。今度は、12年以上に及ぶ10人の専門家の意見に基づく指数を検討しよう。

　株式市場に焦点を合わせた番組のうち、最も有名で、最も長く続き、

最も視聴率が良かったものは、ウォールストリート・ウィーク・ウィズ・ルイス・ルーカイザーで、30年以上も放送された。この番組の呼び物のひとつはエルブス指数だった。エルブス指数が始まったのは1989年で、ルーカイザーが選んだ10人の経験豊かな市場アナリストの意見の合計に基づいていた。アナリストの意見はそれぞれ、強気であれば＋１、中立なら０、弱気なら－１の点を付けられた。それで、この指数は理論的には、－10（全アナリストが弱気）から＋10（全アナリストが強気）までの幅があった。専門家の大多数が強気だったときはその銘柄は買い（公式の買いシグナルは＋５）で、弱気のコンセンサスがあれば売り（公式の売りシグナルは－５）だった。しかし、そううまくはいかなかった。

　エルブス指数は1990年10月に、開始以来で最もネガティブな水準である－４になった。それは公式の売りシグナルにわずか足りないだけだった。この弱気のコンセンサスと同時に、主要市場は底を打ち、長期の強気相場が始まった。指数はその後、1994年４月に－６、1994年11月に－５を付けたが、それらは1994年の主要な底で、比較的に安値だった時期に一致した。そして、1996年５月には主要な高値のすぐ近くで、この指数は＋６という極端に強気の値になった。さらに、S&P500指数が19％急落する少し前の1998年７月に、再び＋６になった。この指数が最も高い値を続けて示したのは1999年後半から2000年前半で、1999年12月には＋８という、その時点までで最も高い値を示した。株価指数は2000年第１四半期に天井を付けたあとに急落したが、エルブス指数は高い水準のままだった。まだ弱気相場の初期だったある時点では、エルブス指数は＋９という、史上最も高い値さえ示した。ルーカイザーは9.11のテロ事件の直後に、この指数の公表をついにやめた。そのときにも続けていたら、おそらく強い売りシグナルを出していただろう（「ルイス・ルーカイザー、エルブス指数を廃止。市場トレンドを逃し、調整後も市場方向の判断は向上せず［ミューチュア

ルファンズ]」、インベスターズ・ビジネス・デイリー、2001年11月1日号。AccessMyLibrary［http://www.accessmylibrary.com/article-1G1-106006432/louis-rukeyser-shelves-elves.html］から、2011年3月29日に引用)。

　ルーカイザーがエルブス指数の公表をやめたのは、おそらく恥ずかしかったからだろう。彼はいつやめると決めたのか、何も言わなかったが、株式市場で底値を付ける時期に、再び自分の指数で売りシグナルを出してしまうのがいやだった、と考えるのが妥当だろう。エルブス指数が正しかったことは一回もなく、しばしば大きく外すという惨めな結果に終わったが、市場の観察をしていた人々からは、指数が消えるのを惜しむ声が多かった。この指数はあまりにも大きく外したので、多くの人に逆張り指標として役に立つと考えられていたからだ。つまり、指数に反映された専門家のコンセンサスと正反対のことをする気があるかぎり、彼らの意見に耳を傾けると役に立ったのだ。

有料アドバイス

　この章の最後の節では、何百人もの市場専門家を含むグループまで分析を広げたい。市場平均を上回る銘柄の推奨ができる可能性のある専門家集団がいるとすれば、それはアドバイスで生計を立てている人々、つまり、金融ニュースレターの記者たちだ。つまるところ、ニュースレターのアドバイスに従っても超過リターンが得られなければ、おそらく、購読料を払いたいという読者を引き付け続けるのは難しいだろう。

　金融関係のニュースレターは市場の指数よりも優れた推奨をしているだろうか？　その答えを見つけるために、私は30年以上もニュースレターの銘柄推奨を追いかけているハルバート・ファイナンシャル・ダイジェストが編集したデータを調べた。1979年に、編集者のマー

ク・ハルバートはある金融カンファレンスに出席した。すると、会場では多くの投資アドバイザーが、自分の推奨に従えば年率100％以上、場合によってはそれをはるかに上回る利益を得られると豪語していた。うさん臭い話だと思ったハルバートは、彼らのうち何人かの推奨を調べることにした。予想どおり、実際には彼らの宣伝文句を大きく下回っていた。それが分かると、彼はニュースレターの推奨銘柄を客観的に追跡して、それらのリターンを調べるという使命に燃えて、ハルバート・ファイナンシャル・ダイジェスト誌を創刊した。1981年の創刊以来、それは400紙以上のニュースレターを追跡している。

ハルバートはニュースレターごとに、推奨銘柄に基づく平均年間リターンを計算している。**表1.1**は10年ごとの3期間と全30年について、彼が追跡したすべてのニュースレターの平均年間リターンとS&P500を比較したものだ（どの1年間のニュースレターのリターンも、その年にハルバートが追跡した全ニュースレターの平均リターンである）。金融関係の全ニュースレターをひとまとめで見ると、1981〜1990年と1991〜2000年はS&P500のリターンを著しく下回り、2001〜2010年にはS&P500をある程度上回った。全30年間では、ニュースレターはS&P500を年平均で3.7％下回っている。

しかし、過去数年に最もパフォーマンスが良かったニュースレターだけを選び出して見れば、すべてをひとまとめに見た場合よりもはるかに良いということも考えられる。そこで、この可能性を調べるために、過去3年で上位10％のパフォーマンスを上げたものだけで、翌年のリターンを見ることにする。例えば、1994年のリターンは、1991〜1993年に上位10％のパフォーマンスを上げたニュースレターだけの平均に基づく。**表1.2**では、過去のパフォーマンスが良かったニュースレターのパフォーマンスをS&P500と比べている。さらに、過去のパフォーマンスが下位10％だったグループとも比べている。パフォーマンスが最も良いグループを選び出しても、たいした違いはないよ

表1.1　年率リターン──S&P500対ニュースレターの平均

期間	S&P500	ニュースレターの平均	S&P500とニュースレターの差
1981–1990	14.5%	9.0%	−5.5%
1991–2000	18.2	10.0	−8.2
2001–2010	3.5	6.3	2.8
全期間 (1981–2010)	12.1	8.4	−3.7

出所＝ハルバート・ファイナンシャル・ダイジェストによる投資ニュースレターのパフォーマンスに関する原データ

表1.2　年率リターン──過去3年と比べたニュースレターの上位10％と下位10％の平均対S&P500

期間	S&P500	上位10％の平均	下位10％の平均	上位10％とS&P500の差	下位10％とS&P500の差
1984–1990	15.2%	8.2%	5.0%	−7.0%	−10.2%
1991–2000	18.2	16.7	−0.7	−1.5	−18.9
2001–2010	3.5	3.4	6.1	−0.1	2.6
全期間 (1984–2010)	12.0	9.6	3.3	−2.4	−8.7

出所＝ハルバート・ファイナンシャル・ダイジェストによる投資ニュースレターのパフォーマンスに関する原データ

うだ。過去3年で上位10％のリターンを上げたニュースレターでも、S&P500を下回っている。過去のパフォーマンスが最も良かったものからでも、それほどのエッジ（優位性）は得られないようだ。さらに、最も悪かったグループも避けたほうがいいようだ。全期間にわたって、そのグループは全ニュースレターの平均よりもずっと悪かったからだ。

　ことによると、パフォーマンスが優れたニュースレターを選び出すのに、3年では短すぎるのかもしれない。その点を確かめるために、**表1.3**では過去5年のパフォーマンスで上位と下位の10％のグループ

表1.3　年率リターン——過去5年と比べたニュースレターの上位10%と下位10%の平均対S&P500

期間	S&P500	上位10%の平均	下位10%の平均	上位10%とS&P500の差	下位10%とS&P500の差
1986–1990	13.9%	1.7%	6.7%	−12.2%	−7.2%
1991–2000	18.2	15.6	−4.9	−2.6	−23.1
2001–2010	3.5	5.7	6.4	2.2	2.9
全期間(1986–2010)	11.5	8.9	2.0	−2.6	−9.5

出所＝ハルバート・ファイナンシャル・ダイジェストによる投資ニュースレターのパフォーマンスに関する原データ

と、S&P500とを比べて、同じ分析を繰り返した。結果は過去3年で見た分析と驚くほど似ている。全期間で見ると、過去5年で上位10%だったものはS&P500を2.6%下回っている（過去3年では2.4%）。そして、下位10%だったものは9.5%も下回っている（過去3年では8.7%）。結論はやはり、同じだ。過去に最もパフォーマンスが良かったものを選んでも、S&P500を上回れないようだ。さらに、過去に最もパフォーマンスが悪かったものも避けたほうが賢明だと思われる。

ハルバートが追跡したニュースレターのなかには、長期的に市場平均を上回る銘柄を推奨して、実際に役立ったものもある。しかし、それらの優れたニュースレターを事前に選ぶのは簡単なことではない。難しいのは、過去のパフォーマンスが優れていたものが、その後も優れた推奨をし続けることもある一方で、そうでないものもあるということだ。過去のパフォーマンスが最も良かったものから選ぶだけでは、翌年に市場平均を上回りそうな推奨をしてくれるニュースレターを見つけられないのだ。

> ## 投資における誤解
>
> **投資における誤解1**　一般投資家は金融の専門家たちの推奨に従えば、利益を得られる。
> **現実**　専門家のアドバイスは驚くべきことに、一貫してコイン投げよりも劣る。実は、この評価でさえ寛大にすぎる。観察から得られた証拠の多くによれば、彼らの推奨ででたらめに選んだ銘柄よりもパフォーマンスが劣るのだ。お察しのとおり、それはチンパンジーが株価の載ったページにダーツを投げるのと変わらないどころか、チンパンジーのほうが優れているという意味なのだ！

投資の知恵

　多くの投資家は、放送番組や活字メディアに登場する金融専門家のアドバイスから指針を得ようとする。このアドバイスは有益だろうか？　この章では、金融専門家のアドバイスについて3例を検討した。「金融番組の人気司会者の推奨に基づく記録」「10人の市場専門家の強気か弱気かという相場判断に基づく指数」、そして最後に「金融ニュースレターの業界」だ。この限られたサンプルだけでは説得力のある証明とまでは言えない。とはいえ、結果はこの主題について入手できる学問的な調査とまったく一致している。一般論としては、次のことが言えるだろう。視聴者は推奨に反応して動くので、金融専門家のアドバイスで株価がすぐに動くことがときどきある（これはとらえることが不可能な値動きである）。しかし、より長期的な純利益という点では、恩恵を被ることはない。

　株式投資家への私のアドバイスは、株価指数連動型のファンドを買

うか（ただし、極端に上昇した時期のあとを除く。第3章を参照のこと）、あなたに十分な興味とやる気があるのなら、自分に合った投資法やトレード法の開発に時間やエネルギーを注いだほうがよいということだ。どちらの場合も、専門家の推奨に耳を傾けなくて済む。驚異的な成功を収めたトレーダーのマイケル・マーカスはこの点について賢明なアドバイスをしている。「自分の考えに従うべきだ……。自分のスタイルに従うかぎり、自分の手法の良い部分も悪い部分も引き受けることになる。しかし、だれかほかの人のスタイルを取り入れようとすると、両方のスタイルの最も悪い部分だけを取り入れることになることも多いのだ」（ジャック・D・シュワッガー著『**マーケットの魔術師**』［パンローリング］）。

第2章

非効率的市場仮説
The Deficient Market Hypothesis

　投資で最も基本的な疑問は、市場平均を上回ることは可能なのかどうかだ。

　この疑問に対して、効率的市場仮説は明確な答えを用意している。つまり、たまたま運の良かった人を計算に入れないかぎり、不可能というものだ。効率的市場仮説は、市場価格がどのように決まるのか、そのプロセスが何を意味するのかを説明する理論であり、過去半世紀にわたって市場と投資に関する多くの学問的な調査の根拠とされてきた。この理論はリスク測定、ポートフォリオの最適化、インデックス投資、オプション価格の決定を含めて、投資の事実上すべての重要な面の基礎になっている。効率的市場仮説は次のように要約できる。

- 市場で取引される資産価格は、公表されたすべての情報をすでに織り込み済みである。
- 資産価格は新しい情報を織り込み、直ちに変わる。

　そのため、

- 市場価格は正しく正確である。
- 市場ですでに知られているどんな情報を用いても、継続して市場平

均を上回ることは不可能である。

効率的市場仮説は、大きく3つに分かれる。

1. **ウィークフォーム**　この仮説では、過去の市場価格のデータを使って、市場に打ち勝つことはできないとする。分かりやすく言うと、テクニカル分析をしても時間の無駄だということだ。
2. **セミストロングフォーム（名づけたのはおそらく、ある政治家）**　この仮説では、一般に公開されているどんな情報を使っても、市場に打ち勝つことはできないと主張する。分かりやすく言うと、ファンダメンタル分析も時間の無駄であるということになる。
3. **ストロングフォーム**　この仮説では、たとえ個人的な情報を使っても市場に打ち勝つことはできないと主張する。分かりやすく言えば、インサイダー取引に関する規定を作っても時間の無駄ということだ。

効率的市場仮説と観察から得られる証拠

　効率的市場仮説が正しければ、たまたま運が良くないかぎり、市場平均を上回ることは明らかに不可能なはずだ。この仮説の支持者たちは、市場に勝つことが極めて難しいという証拠を大量に集めている。例えば、投資信託の運用を専門とするプロたちがベンチマークとなる株価指数を継続的に下回っている、という研究は数多くある。この結果は効率的市場仮説が正しければ、当然に予想できることだ。なぜ指数を下回るのか？　効率的市場仮説が正しいとすれば、専門家たちは株価リストに向かってダーツを投げる有名なサルと変わらず、結果はランダムなはずであり、経費が何もかからなければ、平均してほぼ指数と同じ結果になるはずだ。しかし、実際には委託手数料、スリッペ

ージ（気配値と約定価格との差）、販売手数料といった費用がかかる。そのため、プロの運用担当者たちの成績は、平均して指数をある程度下回るはずであり、実際にもそうなっているのだ。効率的市場仮説の支持者たちは、投資結果がこの仮説の示唆することに一致するという観察事実を指摘して、この仮説が正しいか、現実にかなり近い証拠だと主張する。

　しかし、効率的市場仮説を観察事実で証明することには論理的な欠陥がある。この仮説は次のように要約できる。

● Aが真（例えば、効率的市場仮説は正しい）であり、
● AはBを示唆する（例えば、市場に打ち勝つのは難しい）ならば、
● 逆（BはAを示唆する）もまた真である（市場に打ち勝つことが難しければ、効率的市場仮説も正しい）。

　論理的な欠陥は、真の命題の逆が必ずしも真ではないという点にある。次の単純な例を考えてみよう。

● すべての北極グマは、白い哺乳類である。
● しかし、明らかに、すべての白い哺乳類が北極グマというわけではない。

　観察できる事実によって効率的市場仮説を証明することはできないが、この仮説と矛盾する出来事を見つけられたら、仮説が誤りだと証明できる。そして、そうした出来事はいくらでもある。ここでは、明らかに効率的市場仮説と矛盾するように見える４種類の観察事実を検討しよう。

１．明らかに不完全な価格

2. ファンダメンタルズに重要な変化がないときの大きな値動き
3. ファンダメンタルズの変化に遅れた値動き
4. 効率的市場仮説が正しいとするなら、単なる運で説明するにはあまりにも良い運用実績

価格は必ずしも正しくない

　効率的市場仮説の基礎を成す原則は、市場価格が完璧だということである。現実の市場に照らし合わせると、この仮定は常識外れとしか思えない。実例となりそうなものには事欠かないが、数例だけを検討しておこう。

ペット・ドット・コムとネット関連銘柄への熱狂

　ペット・ドット・コムはインターネットバブルにふさわしいシンボルである。名前が示すように、その企業のビジネスモデルはペット用品のインターネット販売だった。このモデルには大きな問題がひとつあった。それは、ペットフードや猫砂などの中心商品の利益率が低いだけでなく、重くてかさばるために、配送料が高くつくことだった。また、これらの商品をネット販売して何の利点があるのかも不明だった。それどころか、ドッグフードや猫砂がなくなったときに、オンライン注文をして配達を待つという人はいないだろう。こうしたことを考えると、この会社は配達料を含めて、競争に負けない価格を商品に付ける必要があった。実際、配達料が高いことを考えると、この会社が商品を売るには採算割れの価格を付ける以外になかった。このため、売れ行きが良くなるほど赤字が増えるという、異様な状況に陥った。ファンダメンタルズを見ると、現実はかなり厳しいにもかかわらず、ペット・ドット・コムの時価総額はIPO（新規株式公開）後に

3億ドルを超えた。だが、この会社はIPO後、1年と持たなかったのだ。皮肉な話だが、会社を苦しめていた売上高を減らせていたら、もっと長く存続できていただろう。

ペット・ドット・コムは例外ではなく、インターネットバブルの象徴だった。1998年から2000年前半まで、株式市場ではハイテク株と特にインターネット株に対する投機熱が荒れ狂った。この期間には、キャッシュフローがマイナスで短期的に黒字化する見通しもない会社でさえも、IPOを行って成功した事例が珍しくなかった。これらの会社の株価は、従来のどんな評価基準（つまり、利益や資産に関する基準）を使っても、正当化できなかったし、そもそもプラスにすら評価できなかった。そのため、その当時は、証券アナリストたちが株式評価の「新しいパラダイム」と称して、クリック数や1ウェブサイトの訪問「目玉数」などといった、こじつけの評価基準を発明していた。これらの会社の多くは時価総額が何億ドル、あるいは何十億ドルにさえ膨らんだが、株式公開後、1～2年以内に暴落して燃え尽きた。これらの取るに足りない会社の消滅スピードはいわゆる燃焼率——マイナスのキャッシュフローによって資金が底をつくまでのスピード——に関係していたので、燃え尽きるという言葉がまさにぴったりだ。

図2.1は1998～2002年のAMEX（アメリカン証券取引所）インターネット指数のチャートである。1998年後半から2000年3月の天井までに、この指数はわずか17カ月で7倍になるという、途方もない上昇をした。その後、18カ月で86％下落して、上昇分をすべて吹き飛ばした。効率的市場仮説に従えば、1998年10月から2000年3月までにファンダメンタルズが大幅に良くなったおかげで、これほど短期間に600％もの上昇をしたと考えざるを得ない。また、それだけでなく、その後にファンダメンタルズの大幅な悪化があったせいで、2001年9月までに86％も下落したと考える必要がある。しかし、これよりもずっと信頼できそうな説明はこうだ。この時期のインターネット株の途方もない

図2.1　AMEXインターネット指数（1998～2002年）

出所＝moneycentral.msn.com

上昇はファンダメンタルズでは正当化できるものではなかった。だからこそ、株価はその後に暴落して、全般的なファンダメンタルズに見合う水準に戻ったのだ。しかし、この説明は効率的市場仮説と矛盾する。仮説で上昇の時期も暴落の時期も説明するためには、ファンダメンタルズの変化が必要だからだ。

サブプライムローンへの投資

　サブプライムモーゲージ債とは、信用力が劣る人向けのサブプライム住宅ローンを束ねてひとつの証券にし、住宅ローンの返済による収入に基づいて投資家に利子を支払うものである。これらの証券は通常、ある仕組みを利用して、同じ住宅ローンのプールから複数のトランシュ（等級）を作り出す。最高格付けのトリプルAは元利金が完全に支払われ、ダブルAはその次に支払われる、という具合だ。等級が高いほどリスクが低くなるので、受け取る利率も低くなる。「エクイティ」というトランシュは無格付けで、通常は最初の3％の損失を引き受ける。そして、この損失水準に達したら元本も含めてすべてを失う。低格付けのトランシュは債務不履行リスクを最初に引き受けるので、支

払われる利子も高くなる。例えば、最低の格付けである典型的なトリプルBトランシュは、債務不履行による損失が3％を上回ったときに、損なわれ始める。そして、損失が7％に達したら元利すべてを失う。格付けがそれよりも高いトランシュは、それぞれ損失が次に低いトランシュの上限を超えるまで、完全に保護されている。しかし、最低格付けのトリプルBトランシュは、少なくともある程度の損失を被る高いリスクが常にある（サブプライム証券の大失敗を、明快で生彩豊かに描いた本には、マイケル・ルイス著、『世紀の空売り』［文藝春秋］がある。この節は、ジャック・シュワッガー著**『続マーケットの魔術師』**［パンローリング］からの抜粋による）。

　サブプライムモーゲージ債のうち、格付けが低いトリプルBのトランシュは当初からリスクが高かったが、2000年代中ごろの住宅バブルの時期に、そのリスクは劇的に高まった。住宅ローンのオリジネーター（債権の本来の保有者）は、そのローンを売って証券化することで、リスクを他人に移せたので、ローンの質は大きく劣化していた。彼らは住宅ローンの貸し付けを増やして売り払えば売り払うほど、多額の手数料を稼ぐことができた。彼らは貸し出した住宅ローンが実際に返済されるかどうかについて、事実上どんな不安からも解放されていた。それどころか、できるだけ多くの住宅ローンを貸し出すように動機付けられていたのだ。そして、彼らはまさにそれを実行した。彼らが借り手のために貸し出し基準を低く設定するほど、より多くの住宅ローンを生み出すことができる。実際、最終的にサブプライム住宅ローンは次の条件で貸し出されて、いかなる条件もなくなった。

- 頭金なし
- 収入なし（No INcome）、職業（Job）なし、資産の証明書（Asset verification）が不要（この頭文字を取って、いわゆるニンジャローン［NINJA loans］という名前で知られた）

● 当初は低い優遇金利にしておき、1～2年後に大幅に金利を引き上げて調整するARM（変動金利型住宅ローン）という構成

　これほど質の劣る住宅ローンは、過去に例がなかった。これらの質の劣る住宅ローンから作られた債券のうち、トリプルBのトランシュが完全な損失で終わる可能性が極めて高いことは、容易に分かる。
　しかし、話はそこで終わらない。当然のことだが、トリプルBのトランシュは売るのが難しかった。そこで、ウォール街の錬金術師たちは、トリプルBのトランシュを魔法のようにトリプルAに変える解決策を考え出した。彼らは多くのモーゲージ債のトリプルBのトランシュだけから成る、CDOと呼ばれる新しい証券を考え出した（CDO［債務担保証券］はモーゲージ債以外でも用いられる多くの種類の有価証券から構築される一般的な証券である。しかし、これらのほかの有価証券はここでの議論と直接の関係がない）。CDOもまた、トランシュの構造を利用した。完全にトリプルBトランシュから成るCDOでも、それらのうちの上位80％は通常、トリプルAと格付けされていた。
　CDOのトランシュの構造は、個々の住宅ローンから成るサブプライムモーゲージ債で使われた構造と似ていたが、重要な違いもあった。適切に分散された住宅ローンのプールでは、少なくとも個々の住宅ローンが同時に債務不履行に陥る可能性は低い、とみなせるだけの理由があった。別々の人が必ずしも同時にお金に困るわけではないし、地域によって経済状況が異なることもあるからだ。対照的に、CDOの個々の要素はすべてクローンだった。それらすべてがサブプライム住宅ローンのプールで最も低い層を表していた。ひとつのモーゲージ債のプールのうちで、トリプルBのトランシュが全滅するほどひどい経済状況であれば、ほかのプールのトリプルBのトランシュも全滅するか、少なくともひどく損をする確率が非常に高かった（景気後退の時期には、個々の住宅ローンにもかなりの相関があり得るが、トリプル

Bのトランシュ間の相関関係ほど極端にはならないだろう）。トリプルAのトランシュが損なわれ始めるためには、20％の損失が出る必要があった。これはすべての保有証券に非常に高い相関関係があると考えないかぎり、安全な数字のように聞こえる。トリプルBのトランシュは、非常にうつりやすい風邪が広がっている狭い地域の住人たちに似ていた。一人が風邪にかかれば、多くの人にうつる可能性も劇的に高まるだろう。この状況では、トリプルAクラスの20％のクッションもティッシュペーパーの層に思える。

　トリプルBのトランシュだけからなる債券をどうしてトリプルAと評価できるのか？　これには、相互に関連した3つの説明がある。

1．価格決定モデルでは、過去のデータを使って住宅ローンの債務不履行を予測するという暗黙の前提があった。しかし、過去の住宅ローンでは返済されたかどうかを貸し手が実際に気にかけたし、頭金や資産の証明も必要だったので、それが不要な最近のローンとはまったく異なっていた。そのため、過去の住宅ローンの債務不履行のデータを使うと、最近の住宅ローンの債務不履行リスクをひどく過小評価することになった（正確に言うと、CDOの値付けに広く用いられたガウス型コピュラの式では、MBS［住宅ローン担保証券］の債務不履行リスクの代わりに、CDS［クレジット・デフォルト・スワップ］を使った。しかし、CDSの価格は、無関係なデータに基づいた過去の債務不履行率にかなり影響されていたと考えられる。さらに、CDSのデータを利用できた時期は住宅価格が着実に上昇して、債務不履行率も低かった。そのため、異なるMBSでは、それぞれの債務不履行の相関性が誤解を招くほど低く見えたし、MBSを組み合わせて作られるCDOのリスクも著しく低く見えた）。

2．相関関係は非現実的なほど低いと仮定していた。あるトリプルBのトランシュで損失が出ると、ほかのトリプルBのトランシュでも

損失が出る確率が急激に高まるが、仮定ではそうした事実を十分に考慮していなかった。
3．信用格付け機関には明らかに利益相反があった。彼らはCDOを組成した証券会社から収入を得ていた。彼らがあまりにも「厳しい」（「現実的な」と読む）格付けをすると、仕事を失うだろう。だから、彼らは事実上、格付けを可能なかぎり緩めるように動機付けられていた。これは、信用格付け機関が故意に債券の評価を変えたということになるだろうか？　いや、無意識のうちに異なる評価をしたのかもしれない。個々の住宅ローンから成るトランシュにトリプルAの格付けを与えるのは、ある程度弁護できるが、サブプライムモーゲージ債のトリプルBのトランシュだけから成るCDOのトランシュに、同じ主張をしてトリプルAの格付けを与えるのは難しい。CDOの格付けに関しては、信用格付け機関は利益相反の関係にあったか、無能だったかのいずれかだ。

あなたが投資家で、トリプルBのサブプライム住宅ローンのトランシュだけから成るのに、トリプルAと格付けされているCDOに投資するとすれば、10年物Tノートの金利にどれだけ上乗せしてほしいだろうか？　0.25%なら、どう思うだろうか？　バカバカしい？　最悪のサブプライムローンから成る債券を、たったそれだけのプレミアムで買う人などいない？　ところが、人々はそれらを実際に買ったのだ。どういう世界なら、この評価でうなずけるのだろうか？　トリプルBトランシュから成るこれらの債券は、資産証明のいらない変動金利型サブプライム住宅ローンで構成されているが、効率的市場仮説ではその定義上、Tノートの金利にわずか0.25%を上乗せした価格でも、正確な値付けだと主張するだろう。もちろん、これらの複雑な証券の買い手は内在するリスクをまったく理解できず、単に信用格付け機関に頼っていただけだった。しかし、効率的市場仮説によれば、実情を知

る市場参加者たちの行動によって、価格は同じ水準に調整されるはずだ。この推論で、効率的市場仮説のもうひとつの基本的な欠点が浮き彫りになる。この仮説では、たとえ一時的にでも、無知な大衆の行動が実情を知る人々の行動を圧倒する余地はない。だが、それこそがまさに起きたことだったのだ。

マイナスの資産価値——パームとスリーコムの事例

2000年に相場が天井を付けたころのインターネット株の株価や、最低レベルのサブプライム住宅ローンから成るCDOに対するトリプルAの格付けはとても正当化できない、とだれもが思うだろう。しかし、どの時点であれ、寸分の狂いもなく正しい価格を計算する公式など存在しない（もちろん、効率的市場仮説を信じる人々なら、市場価格こそがその価格だと主張するだろうが）。そのため、これから話すことは価格が明らかに大きくゆがんだ例として、説得力がある一方で、投資家の不合理な行動のせいで価格がゆがむことの数学的に確たる証明とするには不十分である。それでも、パームとスリーコムの事例は、投資家が不合理な行動を取ることもあれば、数学的に誤った値付けもあるということの、議論の余地のない証拠になっている（この節の出典は、ジェームズ・ピックフォード著『Mastering Investment（マスタリング・インベストメント）』の第8章「The Curious Case of Palm and 3Com」を参照した）。

スリーコムは2000年3月2日にパーム株の約5％を売却した。そのほとんどは、パームのIPO（新規公開）のときの初値で売られた。パーム株の公募価格は38ドルだった。当時、パームは携帯型端末のトップメーカーで、そのIPOは非常に人気が高かったため、初日の買い気配値は大きく上昇した。株価は一時、公募価格の4倍以上にもなり、日中の高値で、結局は史上最高値になる165ドルを付けた。初日の終

値は95.06ドルだった。

　スリーコムは依然としてパーム株の95％を保有していたので、両社の発行済み株式数に基づけば、スリーコムの株主はスリーコム1株に対してパーム1.5株を間接的に保有していたことになる。だが、皮肉にも、パーム株の異常な人気にもかかわらず、スリーコム株はIPO当日に21％も下落して、81.181ドルで引けた。パーム株に事実上組み込まれていた保有株数に基づけば、パーム株の終値だけから計算しても、スリーコム株は少なくとも142.59ドルで引けてよいはずだった（1.5×95.06ドル＝142.59ドル）。要するに、市場はスリーコム株の残余部分（つまり、パームを除いた企業価値）をマイナス60.78ドルと評価していたのだ！　市場はパームを除く会社の全資産に対して、大幅にマイナスの価格を割り当てていたことになるが、これはまったく意味をなさなかった。パーム株が最高値を付けたときには、市場はスリーコムの部分を100ドル以上もマイナスに評価していたのだ。この不合理な評価に加えて、スリーコムはその年の後半にパームをスピンオフ（企業分割）して、保有する残りのパーム株を株主に比例配分する意向をすでに示していた。単に、IRS（内国歳入庁）が税務上の取り扱いを決めるまで待っていただけだったが、それもスリーコムに有利に決着すると予想されていた。したがって、スリーコム株の保有者はパーム株の潜在的な保有分を、年内に実際の株に転換してもらえる可能性が高かったのだ。

　スリーコムとパームに密接な関係があったにもかかわらず、両社の株価の評価にここまで極端なずれが生じたのは、奇妙なだけでなく、ほぼあり得ないことに思われる。どうして裁定取引をする人々は、スリーコム1株に対してパーム1.5株の割合で、スリーコムを買ってパームを空売りしなかったのだろうか？　実際には多くの人がそうしたのだが、裁定取引ではその価格差を埋めきれなかったのだ。空売りをするためにはパーム株を借りる必要があるが、それができなかったか、

できても貸株料が高すぎたからだ。裁定取引で株価のずれがすぐに解消されなかったのは、株不足だったせいだと主張することは可能だが、矛盾した状況の説明にはなっていない。問題は、合理的な投資家たちがどうしてパーム1株に95ドルも支払ったかだ。スリーコムなら1株82ドルで買えただけでなく、パーム1.5株分に加えてスリーコムの資産まで手に入ったのだ。この矛盾は、パーム株が日中に165ドルを付けたときに極端な高値で買った投資家がいたことを考えると、一層大きくなる。彼らが不合理な行動を取っていたという事実からは逃れようもないのだ。

　これらを考え合わせると、市場はパームに高すぎる価格を付けていたか、スリーコムに安すぎる価格を付けていたか、その両方だったことは明らかである。パームもスリーコムも正しく値付けされていたと主張するのは理屈に合わないし、そもそも正しいかどうかなど論じるレベルですらない。少なくとも、どちらかの株価は大きくゆがんでいた。

　それで、結局は何が起きたのだろうか？　まさに合理的な予想どおりのことだ。パームの株価はスリーコムに対して絶えず下げ続けた。パームを除いたスリーコムの潜在価値は大幅なマイナスから着実に上昇していき、4カ月足らず後に株主にパーム株を比例配分したときは、1株10ドル以上になっていた。「パーム売り・スリーコム買い」の裁定取引ができた人はかなりの利益をものにした。一方で、スリーコムを買って間接的にパームに投資をした人も、パームそのものを買った投資家よりもはるかに利益が大きかった。効率的市場仮説が正しいとすれば、経済誌で大々的に報じられた注目のIPOで、価格の明白なゆがみを利用することなどできないはずだった。

　それなら、パームのスピンオフで起きた、矛盾する価格関係をどう説明すればよいのだろうか？　簡単に言えば、価格は常に正しいという効率的市場仮説の主張とは逆に、投資家は感情に流されて不合理な振る舞いをすることがあるので、ファンダメンタルズから見て、妥当

と認められる水準から大きく外れた価格になるのだ。パームの場合は、投資家がハイテク株バブルの熱狂にとらわれた一例だった。しかも、パームのIPOからわずか1週間ほど後にバブルは頂点に達した。**図2.2**はIPO後に、パーム株に何が起きたかを示す（このチャートは現在の株価で示されている点に注意。つまり、過去の株価は株式分割や株式併合に合わせて修正されているので、2000年3月の株価を10倍に上方修正した額に等しくなっている）。一見して分かるように、パーム株は2年足らずで、株式を公開した日の価値の99％以上を失っている。

パームとスリーコムのように、価格にゆがみがあると数学的に証明できる事例があるということは、たとえ厳密な証明が不可能でも、価格のゆがみと思われるほかの無数の例も、実は適正価格からの逸脱だという見方の信頼性が高まる。この見方と効率的市場仮説の枠組みとでは、重要な違いがある。効率的市場仮説にのっとった世界の見方では、市場価格は常に正しいので、誤った価格を探して利益を得ようとしても無駄だということになる。一方、投資家の感情のせいで、価格は適切な価値から逸脱することもあるという見方に立てば、間違っている（つまり、日常的に適正価格よりも割高や割安になっている）市場価格から利益を得る機会があるということになる。

相場暴落中、ニュースはどうなっている？

効率的市場仮説が説く世界では、値動きが生じるのはファンダメンタルズが変化して、価格が調整されるからだ。そのため、大幅な値動きがあれば、何か非常に大きなイベントがあったことを示唆する。

1987年10月19日（いわゆるブラックマンデー）に、株価指数は信じられないほどの暴落をした。S&P500は20.5％も下げた。これは1日の下落としては、圧倒的な1番だった。さらに、実際の下落はこれよ

図2.2　パームの株価（分割調整済み、2000～2002年）

出所 = moneycentral.msn.com

りもずっとひどかった。S&Pの現物指数は普段なら裁定取引によって、S&P先物にぴったり歩調を合わせて動く。だが、1987年10月19日は、殺到する注文にNYSE（ニューヨーク証券取引所）の注文処理システムが追いつかなかったせいで、現物指数は先物の下落に大きく遅れた。この機械処理の遅れで、古い指値注文（つまり、現物指数のほうがまだ高かった日中に入れられていた注文）が約定することになった。それで、1987年10月19日の現物指数の終値は状況を織り込んでいなかったので、実際の下落よりも著しく控えめだった。流動性がもっと高い先物市場では、古い情報に基づいた価格ではなかったので、実際の下落をはるかに正確に示していた。そして、こちらは29％というとんでもない下落をした！　1929年10月28日の暗黒の火曜日の暴落でさえ、12.94％の下落にすぎなかった（過去のS&Pの日次下落率に関するデータは、G・ウィリアム・シュバートによる1997年の調査「ストック・マーケット・ボラティリティ（Stock Market Volatility : Ten Years after the Crash）」［ブルッキングズ・ウォートン・ペーパーズ・オン・ファイナンシャル・サービシズ、1998年］による）。このブラックチューズデーの翌日にはさらに10.2％の下落が続いたが、

この2日を合わせても、1987年10月19日の先物指数の下落の3分の2だった。そのほかのすべての株式市場で、過去に1日の下落がこのS&P先物の下落の3分の1を超えたものはなかった。要するに、1987年10月19日の暴落は、かの有名な1929年10月の暴落を含めてほかのすべての過去の下落よりも圧倒的に大きいのだ。

　それでは、1日の下落では群を抜いて最大の下落を引き起こしたのは、どれほど世界を揺るがすイベントだったのだろうか？　市場解説者はどうにかして、大急ぎで理由を見つけなければならなかった。だが、彼らが下落の引き金として見つけられたものは、ドルがドイツマルクに対してさらに安くなることを望む、というジェームズ・ベーカー財務長官の声明が関の山だった。政府高官のドル安政策に対する発言は、株式市場にとって重大なイベントとはとうてい言えない。それどころか、そのニュースは相場の上昇要因と見ることすらできる。1987年10月19日の暴落の原因として持ち出されたもうひとつの説明は、合併にかかわる融資について、税の優遇措置を廃止するという法案が下院委員会で出されたからというものだった。確かに、これが売りを誘発したのは事実だが、3取引日前に起きたことであり、10月19日の暴落の原因とするのはこじつけにすぎない。また、言うまでもないが、それほど遅い反応は、新しい情報が出ると価格はすぐに反応するという効率的市場仮説のモデルとも矛盾する。

　それなら、1987年10月19日に桁外れの暴落が起きた原因は何なのだろうか？　信頼できそうな答えは2つあり、その2つを合わせた説明のほうが、ファンダメンタルズに何らかの変化が同時に起きたという説明よりも役に立つだろう。

1. **ポートフォリオインシュアランス**　これは、株式ポートフォリオの価値が下がっているときに、株価指数先物を売ってリスクを減らすようにプログラムされた手法のことだ。いったんネットの買いポ

ジションを減らしたあとは、株価指数が上昇に転じたときにポジションを元に戻す。1987年10月の暴落の数年前から、ポートフォリオインシュアランスは目覚ましい広がりを見せていた。そして、暴落が起きるころには、このヘッジ手法で多額の資金が運用されていた。これは相場が下落すると自動的な売りを指示することに等しかった。ポートフォリオインシュアランスは、相場が滑らかに動くという前提に基づいている。株価が突然に大きく動けば、この戦略は理論と大幅に異なる結果をもたらすかもしれない。実際、そのような値動きが1987年10月19日に起きたのだ。株価はポートフォリオインシュアランスで設定されていた売りの水準を下に抜け、窓を空けて寄り付いた。そして、理論的な水準のはるか下に売り注文が殺到した。この売りで株価はさらに下げ、それが再び、ポートフォリオインシュアランスによる売り注文を誘発するという具合に、ドミノ倒しさながらの事態に至ったのだ。さらに、このプログラムによる売り注文が根底にあるため、再び売り注文が殺到するに違いないと予想したプロのトレーダーたちは空売りをした。そのため、相場の下落は一層、勢いを増した。1987年10月19日に、ポートフォリオインシュアランスが下落の拡大に大きな役割を果たしたことは疑いない。実際、その日の暴落の原因を調査するために設置されたブレイディ委員会は、基本的にそうした結論に達している。

２．相場は割高だった 1987年10月に株価が下落した単純な説明は、割高な株価水準の調整が続いたからだというものだ。1987年半ばに相場が天井を付けたころ、配当利回り（配当金を株価で割った比率）は2.7％まで下がっていた。これはそれまでの歴史では最低水準に近かった。それを考えると、1987年10月19日の暴落は、適正な市場価格への調整が加速したものとみなすこともできる。

しかし、これらの説明はどちらも効率的市場仮説と矛盾する。１番

目の場合、効率的市場仮説によれば、ポートフォリオインシュアランスの事例のように、売りが売りを呼ぶのではなく、ファンダメンタルズの悪化に対する反応ということになる。2番目の場合では、全体的に見て市場価格は常に正しい、と効率的市場仮説は主張する。しかし、この主張は、過大評価された価格が調整されたという主張とは矛盾する。

効率的市場仮説の根底には、市場価格の変化はランダムウォークの過程に従う（つまり、値動きは正規分布している。正確に言うと、価格変化は正規分布する、つまり、価格は対数正規分布すると仮定している。価格が100％以上に上昇することはあるが、100％以上の下落は価格がマイナスになってしまうのであり得ない。そのため、対数正規分布するという仮定が必要になる。対数正規分布では、要素［k］だけ価格が上昇する確率は、その要素の逆数［1÷k］だけ価格が下落する確率に等しい。例えばk＝2なら、対数正規分布では、価格が2倍になる確率は価格が2分の1になる確率に等しいという意味になる）という仮定がある。正規分布を仮定すると、異なる値動きの確率が計算できる。経済学者のマーク・ルービンシュタインは、1987年10月に起きた株式市場の暴落が起きる確率について、鮮やかな説明をしている。

> 幾何ブラウン運動、あるいは株式の価格は対数正規分布しているという考え（現代金融理論の基礎のひとつ）を支持する人は、今後いつまでも心乱される事実に直面しなければならない。株価指数のリターンが、1928年以降の平均と同じ年率20％のボラティリティで正規分布していると仮定すると、株式市場が1日で29％下落する確率は10の160乗分の1である。そんなイベントが起きる確率は極めて低いので、たとえ株式市場が200億年（宇宙の寿命として現在推定されている最大値）続いたとしても、起きるとは

予想できない。それどころか、たとえ200億年ごとのビッグバンで、株式市場がまた200億年続いても、そんなイベントが起きるはずはない。

実際には、人目を引く描写をするために、ルービンシュタインは起きそうにないことを非常に控えめに述べている。10の160乗分の1という確率は、彼が例で示した200億年の2乗よりもはるかに小さい。どれくらい小さいのか？　おおざっぱに言って、10の160乗分の1の確率は、宇宙で特定の1原子を適当に選んだあと、2回目に適当に選んだ原子もそれと同じときの確率に等しい（この計算は、宇宙には10の80乗の原子が存在するという推定に基づく。出所＝http://www.wolframalpha.com/）。

効率的市場仮説という文脈では、1987年の暴落には2つの見方がある。

1．わあ、それは本当に不運だった！
2．効率的市場仮説が正しいとすると、1987年の暴落の確率は明らかに起こり得ないレベルだ。したがって、この仮説が起こり得ないと示唆するのなら、仮説自体が間違っていることになる。

ファンダメンタルズの変化と値動きとのずれ

効率的市場仮説では、ファンダメンタルズに変化があると、すぐに市場価格に反映されると仮定する。これは、市場でトレードをした経験がないか、観察された事実に矛盾があっても、そのことに鈍感な人しか支持できない理論である。ニュースが知られてかなりの期間がたってから、価格が動くことは日常茶飯事なのだ。いくつか例を挙げよう。

銅の場合――在庫の減少に対する遅れた反応

　2002年に、銅の在庫は桁外れの水準まで積み上がった。当然ながら、銅市場は安値で低迷していた。その後、長期にわたる在庫の減少が始まったが、価格は1年以上も無反応だった（**図2.3**）。在庫が減り続けるなかで、価格は2003年後半からようやくある程度の高値水準まで上昇した。在庫はさらに減り続けたが、価格はその後、約1年間（2004年前半から2005年前半）、その水準で横ばいを続けた。この横ばい後に銅は急騰して、わずか1年で3倍近くになった。皮肉にも、この桁外れの上昇が起きたとき、在庫は実際には緩やかに増え始めていた。

　2002年に在庫の減少が始まってから上昇相場が始まるまでに、1年以上の遅れが出たことは、合理的な市場という考え方の範囲でも簡単に説明できる。2002年に最高水準に達した在庫は桁外れに大きかったので、少々減ったぐらいではまだ過大で、供給不足の心配はなかったのだ。しかし、その後の遅れは理解に苦しむ。在庫がさらに減り続けた2004年前半から2005年前半までの間、価格は横ばいを続けて、その後に遅れて急上昇したのだが、これはなぜだろうか？

　重要な手掛かりが、LME（ロンドン金属取引所）の期近物と期先物のサヤにある（銅は異なる受渡日に引き渡し可能な標準化された先渡契約で取引されている）。銅のサヤはほかの保管可能な商品と同じく、通常は順ザヤ（コンタンゴ）である。これは業界用語で、単に期近物よりも期先物の価格のほうが高いことを意味しているにすぎない。在庫を抱えると、借入金の金利や保管料などの費用がかかるので、期先物のほうが高くなるのは納得できる。供給量が十分ならば、保管されている商品の所有者には補償が必要になるので、期先物ほど高くなる。対照的に、供給量が不足しているときには、すべてが変わる。この場合、在庫がなくなるのではないかという不安から、買い手はすぐに商品が手に入るなら、プレミアムを進んで払おうとする。そのため、

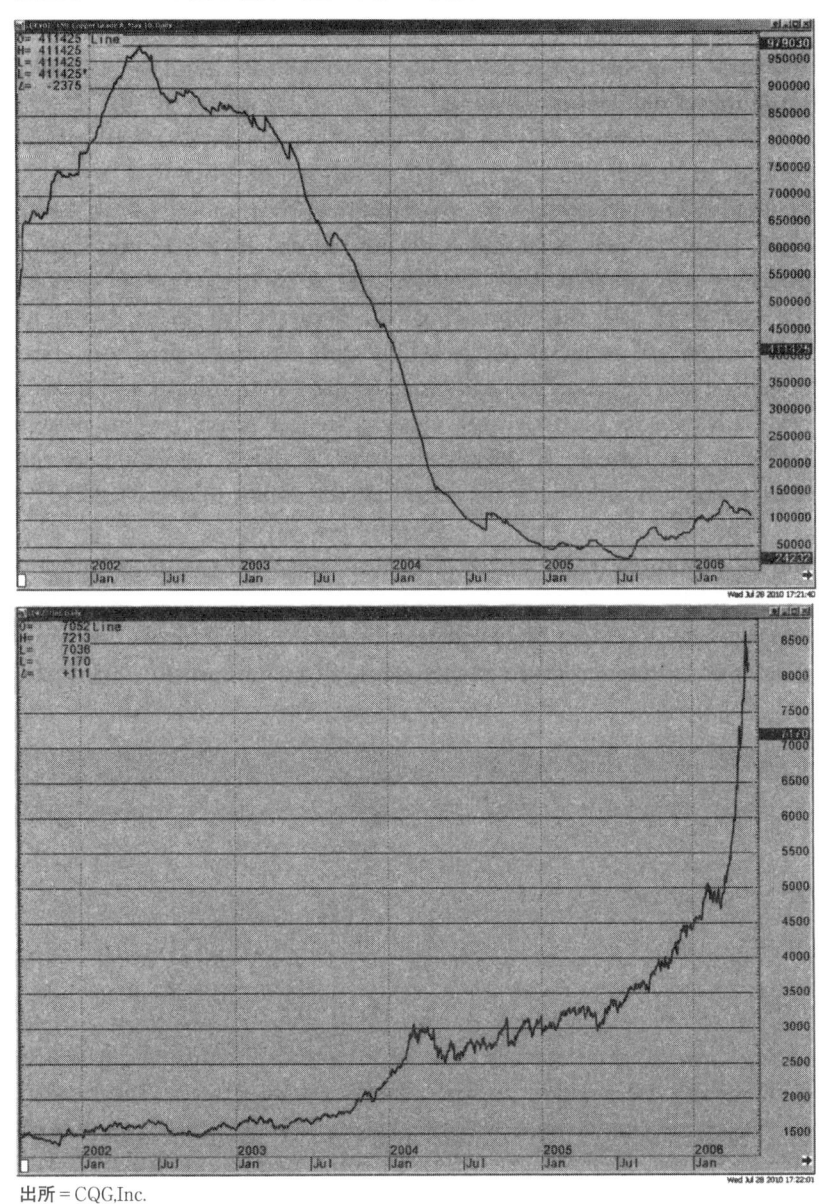

図2.3　LMEの銅の在庫（上の図）と価格

出所＝CQG,Inc.

期近物のほうが期先物よりも割高で取引されるようになる。つまり、逆ザヤ（バックワーデーション）になるのだ。

　逆ザヤになると、商品の生産者は現在の価格に基づいて価格を確定しようとするので、期先に予想される生産分をヘッジしたいとはあまり思わなくなる。もっと重要なことは、現物価格が変わらないか高くなると、先渡価格は納会が近づくにつれて、現物に合わせて上昇するため、ヘッジの売りポジションには多額の追証が発生する。追証が高くつきすぎるようになると、ヘッジ売りが減るだけでなく、特に生産者がヘッジ売りの買い戻しを行うため、価格は垂直近くに上昇することすらある。この意味で、期近物と期先物のサヤが広がると、供給不足のバロメーターになるだけでなく、相場を上昇させる直接的な影響を及ぼす。

　図2.4は3カ月物と27カ月物の銅のサヤを示している。このサヤの動きは、銅の値動きに対応しているように見える。2003年後半から2004年前半に、銅が初めて高値水準まで上昇したとき、同時に順ザヤから逆ザヤに変わった（**図2.3**と**図2.4**を比較してほしい）。その後、銅は1年にわたって横ばいしたあと、ほぼ逆ザヤの拡大に応じて急上昇した。銅の値動きが在庫の変化に遅れたことは、サヤの動きで説明できる。だからといって、効率的市場仮説の支持者が苦境を脱するわけではない。つまるところ、順ザヤか逆ザヤかも価格水準で決まるからだ。それで、サヤの変化を使って価格を説明するなら、疑問は次のようになる。価格に基づく尺度であるサヤはファンダメンタルズの変化にかなり遅れて反応したが、それはなぜなのか？

　価格水準でもサヤの点でも、価格の反応はファンダメンタルズ（在庫水準）の大きな変化に大幅に遅れた。2006年も2005年前半とファンダメンタルズに変わりはなかったが、銅は極めて高値で取引され、逆ザヤも大きく広がった。このようなファンダメンタルズの変化から大幅に遅れた価格調整は、効率的市場仮説が示唆する価格の瞬間的な調

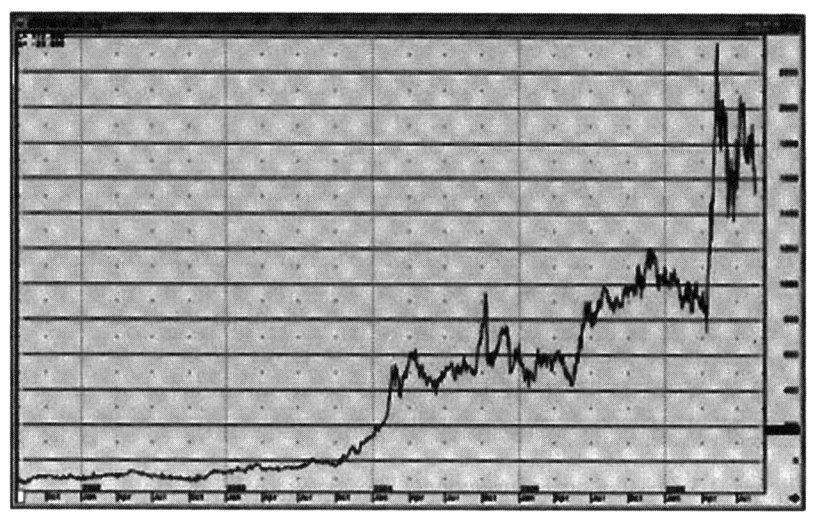

図2.4　LMEの３カ月物と27カ月物の銅の価格差

出所＝CQG,Inc.

整とは矛盾している。この説明よりも、十分な供給に対する安心感から供給不足による不安の高まりへと、市場心理が徐々に変わったという説明のほうがもっと信頼できそうだ。

住宅市場が失速するなかで、最高値を付けるカントリーワイド

2008年の金融危機と、その後の大不況にはさまざまな原因があった。しかし、住宅価格が過去の水準をはるかに超えて上昇した住宅バブルが、その主な原因であったことは疑いない。ケース・シラー住宅価格指数の算出開始年から１世紀以上にわたり、このインフレ調整済み指数はおよそ70～130のレンジで変動していた。しかし、2003～2006年の住宅バブルが頂点に達したころには、指数は長期的な中央値水準の２倍以上に達した（**図2.5**）。

極端な住宅バブルは限度を超えたサブプライム住宅ローンで一層膨

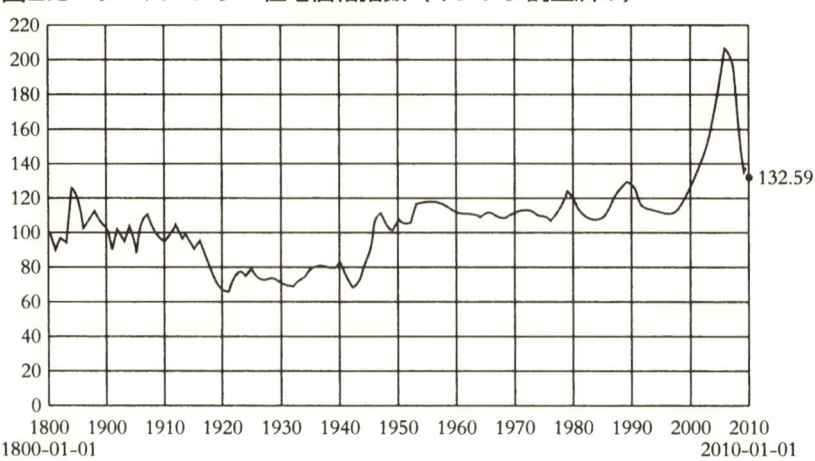

図2.5　ケース・シラー住宅価格指数（インフレ調整済み）

132.59

出所 = http://www.multpl.com/case-shiller-home-price-index-inflation-adjusted/　基礎データはロバート・シラー及びS&P

れ上がった。信用度が低い借り手でも、ほぼ頭金なしで融資を受けられた。バブル後半には、収入や資産の確認すらなされなかった。住宅ローンの貸し手による新たな借り手探しの競争は、可能なかぎり質の劣る住宅ローンの貸し出し競争という様相を呈した。そして、マーケットシェアでも行きすぎた貸し出しという点でも、住宅ローン最大手のカントリーワイドがこのうさん臭い競争での明らかな勝者のようだった。

　バブル初期のころ、カントリーワイドは（住宅ローンの頭金をピギーバック方式で貸し出すことで）、信用度の劣る借り手に事実上、現金の支払いゼロで融資をしていた（カントリーワイドの融資方針と慣行に関する詳細は、ロジャー・ローウェンスタイン著『The End of WallStreet［ジ・エンド・オブ・ウォールストリート］』［ペンギン出版、2010年］による）。この行きすぎた行為に加えて、ローンの約半分は、初年度に低金利で優遇するARM（変動金利型住宅ローン）だった。しかも、このローンはその後、大幅に増加した。頭金なしでARMを

使ったローン以上に質の劣るものなどあり得ないと考えるなら、新たな手法を思いつくカントリーワイドの着想力を見くびっている。カントリーワイドは、オプションARM（借り手が毎月の支払い額を減らすことができる住宅ローン）というものまで考え出したが、これは実際には元本が増えるローンだった。カントリーワイドはできるだけ確認書類を減らすことでも先頭に立った。借り手は証拠書類を提出する代わりに、収入を自己申告すればよかった。この会社の従業員たちはこのローンを適切にも、「うそつきローン」と呼んでいた。万一、最初の住宅ローンの申し込みが却下されたら、新しい申込書に記入するときに、カントリーワイドの融資担当者が顧客を手助けする（「申込者がウソをつくのに手を貸す」と読む）。それは必ず承認されるだろう。

カントリーワイドは事実上、頭金なし、収入や資産の確認も不要、それにオプションARMの場合はローン残高が増える可能性すらある、というサブプライム住宅ローンを提供していた。このローンの構造や極端な質の低さを考えると、資金に余裕のない借り手は、住宅価格が下がりだすとすぐにローン地獄に陥る（住宅ローンが住宅の価値を上回る）ことは明らかだ。これは災いの元凶になる。要するに、カントリーワイドは上昇を続ける住宅市場にあまりにも依存していたせいで、市場が下落する兆しにはことのほか弱そうだった。

S&Pケース・シラー住宅価格指数は2006年春に天井を付けた（**図2.6**）。同時に、変動金利型サブプライムローンでの滞納率と差し押さえ率は、2006年を通じて着実に上がり続けて、2007年にはそれが加速した（**図2.7**と**図2.8**）。この不吉な展開にもかかわらず、カントリーワイドの株価は極めて高値の水準を動き続けた。2007年1月には新高値さえ付けて、2007年前半までは高値を維持した。住宅価格が天井を付けて、滞納と差し押さえが急上昇して1年以上もたった2007年7月に、ようやくカントリーワイドの株価は暴落を始めた。**図2.6**〜**図2.8**に明らかなように、ファンダメンタルズのひどい悪化に対して、

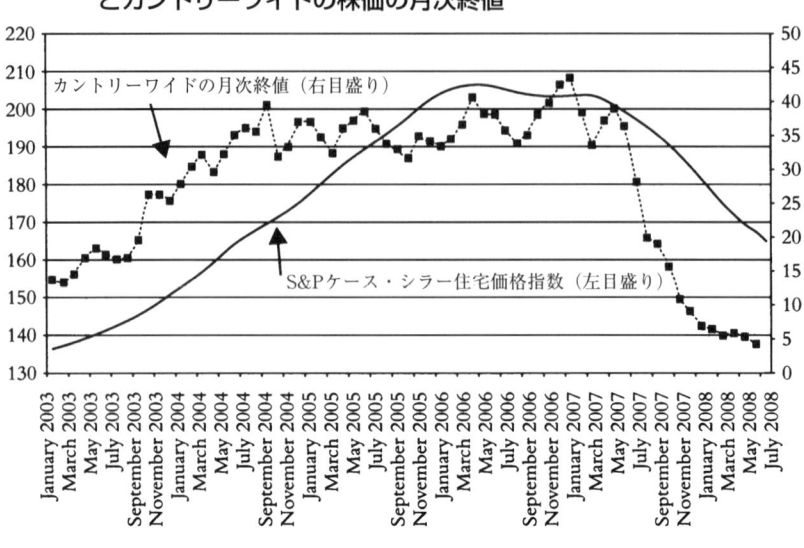

図2.6　S&Pケース・シラー住宅価格指数（20都市総合、季節調節済み）とカントリーワイドの株価の月次終値

出所＝OTS（滞納データ）

　カントリーワイドの株価の反応が大幅に遅れたということは、価格はファンダメンタルズの変化に直ちに反応するという効率的市場仮説にまったく矛盾するように思われる。

差し押さえの増加を無視したサブプライムローン債券

　サブプライムローン債券のバカげた評価については、すでに述べた。ここではもうひとつの問題――ファンダメンタルズの急激な悪化に対して、これらの債券価格の反応が遅れたこと――に焦点を当てたい。これらの債券の構成要素だったサブプライム住宅ローンの極端に劣った質（変動金利、確認書類なしなど）を考えると、これらの債券は住宅市場の下落に非常に弱かった。そのため、住宅市場のサブプライムローン債券に問題が生じている兆しが見えると、すぐに価格は額面以

図2.7 変動金利型サブプライムローンの総滞納とカントリーワイドの株価の月次終値

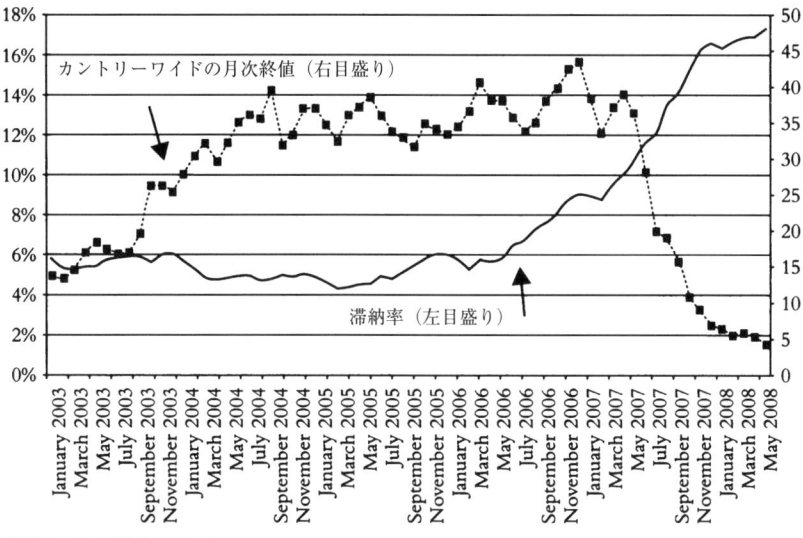

出所＝OTS（滞納データ）

図2.8 変動金利型サブプライムローンでの差し押さえとカントリーワイドの月次終値

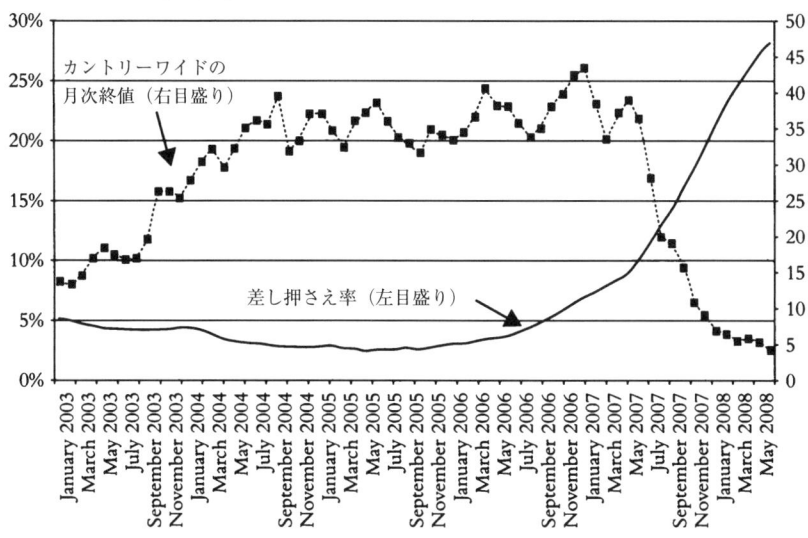

出所＝OTS（滞納データ）

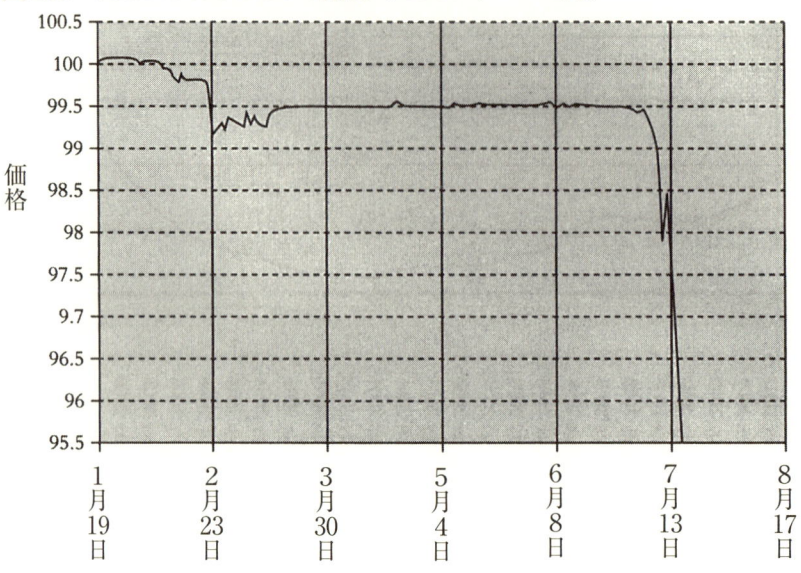

図2.9　ABX-HE-AAA07-1指数（2007年1〜8月）

出所＝Markit.com

下に急落しなければならないはずだった。**図2.9**はABX-HE-AAA指数を示している。これは20銘柄のトリプルA評価のサブプライムローン債券にリンクした、CDS（クレジット・デフォルト・スワップ）の指数だ（CDSは参照債券のリスクプレミアムに連動するデリバティブ）。価格は2007年7月の初めまで額面近くを維持し続けたあと、がけから転落するかのように急落した点に注意してもらいたい。

　このチャートから推測できるように、不動産市場は2007年夏の初めに突然悪化したのだろうか？　**図2.10**はサブプライムローンの滞納が、実際には1年前に数年来の高値を付けて、その後も着実に上げ続けたことを示している。サブプライムモーゲージ債の相場が2007年7月にようやく崩れるころには、滞納率はそれまでの数年間に横ばいしていた水準の2倍以上に達していた。また、**図2.10**に示した差し押さえ率は数カ月遅れで上がり始めたが、2007年半ばには、以前の水準

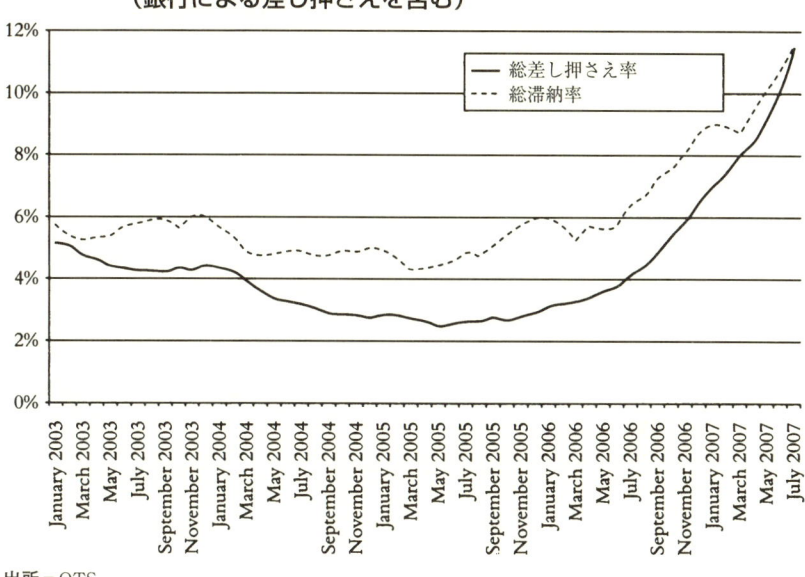

図2.10　変動金利型サブプライムローンでの総滞納率と総差し押さえ率
（銀行による差し押さえを含む）

出所＝OTS

の３倍以上に達した。

　サブプライムモーゲージ債が住宅市場の落ち込みに影響されやすいことを考えると、滞納率と差し押さえ率の急上昇に直面したにもかかわらず、１年に及ぶ市場の落ち着きは驚くべきことだ。だが、それも、市場がすべての新情報をすぐに織り込むという効率的市場の主張ほど驚くことではないのだろう。市場の価格評価にとって極めて重要な新情報があるのに、市場はそれを１年間も無視した。それはどう見ても即座の反応とは言えない。サブプライムローン債券が住宅価格の下落にいかに弱かったかを強調するために、**図2.11**を示しておく。これは**図2.9**の約１年後だが、このころには同じ指数が１ドルに対して30セント水準まで下落している。投資家は、ある場合には国債よりも0.25％しか利回りが良くない債券を買った揚げ句、１年で70％も損を

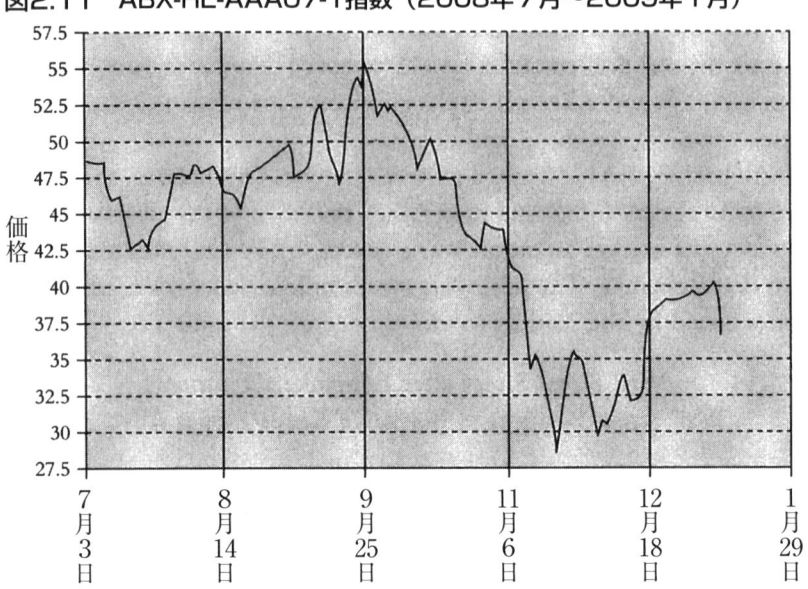

図2.11　ABX-HE-AAA07-1指数（2008年7月〜2009年1月）

したのだ。

値動きに市場のニュースは追随する

　予想外の重大な新事実が明らかになれば、当然ながら市場は即座に影響を受ける。しかし、ほとんどの場合、ファンダメンタルズの変化を報じるニュースが出ると価格はそれに合わせて即座に動く、という効率的市場仮説の説明は現実とは正反対だ。実際には、金融関連のニュースのほうが値動きに即座に合わせる、と言ったほうがはるかに正確である。特定の日に相場がどういう動きをしようと、金融リポーターはその値動きの理由を見つけなければならない。そのため、適切かどうかに関係なく、その日にたまたま同時に起きたニュースで理由付けがなされる。このお決まりの手順のために、相場が上昇と下落の両

方にまたがって大きく動く日には、強気の理由にも弱気の理由にも同じ事実が使われるという滑稽な状況に陥ることすらある。

2011年8月26日は、その完璧な例だった。その日の相場は、午前に急落して、午後に急上昇をした。市場が最も注目していたのは、FRB（連邦準備制度理事会）のベン・バーナンキ議長による講演だった。次の2つの大見出しは、同じ通信社が同じ日に配信した株式ニュースだ。

バーナンキの発言後、株式市場は下落
バーナンキの発言で望みをつなぎ、株式市場は反騰

初めの記事は、「アメリカの景気回復は期待されたほど強くはないが、追加の景気刺激策を取るまでには至らない、とするベン・バーナンキFRB議長の発言で、主要指数は1％以上も下落した」という内容だった。2番目の記事は、「バーナンキ議長の発言は、FRBが9月の政策決定会合で追加の景気刺激策を取る望みを抱かせるものだった」と、少し違う角度から説明している。

これを読むと、同じイベントが当初は弱気と受け止められたが、後に強気に取られたと考えることもできる。だが、それよりも、市場の値動きに合わせてイベントの解釈が変えられた、と考えるほうがはるかに自然だ。仮に反騰がなかったら、バーナンキの建設的なコメントにもかかわらず市場は無反応、という追加記事が書かれたとはとうてい思えない。市場の動き次第で、ニュースをどう解釈するかが決まるのであって、その逆ではないのだ。

前から知られている比較的長期のファンダメンタルズを理由に上昇したり、現在のファンダメンタルズからすると下げすぎたあとに反発したり、といったことは珍しくない。実は、この種のより長期的な要素が価格を動かしているのであって、その日にたまたま起きた、取る

に足りないことや無関係な出来事が原因ではない。だが、それらはニュース原稿としては受け入れられないようだ。金融面で、「ファンダメンタルズは依然として強く、株価は上昇」とか、「最近の行きすぎた下げの修正で、急騰」という大見出しを見たのはいつのことだろうか？

運か手腕か？　証拠１──ルネッサンス・メダリオンの運用実績

　市場平均を繰り返し上回ることのできる投資家たちがいる理由について、効率的市場仮説の支持者には便利な説明がある。それは運が良かったからというものだ。多くの投資家がいれば、確率から言って、一定期間のうちの驚くほど長期間にわたって、幸運にも市場平均を上回り続ける人が少しはいても当然だ、と彼らは主張するだろう。例えば、ある年にある市場のベンチマークを上回る可能性が50％だと仮定すると、10万人の投資家グループのなかで少なくとも１人が続けて15年、そのベンチマークを上回る可能性は95％を超える。だから、特定の投資家がこれほどの偉業を達成する可能性はとても低く、１％の1000分の３でしかなくとも、この規模のグループで15年間だれもベンチマークに勝てなければ、そちらのほうが驚きだろう。効率的市場仮説の支持者は、市場参加者が多ければ、一定期間の大半でアウトパフォームする投資家がいるのは当然であり、それが単なる運ではなく運用のうまさのおかげだと考えるべき理由などない、と主張するだろう。この議論はまったく正しい。しかし、これはどの程度、アウトパフォームしたかという重要な点を見ていない。これは単に、一定時期の大半でベンチマークを上回るマネジャーがいたという話ではなく、大幅に上回ったという話なのだ。効率的市場仮説が正しいとみなして、一定の運用実績を達成する確率を決める際には、頻度だけではなく、ど

の程度アウトパフォームしていたかも考慮することが大切だ。

　実際には、並外れたパフォーマンスの例は満ちあふれているので、市場に打ち勝つのは偶然にすぎない、と主張する理論的な枠組みとは矛盾が生じる。この点を明らかにするには、そうした運用実績を持つルネッサンス・メダリオン・ファンドを検討すれば十分だろう。このファンドは数学者ジム・シモンズに率いられ、数学者と科学者から成る優秀なチームを抱えている。運用実績を入手できる19年間（1990～2009年前半）で、このファンドは90％の月で利益を出していて、平均月次粗利益は4.77％だった（ここでは手数料を差し引いた投資家のリターンではなく、運用実績を達成する確率の計算を見たいので、純利益ではなく粗利益を使った）。これは、彼らに1000ドルを投資していたら、運用報酬抜きで3500万ドルに達していたことを意味する。

　際立って優れた運用実績を突きつけられると、効率的市場仮説の支持者は好んで、「シェークスピアになる猿」を持ち出す。つまり、十分に多くの猿がタイプライターをたたけば、やがてはハムレットを書く猿が1匹は出てくるという議論だ。この例えで暗示されていることは、十分なトレーダーがいれば、単なる偶然でも優れた運用実績を出す人が現れるということだ。これらの主張はどちらも正しい。しかし、適切な問いは、ハムレットという作品を生み出す1匹のために、どれほど多くの猿が必要かである。または、より適切な運用実績の例では、偶然にルネッサンス・メダリオン・ファンドと同じ運用実績を達成するために、何人のトレーダーが必要かだ。市場が本当に効率的ならば、メダリオンのような運用実績を出せる可能性はかぎりなく小さい（10の48乗分の1）ことが分かる。実は、単なる偶然でルネッサンス・メダリオン・ファンドと同じほどの運用実績を達成するには、市場参加者という非常に少ない数は言うまでもなく、地球上の人間の数よりも、地球上に存在すると推定されている原子数にはるかに近い数のトレーダーが必要だろう（この記述は地球上には10の50乗の原子があるとい

う推定に基づく。出所＝http://www.wolframalpha.com/）。

効率的市場仮説の前提にある欠陥——チェスの例え

　効率的市場仮説では、だれもが同じ情報を持っているので、市場に打ち勝つことはできないと考える。だが、この推論には欠陥がある。たとえ皆が同じ情報を持っていたとしても、彼らが指数や証券の適切な価格について、同じ判断をすると考えるべき理由はない。例えば、すべてのチェスプレーヤーは同じルールを知っていて、同じ攻略本や世界チャンピオンの過去の試合の記録に目を通せるが、トーナメントで優れているのはほんの少数のプレーヤーだけだ。すべてのプレーヤーが同じ情報を同じように効果的に使う、とみなすべき理由などない。ある意味で、チェスよりもはるかに複雑なゲームの場（変数はもっと多く、ルールは常に変わっている）であるマーケットが、これと違うはずがあるだろうか？

　チェスのトーナメントでは、少数の秀でたプレーヤーが弱いプレーヤーの間違いを突いて、ほとんどのゲームで勝利する。マーケットでもチェスと同様に、少数の熟達した参加者が同じ情報——いわば、市場というチェス盤での現在の位置——を多数とは違うように解釈して、相場が動きそうな方向について別の結論に達する、と考えるほうが適切なように思える。この枠組みでは、腕の劣る市場参加者の大半が犯す間違いによって、価格が誤った水準（つまり、未知の均衡水準から外れた価格）に動くことがある。そこに、腕の立つトレーダーが利益を得る機会が生まれるのだ。極めて簡単に言えば、知識が同じように広まっているからといって、その知識が同じように使われるわけではないのだ。

　市場参加者はだれもが手数料を払うし、スリッページも被りやすいので、大半の参加者は平均以下の運用成績で終わる運命にある。これ

は先物市場のようなゼロサム市場では、定義から言って正しい。そこでは買いの総額は常に売りの総額と等しいからだ（もちろん、先物市場の参加者、特にヘッジや裁定取引をする人々は他市場で相殺するためのポジションを持っている。しかし、議論を必要以上に複雑にしたくないので、先物市場を自己完結しているものとみなす）。実際、世界最高の100人のトレーダーだけが先物市場でトレードをできるとしても、彼らの大多数が敗者になるという予測が可能だろう。株式市場のように、大多数の参加者が買い持ちをする市場では状況は微妙になる。ここで適切な問いは、市場参加者が利益を上げたかどうかではなく、市場全体のリターンの代用である主要な株価指数を上回ったかどうかだ。この点では、株式市場の参加者の大多数が指数を下回るという証拠が山ほどある。ロングオンリー戦略のファンドの大多数が株価指数を下回っていることは、学問的な研究が長年の間に繰り返し示してきた（ここで述べたことが真実であるためには、「ロングオンリー」という条件が極めて重要である。平均では買い越しているにしろ、かなりの空売りポジションを持っている株式運用のヘッジファンドは、リターン・リスク比率では株価指数を上回っている。しかし、ヘッジファンドが買いも空売りもこなすかぎり、株価指数はもはや適切なベンチマークではない）。この点は個人投資家や市場アナリスト、検証可能な推奨を行う市況レポートの記者にも当てはまる。私はこれらのグループが長期にわたって市場平均を上回った、と証明するいかなる研究も知らない（もっとも、個人でならそうした人はどのグループにも確かに存在するだろう）。

　どの市場でも大半の参加者は一貫して市場に勝つことができないという事実から、効率的市場仮説は真実だという幻想が生まれる。しかし、市場に勝つのが難しいということは、市場に勝てないということを意味しない。市場参加者の大多数が市場平均を下回ると同時に、少数の非常に優れたトレーダーが市場平均を上回る（確率論で説明でき

る水準を大幅に超えて)、と考えてもまったく矛盾しない。チェスの名人がトーナメントで絶えず勝てるのと同じように、腕の立つ少数のトレーダーは市場を大きくアウトパフォームできる。それどころか、どちらの闘いの場でも、大多数の人が犯す間違いから、少数のより優れた人々の勝つ機会が生まれていると言えるのだ。

勝とうとしない市場参加者もいる

　腕の立つ市場参加者がいるだけでなく、カギとなる市場参加者のなかには、利益を得ることとは異なる動機を持つ人々もいる。効率的市場仮説では、手に入る情報に従って行動する市場参加者によって、価格が経済的に正しい水準まで調整されると考える。しかし、市場参加者のなかには利益を最大にしようともくろむのではなく、別の目的で動いている人たちもいる。ここでは、そういうグループの2つを検討しよう。

1．**ヘッジャー**　このグループはリスクを減らす保険として、市場を利用する。例えば、トウモロコシ農家は価格が高くなりすぎたと考えたからではなく、売却価格を確定したいと考えて、トウモロコシの先物を売るかもしれない。さらに、その農家はトウモロコシの価格が安すぎると思っていても、収穫前に価格がさらに下がるリスクを避けるために、売るかもしれない。同様に、シリアルメーカーは市場が強気だと判断したからではなく、製造コストを確定するために、トウモロコシの先物を買うだろう。リスクを減らしたいと考えるヘッジ取引は買いでも売りでも、価格を均衡水準ではなく、逆方向に向かわせる行動である。

2．**政府**　景気目標を達成するためや国際合意に対応するための市場介入も、自然な均衡水準から価格が離れるきっかけになることがあ

る。おそらく有名な例は、1992年にイングランド銀行が行ったポンドの買い支えだった。当時のイギリスはERM（為替相場メカニズム）――為替相場を一定範囲に抑えるために、参加国の間で合意された欧州通貨制度――に加盟していた。当時のドイツは主として東西ドイツの統一後に生じたインフレをコントロールしたいと考えていたため、ドイツ連邦銀行は金利を高く維持していた。ポンドを売ってマルクを買う動きが起きると、ポンドは対マルクの変動幅の下限を割る恐れがあった。それを防ぐために、イングランド銀行も金利を上げざるを得なくなった。問題は当時の英国が不況だったことだ。それはイングランド銀行が金利の引き上げではなく、引き下げの必要があったことを意味する。

　両国の経済状況の違いを考えると、ERMの変動幅の下限でさえ、ポンドは対マルクの均衡水準をかなり上回っていた。ポンドが対マルクで自然な水準まで下落するのを防ぐため、イングランド銀行は為替市場に介入してポンドを買い支えなければならなかった。これは印象に残る例だったが、同様のことはよくある。政府介入によって価格が自然な均衡水準から離れたために、投機筋に利益をもたらす機会が生まれたのだ。ポンドを買い支えようとするイングランド銀行の試みは結局、投機売りに打ちのめされた。そのなかには、ジョージ・ソロスと彼の同僚のスタンレー・ドラッケンミラーによる、有名な100億ドルという巨額の売りポジションも含まれていた。イングランド銀行が介入を断念すると、ポンドは均衡水準を大幅に超えて急落した。ソロスとドラッケンミラーはこのトレードで、10億ドルを稼いだと推定されている（このエピソードについて詳しくは、セバスチャン・マラビー著『ヘッジファンド――投資家たちの野望と興亡』［楽工社］を読んでほしい。これにはヘッジファンド業界と重要なプレーヤーたちの素晴らしい歴史が描かれている）。

この事例について、ソロスやドラッケンミラーなどの投機筋が売ったからポンドが急落したのだ、という誤った結論を下す批評家たちもいる。しかし、正しく解釈すれば、イングランド銀行が買い支えたために、ポンドは下落が遅れたのだ。この介入が中止されると、ポンドは経済的圧力によって、すぐに自然な均衡水準まで下げた。実際には、投機筋は不当に価格下落を引き起こしたのではなく、人為的に維持されていた高値を早く終わらせただけなのだ。大量の売りは暴落を誘発するかもしれないが、真の原因は不安定な構造にある。

要するに、市場におけるヘッジャーや政府の行動は価格を不均衡にして、利益を得る機会を生むこともある。だが、それは効率的市場仮説では起きないことになっているのだ。

欠けた材料

効率的市場仮説の支持者が料理の本を書いたら、チキンスープのレシピの材料は次のようなリストになるかもしれない。

- オリーブ油大さじ1杯
- タマネギ2個
- 熱湯2リットル
- 塩
- ローリエ2枚
- ニンジン大1本
- セロリ1本
- 乾燥タイム、小さじ半分
- 新鮮なパセリの葉、4分の1カップ
- 粉コショウ

悪くないレシピだ。ただし、本物のコックなら重要と考える材料が欠けている。チキンだ。

実際にトレードの経験がある人々にとって、感情の果たす役割やそれが及ぼす影響を省いた価格理論は、チキンが欠けたチキンスープのレシピと同じくらい不完全で役に立たない。効率的市場仮説では、市場は常に理性的に反応する、と暗黙に仮定している。この考えは、市場ではロボットではなく人がトレードを行っていて、人は情報にではなく感情に反応することが多い、という事実を無視している。

行動経済学者が立証してきたように、人は生まれつき不合理な投資判断をする。例えば、プロスペクト理論の先駆者であるカーネマンとトベルスキーが行った古典的な実験がある。そこで、被験者は確実に3000ドルをもらえる場合と、4000ドルをもらえる可能性が80％で何ももらえない可能性が20％ある場合のどちらかを選ばされた（ダニエル・カーネマン、エイモス・トベルスキー著『Prospect Theory:An Analysis of Decision under Risk［プロスペクト理論］』、エコノメトリカ誌、47巻、2号［1979年3月］、263〜291ページ。プロスペクト理論は意思決定理論の一分野で、人々が合理的とはとても言えない意思決定をする理由を、選択肢の期待値のとらえ方を調べながら説明しようと試みる［定義の出所＝http://www.qfinance.com/home］）。大多数の人は確実に3000ドルもらえるほうを好んだ。もう一方の選択肢のほうが、期待値が高いにもかかわらずだ（0.80×4000ドル＝3200ドル）。次に、2人は質問を逆にして、確実に3000ドルを損するのと、4000ドルを損する可能性が80％で、何も損しない可能性が20％のどちらかを選ばせた。この場合、損をする期待値は3200ドルなのに、圧倒的多数はばくちを打って、80％の確率で4000ドル損するほうを選んだ。被験者たちは期待値が低い利益や期待値が高い損失を選んだので、どちらの場合でも不合理な選択をしている。なぜだろうか？　それは、この実験がリスクと利益について、人間が取る気まぐれな行動を反映

しているからだ。人々は利益を得るときにはリスクを嫌うが、損失を避けるときにはリスクを取る。この行動の気まぐれさは、トレードにも大いに関係する。人々が損を伸ばして、利はすぐに確定しがちな理由を説明しているからだ。それで、「利は伸ばして、損はすぐに切れ」という古い相場の格言でありながら今日でも当てはまるアドバイスは、実はほとんどの人がしがちなことの正反対なのだ。

　人にはもともと損を伸ばす傾向があり、その完璧な例を破産会社で見ることができる。破産した場合、普通株の株主は最後に財産を分配される。つまり、債券保有者、債権者、従業員、支払うべき税金があれば、政府や優先株保有者のすべてに支払われたあとになる。資産売却後にこれらすべての関係者に対して清算できるだけのお金があれば、その会社はそもそも破産しないだろう。と言うことは、まれな例外を除けば、会社が間違いなく破産申し立てをするとなったら、その株は無価値になるはずだ。ところが、破産した会社の株は跡形もなく消える前に、かなりの期間にわたってゼロよりもかなり高い水準で取引され続ける。なぜだろうか？　最終的に株価がゼロになる可能性が事実上百パーセントなのに、人は口実を設けたがる。「この株は30ドルで買って、1ドルまで下がった。もう29ドル損しているし、最悪でも30ドル以上は損しない。イチかバチかやったほうがいい」というわけだ。すべてを失うことを避けるためなら、人はリスクをとるのだ。

　人が経済理論の基本に従って合理的に行動すると仮定するなら、価格が上がるにつれて買う量を次第に減らすはずだ。しかし、証券価格はへそ曲がりにも、逆のパターンを取ることがよくある。この場合には、価格が着実に上昇していくほど、強気相場に乗り損なうのではないかと心配になり、ますます多くの買い手が集まる。極端になると、価格バブルに至る。人間心理は矛盾していて予測がつかないため、ファンダメンタルズでは似ていても、価格はひどく異なることがある。前に述べたインターネットバブルは、その完璧な例だ。インターネッ

ト関連の指数は3年の間に、7倍もの上昇をしたあとにその上昇分のすべてを帳消しにするまで下落した。株価のこうした放物線状の動きを、ファンダメンタルズが劇的に良くなったあとに急激に悪化して、価格がすぐに反応したからと説明するよりも、高揚感から恐怖へと感情が変化したと説明するほうがはるかに簡単だ。

　重要なポイントは、効率的市場仮説では感情が価格に及ぼす役割を無視しているために、価格理論としては不備があるということだ。実際、これまでに取り上げてきた効率的市場仮説の矛盾はほぼすべて、感情や不合理な行動が価格をゆがめたことに原因を求めることができるかもしれない。市場は公表されたファンダメンタルズをすべて正確に織り込むわけではなく、市場の空気に合わせて、この情報を過大評価したり過小評価したりする。そして、これこそまさに投資機会やトレード機会を生む源泉のひとつなのだ。

　市場の実際の動きに関するはるかに現実的なモデルは、ファンダメンタルズと感情の組み合わせで価格が決まるというものだ。市場の空気が違えば、ファンダメンタルがまったく同じでも異なる価格になることがある。「大衆の熱狂（madness of crowds）」（チャールズ・マッケイによる1841年の古典的な著書『**狂気とバブル―なぜ人は集団になると愚行に走るのか**』［パンローリング］の原書名の一部より）はファンダメンタルズに基づくどんな合理的な水準をも超えて相場を暴騰させることがあるし、恐怖はファンダメンタルズの変化からはとうてい説明できない急落を引き起こすこともある。バブルと暴落の長い歴史を見ると、そうした事実にあふれている。17世紀のチューリップ熱から2000年代の住宅バブルに至るまでの市場の動きは明らかに通常の動きとは一線を画すものだ。17世紀のオランダではチューリップ熱があり、「チューリップ市場の取引では……家や土地が支払いに使われることもあった」（チャールズ・マッケイ著『**狂気とバブル**』［パンローリング］より）。また、2000年代初期には、住宅ローンを裏付け

とする証券化商品が飛ぶように売れた。確認書類が不要な変動金利型サブプライム住宅ローンしか裏付けのない、トリプルA格付けの証券化商品を、投資家は金利がわずかに高いという理由で熱心に買った。これらのエピソードにしろ、ファンダメンタルズや情報の変化という点でよく似たほかの多くのバブルにしろ、効率的市場仮説でうまく説明することは不可能だ。これらの出来事を説明するには、感情が明白で時には圧倒的な影響を市場に及ぼして、人々にまったく不合理な行動を取らせることもあると認めるしかない。

理由は間違っているが正しい──市場に打ち勝つのが難しいわけ

　効率的市場仮説を擁護する人々は、市場に打ち勝つのは極めて難しいと主張する。それはまったく正しいが、理由は間違っている。市場でエッジ（優位性）を手にするのが難しいのは、価格がすべての公表された情報を即座に織り込むからではなく（時にはそういうこともあるが）、価格に対する感情の影響が大きく変わりすぎるために、ほとんど計測できないからだ。適正価格をどれほどもっともらしく定義しても、感情のせいで市場価格がそれらを大幅に超えることがある。この時期はバブルと呼ばれる。逆に、感情のせいでそれらを大きく下回ることもある。この時期は恐慌と呼ばれる。最後に、おそらく大半の時期には、感情が価格をゆがめる力は限られていて、効率的市場仮説でほぼ妥当な推定ができる市場環境がある。それで、市場価格は適正価格から著しく外れていない（価格に対する感情の影響が限られている）ときと、どこまで適正価格から外れそうか判断し難いときがあるわけだ。

　市場がいつ高揚感に包まれているのかや恐怖に襲われているのかは、判断できることが多い。それでも市場に打ち勝つのがとてつもなく難

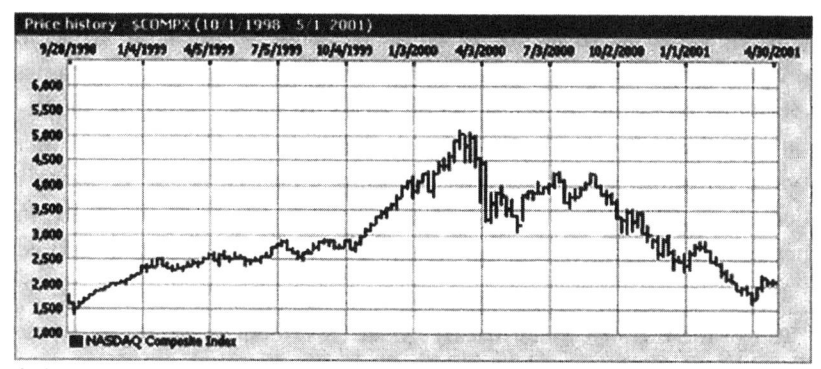

図2.12　ナスダック指数（1998/10～2001/05）

出所＝moneycentral.msn.com

しいのは、バブルや恐慌がどこまで進むか判断が難しいからだ。たとえ適正価格をぴったりと推定できても、ポジションを早く取りすぎれば大変な損失を被る。例えば、1999年後半にナスダック指数が3000に達したので、ハイテク株の上昇は行きすぎていると判断して、あるトレーダーが空売りをしたとしよう。この判断は、バブルがはじけた翌年から10年の1100～2900のレンジを動いていた間にしていれば、まったく正しかった。だが、相場は2000年3月に5048で天井を付ける前に、さらに68％も急上昇したので、この抜け目ないトレーダーはたぶん破産しただろう（**図2.12**）。このトレーダーはファンダメンタルズに関しては正しく判断していたし、10年余りの強気相場の天井を狙って、わずか4カ月しか外れていなかった。それでも、トレードは悲惨な結果に終わっただろう。この例で分かるように、市場に打ち勝つのが難しいことを説明するのに、市場価格は常に正しいという仮定に訴える必要などないのだ。

　人の感情は価格に強く影響することがあるし価格を支配することさえある、と認めることには極めて重要な意味がある。この見方に立っても、市場の1要素である感情は変わりやすく予測しづらいために、

市場に打ち勝つのは難しいが、不可能ではなくなるからだ。それどころか、価格を適正な価値から大きくそらす感情の力そのものが、投資やトレードの機会を生み出すのだ（感情と理性は対立的な関係ではなく、両者は複雑に絡み合っている。例えば、感情に突き動かされたバブルに乗ることは、まったく合理的かもしれない。要するに重要なことは、感情に影響されると、効率的市場仮説のモデルと矛盾する値動きをすることもあるということだ）。

効率的市場仮説の欠陥を突き止める

　さて、効率的市場仮説の考え方のどこに欠陥があるかを特定するときだ。この仮説は次のようにまとめることができる。

1．市場は公表されたすべての情報を織り込む。
2．したがって、価格は常に正しい。
3．新しい情報はランダムに現れる。
4．価格の変化は新しい情報に依存する。
5．そのため、市場に打ち勝つことはできない。

　それでは、これら5つの主張のそれぞれが妥当かどうか検討していこう。

1．市場は公表されたすべての情報を織り込む。
　●真実だと仮定しよう。

2．したがって、価格は常に正しい。
　●誤っている！
　●市場でトレードを行っているのはロボットではなく人であり、人

は情報よりも感情に反応することが多い（一部のトレードはコンピューターによるプログラム売買で実行されているが、それを考慮しても、トレードの大部分は人間の意思決定を反映しているという事実に変わりない。さらに、プログラムは修正されたり手動に切り替えられたりしやすいので、コンピューターによるトレードでさえ感情を反映することもある。この現象の有名な例は、2007年8月に多額の損失を出したスタティスティカルアービトラージ戦略を用いたファンドに見られる。スタティスティカルアービトラージは市場中立戦略と平均回帰戦略に従い、数学モデルによって株価の短期的なゆがみを見つけて、数学モデルの定義から割高な株式を空売りして割安な株式を買う。この戦略は通常、複数の要素に中立［市場、セクター、時価総額、地域など］になるように組まれるので、目標とするリターンを達成するために、一般的にかなりのレバレッジがかけられる。スタティスティカルアービトラージを用いるファンド同士は買いや空売りの銘柄がかなり重なりやすい。2007年8月に、この戦略をとる一部ファンドが大量のポジションを解消したために、同じ戦略をとるほかのファンドのポートフォリオが突然おかしな動きをし始めた。買っている銘柄が下げると同時に、空売りをしている銘柄が上げ始めたのだ。そのために生じた損失は、この戦略につきものの高レバレッジのせいで拡大した。数学モデルが突然に行き詰まって急激な損失が発生したために、同じ戦略をとるほかのファンドもポジションを解消するという連鎖反応が起きたのだった。通常なら自動化されたトレードと考えられている戦略でも、混乱と緊張に満ちた環境では、人間の意思決定やそれに伴う感情が重要な役割を果すのだ）。感情に影響されて不合理な行動に走るせいで、ファンダメンタルズによる客観的な評価に比べて、価格があまりにも高くなったり安くなったりすることもあるからだ。

3．新しい情報はランダムに現れる。
　●真実だと仮定しよう。

4．価格の変化は新しい情報に依存する。
　●誤っている！
　●値動きはしばしば情報に遅れる。
　●値動きは新しい情報がなくても起きることがよくある（例えば、モメンタム［勢い］だけで動くバブルや暴落）。

5．そのため、市場に打ち勝つことはできない。
　●誤っている！
　●価格は妥当な価値から著しく外れることがある。
　●価格は情報に合わせて動くわけではない。
　●ほかの人よりも情報の解釈にたけている人もいる。

効率的市場仮説が経済理論のごみ箱行きになる理由

　効率的市場仮説はリスク評価や最適ポートフォリオの決定、オプション価格決定を含めて、重要な金融の基礎としてさまざまに応用されているので、矛盾する証拠が山ほどあるにもかかわらず、この理論の支持者はこれを捨てたがらない。しかし残念ながら、根底にある仮定が誤っているために、これらの応用で誤った結論が導かれることもある。さらに、バブルと恐慌という、最も大きな代償を支払わされる時期に、誤りは極端になる。この仮説の支持者はある意味で、街灯の下が明るいというだけで、落とした車のカギを駐車場の街灯の下で探すという、有名なジョークの登場人物に似ている。この仮説の欠陥は深刻で、その数も多い。

●もしもこの仮説が正しければ、不可能なことがこれまでに起きている。しかも何回も何回もだ！ また、この仮説が正しいとすると、統計的にあり得ないほど大きな値動きがある。
●この仮説が正しければ、統計的に不可能な運用実績を達成している市場参加者がいる。
●価格がすぐに正しい水準まで動くという仮説は、その前提に不備がある。情報を知ったトレーダーが価格に影響を及ぼそうとしても、情報を知らないトレーダーや利益以外の動機を持つヘッジャーや政府の動きに、一時的には圧倒される可能性があるからだ。
●市場価格が信頼できるどんな価値評価からも完全に外れることは珍しくない。
●ファンダメンタルズに関するニュースが出たかなりあとに、価格が動くこともよくある。
●だれもが同じ情報を持っているからといって、皆が等しく効率的に情報を使えるわけではない。
●この仮説には、感情が価格に及ぼす影響が組み込まれていない。そのため、バブルや暴落など、歴史を通じてファンダメンタルズの要素よりも感情のほうが市場価格に大きく影響した、重要な時期を無視している。

投資における誤解

投資における誤解2 市場価格は完璧で、公表されたすべての情報を織り込む。
現実 市場価格はどんな適切な尺度で測った適正価格からも大き

く外れることがよくある。ファンダメンタルズに比べると、市場価格は高すぎるときもあれば、安すぎるときもある。

投資における誤解3　市場に打ち勝つことはできない。
現実　市場に打ち勝つことは難しいが、不可能ではない。この違いは重要だ。なぜならば、勝った人は運が良いからではなく、優れた手腕を持つことを示唆するからだ（もっとも、単なる運で勝つ人たちもいるだろうが）。多くの人は勝つことが難しいために、運によらないかぎり勝てないと信じ込まされているのだ。

投資における誤解4　価格はファンダメンタルズの変化にすぐに反応して動く。
現実　一般に、価格はファンダメンタルズの変化に遅れて動く。また、価格はファンダメンタルズではなく、感情によって動くこともある。

投資における誤解5　効率的市場モデルの仮定によれば、過去の値動きを使って、さまざまな大きさの値動きが起きる確率を導き出せる。
現実　効率的な市場に基づくモデルでは、値動きが正規分布をすると暗黙のうちに仮定している。この仮定は適度な値動きが起きる確率については、かなり正確な推定ができるが、大きな値動きの確率は極めて過小にしか評価しない。この欠陥がもたらす結果は重大である。多額の損失が生じるリスクは、効率的市場に基づく従来のリスクモデルが示唆するよりも、はるかに大きいからだ。

投資の知恵

　効率的市場仮説は投資理論の多くの基礎となっているが、その仮説における重要な仮定のほとんどは市場の実際の動きと矛盾している。市場では効率的かほぼそれに近い値動きをすることが多いが、例外も多い。そして、腕の立つ市場参加者が市場に打ち勝つ機会は、この例外的な時期に生まれるのだ。市場に勝つのは確かに難しい。そして、この事実を認めるならば、伝統的理論が推奨するアドバイス――少なくとも市場平均と同じ程度のリターンが得られるように、指数ファンドに投資しなさい――に従うことが多くの投資家にとって最良の選択になるだろう。しかし、勝つのが難しいということと不可能ということには、大きな違いがある。相場に関心があって、投資やトレード手法を作ろうと努力する気があり、計画に従う規律を持つ投資家ならば、効率的市場仮説が説いているからといって、その努力を思いとどまるべきではない。

　厳密にファンダメンタルズで市場価格が決まるという市場モデルは、あまりにも単純すぎる。価格はファンダメンタルズと感情の両方で決まる。また時には、感情の影響がファンダメンタルズを圧倒することすらある。例えば、インターネット株が3年の間に7倍になったあとに元の株価まで下げた理由を、ファンダメンタルズの大幅な向上と悪化が続けて起きたからと考えるよりも、バブルとそれがはじけた結果と考えるほうが、はるかに信頼できると思われる。感情は価格に重要な影響を及ぼすことがあるだけでなく、その価格のゆがみはしばしば絶好の投資機会をもたらすのだ。

第3章

過去のリターンの圧力
The Tyranny of Past Returns

　人は投資する時期をどうやって決めているのだろうか？　数ある選択肢から、どうやって投資対象を選んでいるのだろうか？　ほとんどの場合、投資をするかどうかを決めるときにカギとなる要素は過去のリターンだ。投資家の発想は単純だ。リターンが高ければ良いし、低いかマイナスなら悪いと考える。株式相場が上げ続けていれば、投資家の買い意欲は高まるだろう。逆に、相場がしばらく下げると、投資するよりも手仕舞おうとする投資家のほうが多くなるだろう。

　図3.1で明らかなように、株式市場のリターンと株式投資信託に対する純投資額には明確な関係がある。S&P500指数のリターンが大幅に下がると、通常は株式投資信託へ流入する資金も流出に転じる。株価が大幅に下落した後の2002年と2008年には、株式投資信託への資金は純流出となった。どちらの年でも、株価は翌年（2003年と2009年）に急騰した。

　人はリターンを見て、いつ投資するかだけでなく、何に投資するかまでも決める。2～3年、あるいは5年の平均リターンが高かったファンドは買い手の関心を集めるし、マイナスは言うまでもなく、低リターンのものは避けられる。投資家のこうした行動はもっともで、多くのものから影響された結果なのだ。まず、高いリターンが得られそうなファンドを選ぶのは、極めて筋が通っているように思える。さら

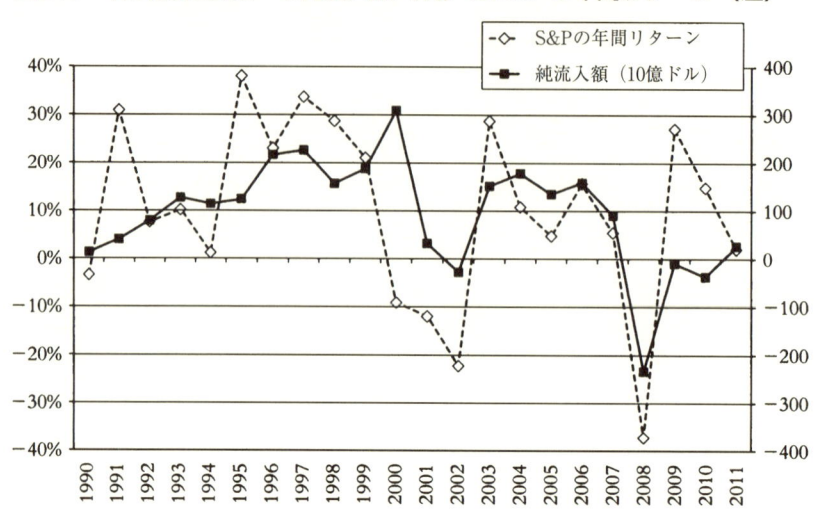

図3.1　株式投資信託への純流入額（右）とS&Pの年間リターン（左）

出所＝S&Pのリターン（スタンダード・アンド・プアーズ）、投資信託への流入額（2011 Investment Company Fact Book ［Washington,DC:Investment Company Institute］）

に、過去数年で最もリターンが高かったファンドは、評価機関の評価も最高になるだろう。当然だが、高いリターンを売りにした広告では、過去にパフォーマンスが良かったファンドを特集するので、投資家の行動にも拍車がかかる。新聞や雑誌の金融記事も、そういうファンドに焦点を合わせる。また、データベースから検索ソフトを使ってファンドを選ぶ投資家は、最近のリターンが高かったファンドが抽出されるような条件を必ず設定するので、リターンが低かったファンドは自動的にはじかれてしまう。ポートフォリオ最適化ソフトもリターンにかなり依存しているので、ボラティリティ（変動率）と相関係数の制約を受けるとは言え、過去にリターンが高かったファンドを選び出しやすい。こうした要素が積み重なると、リターンが最近高かったファンドを選んで、出遅れているものは除外するという、投資家の当然の傾向は一段と強まるだろう。

明らかに、人々はパフォーマンスが最近良かった市場に投資しがちだし、最近のリターンが最高だったファンドを選ぶ傾向がある。そこで、重要な問いは次のようになる。ほとんど機械的に過去のリターンに頼って投資判断を下すのは、投資家の役に立っているのかということだ。この疑問に答えるために、以降の節では次の4つの問いに答えながら分析を進めたい。

1. 最近のアメリカ株式市場は、リターンが高かった期間のあとにどういう動きを見せたのか？
2. アメリカ株のリターンが高いときか低いときがかなり続いたあとに、株式への長期投資（5～20年）を始めていたら、パフォーマンスは向上したのか？
3. S&P指数のうちで、最近のパフォーマンスが最も良かったセクターに毎年乗り替える投資戦略を取ると、全セクターの平均パフォーマンスを上回るのか？
4. 最近のパフォーマンスが最も良かったヘッジファンド戦略のリターンは、全戦略の年平均リターンを上回るのか？

誤解をしないための注意点　以降の調査は、リターンが高かった期間や低かった期間のあとに市場やセクター、戦略スタイルがどのようなパフォーマンスを見せたかを調べて、推論したものである。当然ながら、将来も同様のパターンが現れるという保証はまったくない。しかし、どの事例でも、過去と同様のパターンが今後も現れる可能性が高いという仮定に基づいている。ここでの結論は観察から得られたデータに基づいているので、絶対的な真実ではなく、指標として見る必要がある。読者はこの点を頭に入れておいてほしい。それでも、観察から得られた証拠に従って投資するほうが、それに逆らうよりも理にかなっていると思われる。

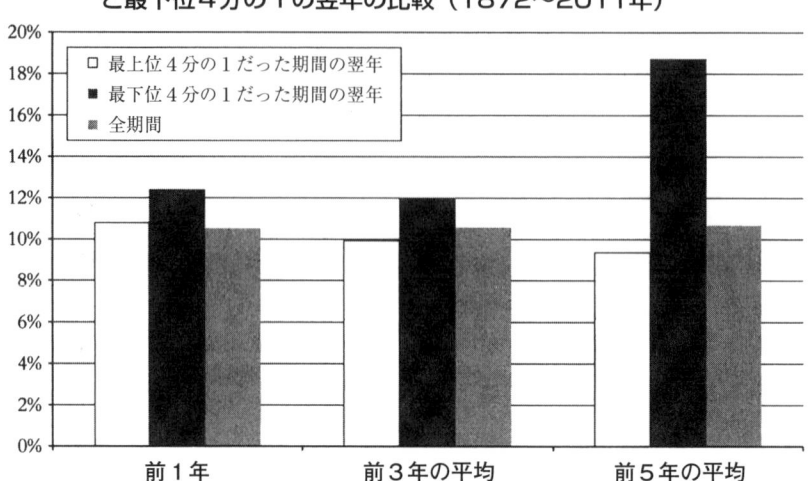

図3.2 配当を含むS&Pのリターン──パフォーマンスが最上位4分の1と最下位4分の1の翌年の比較（1872〜2011年）

出所 = Moneychimp.com。これはロバート・シラーのデータとヤフー！に基づき、1926年（S&P指数の1年目）以前のデータはコウルズ株価指数データに基づく

リターンが高かった期間と低かった期間の後のS&Pのパフォーマンス

　1871〜2011年のS&Pの年間リターンを上位から順に4等分して、最上位4分の1の年と最下位4分の1の年の翌年の平均リターン同士を比較してみた（S&Pデータはロバート・シラーが編集したシリーズに基づく。このシリーズでは、1926年以前はコウルズ株価指数のデータが使われている）。最下位4分の1の年の翌年のリターンは平均12.4％だった。これに対して、最上位4分の1の年の翌年では10.5％だった。次に、3年間のリターンでも同じ作業を繰り返した。結果は同様だったが、より顕著になった。過去3年間で最下位4分の1だった年のほうが最上位4分の1だった年よりも、翌年の平均リターンが良く、12.0％対9.9％という結果になった。最後に、過去5年でも検証を繰り

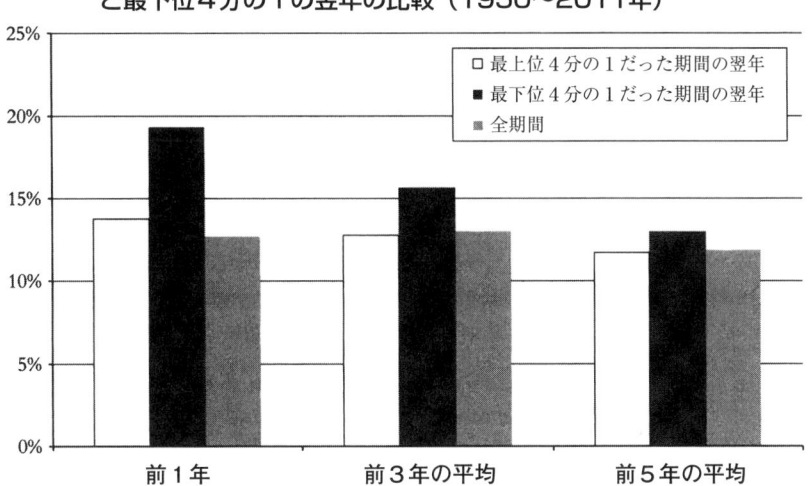

図3.3 配当を含むS&Pのリターン──パフォーマンスが最上位4分の1と最下位4分の1の翌年の比較（1950〜2011年）

出所＝Moneychimp.com。これはロバート・シラーのデータとヤフー！に基づく

返した。この場合の違いは実に印象的だった。5年間で最下位4分の1だった翌年の平均リターンは、最上位4分の1だったほうの2倍近くあり、18.7％対9.4％という結果になったのだ。**図3.2**はこれらの結果をまとめたものだ。リターンが下位4分の1だった年の翌年のほうが、上位4分の1だった年の翌年よりも一貫してパフォーマンスが良いのは明らかである。

データが増えると必ず問題になるのが、そのデータは果たして適切と言えるのかということだ。1870年代までたどって検討したために、現在の市場に合わない時期まで含めてしまっているという批判も当然出てくるだろう。そこで、1950年以降についても、まったく同じ分析を繰り返した。**図3.3**はその結果をまとめたものだ。今回も、リターンが下位4分の1だった年の翌年のほうが、上位4分の1だった年の翌年よりもかなりパフォーマンスが良かった。違いは、パフォーマン

スの差が過去1年では6％だったのに対して、過去3年では4％弱だった点だ。

教訓は、株式で平均以上のリターンを最も実現できそうな年は、リターンが低かった期間のあとということだ。ほとんどの人が投資したがるのは、リターンが高かった期間の後の年だが、そうすると結局は、平均よりもわずかだが劣る傾向がある。

より長期的な投資期間で見たリターンが高かった期間と低かった期間の意味

前節では、以前のリターンが最高だった期間の翌1年間で、S&Pのパフォーマンスを調べた。過去データによれば、この期間はリターンが低かった期間の翌年よりもパフォーマンスが大幅に劣る。しかし、もっと重要な問いは、リターンが高かった期間の後にもっと長期的な投資をした場合、リターンが低かった期間のあとと比べてどういう結果になるかだ。

そこで1880年以降、1991～2011年までのS&Pについて、10年間のリターンの年平均を調べて、上位から順に4等分した（最終年は検証した保有期間によって変わる）。**図3.4**は過去10年間のリターンの最上位4分の1と最下位4分の1のそれぞれについて、その後の5、10、15、20年間の年平均リターンがどうなったかを示している。保有期間が5年の場合、両者にはほとんど違いが見られなかったが、10、15、20年の場合では、最上位4分の1の後よりも最下位4分の1の後のほうが、年率で2％ぐらいリターンが良かった。

次に、過去20年のリターンに基づくデータも同様に4等分して、調査を繰り返した。その結果は**図3.5**に示したとおりだ。最下位4分の1の後のほうが、年率1.4～5.4％の範囲で、一貫してリターンが高い。4つの保有期間すべての平均で、最上位4分の1の後よりも最下位4

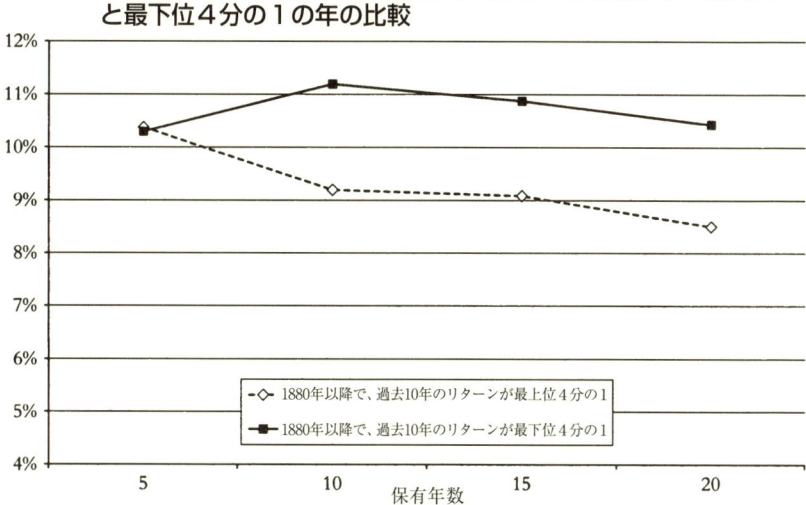

図3.4 保有期間で見るS&Pの複利での平均年率リターン（配当を含む、1880〜2011年）——過去10年のリターンが最上位4分の1と最下位4分の1の年の比較

```
　　　　　　　　 ─◇─ 1880年以降で、過去10年のリターンが最上位4分の1
　　　　　　　　 ─■─ 1880年以降で、過去10年のリターンが最下位4分の1
```

横軸：保有年数（5, 10, 15, 20）

出所＝Moneychimp.com。これはロバート・シラーのデータとヤフー！に基づき、1926年（S&P指数の1年目）以前のデータはコウルズ株価指数データに基づく

分の1の後のほうが、年率で3.5％もリターンが高かった。

一般的に言って、データは多いほうが望ましいが、1800年代後半まで含めると、現代の市場を反映しないデータまで入ってしまい、結果をゆがめる可能性もある。その点を確かめるために、1950年以降のデータで同じ分析を繰り返した。最近のデータだけで分析をすると、最上位4分の1の後に比べて、最下位4分の1の後のほうが一層良かった。**図3.6**で示したように、過去10年のリターンが最下位4分の1の後のリターンのほうが、どの保有期間でも1.1％から6.4％の幅で上回っていた。

過去20年のリターンに基づくと、結果は特に素晴らしかった。過去20年のリターンが最下位4分の1だったあとのリターンは、最上位4分の1だったあとを6.6％から11.0％もの幅で上回っていたのだ！

図3.5　保有期間で見るS&Pの複利での平均年率リターン（配当を含む、1890〜2011年）——過去20年のリターンが最上位4分の1と最下位4分の1の年の比較

凡例：
- ◇ 1890年以降で、過去20年のリターンが最上位4分の1
- ■ 1890年以降で、過去20年のリターンが最下位4分の1

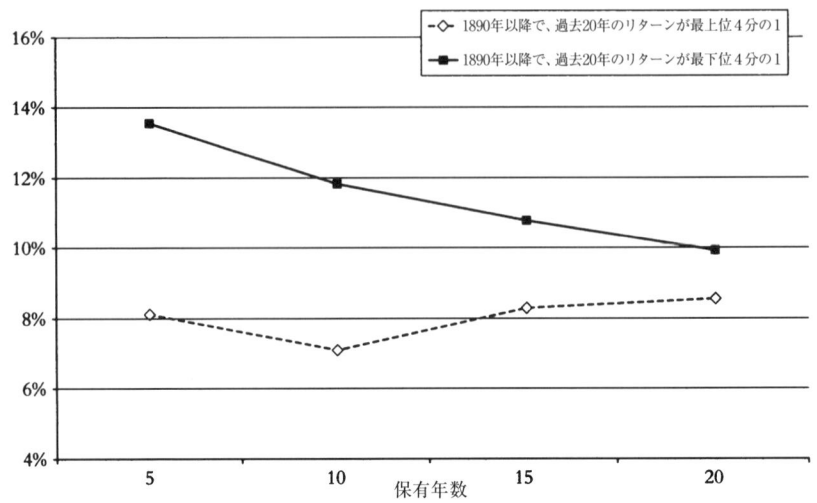

横軸：保有年数

出所＝Moneychimp.com。これはロバート・シラーのデータとヤフー！に基づき、1926年（S&P指数の1年目）以前のデータはコウルズ株価指数データに基づく

　この意味は明らかだ。株式への長期投資を始めるのに最適な時期は、低リターンが長期間続いたあと——当然ながら、投資家が株式への投資に最も幻滅している時期——であり、最悪な時期は1990年代後半のように、高リターンが長期間続いた後で、投資家が株式に非常に熱中しがちな時期だ。

　それで、これから長期投資を行う場合、過去のリターンをどう解釈すべきか、と読者は考えるかもしれない。本書を執筆中の2011年末現在では、過去10年のリターンは年率2.9％で、過去20年では7.8％だ（図3.7）。これらのリターンは比較的低い水準で、10年間と20年間の平均年率リターンを1950年以降のすべての年末で見ると、それぞれ下から14％と11％に当たる。ほかに両方とも下から25％以内に入る年末は、1974、1975、1976、1977、1978、1979、1981、1982、2008、2009、

第3章 過去のリターンの圧力

図3.6 保有期間で見るS&Pの複利での平均年率リターン（配当を含む、1950～2011年）──過去10年のリターンが最上位4分の1と最下位4分の1の年の比較

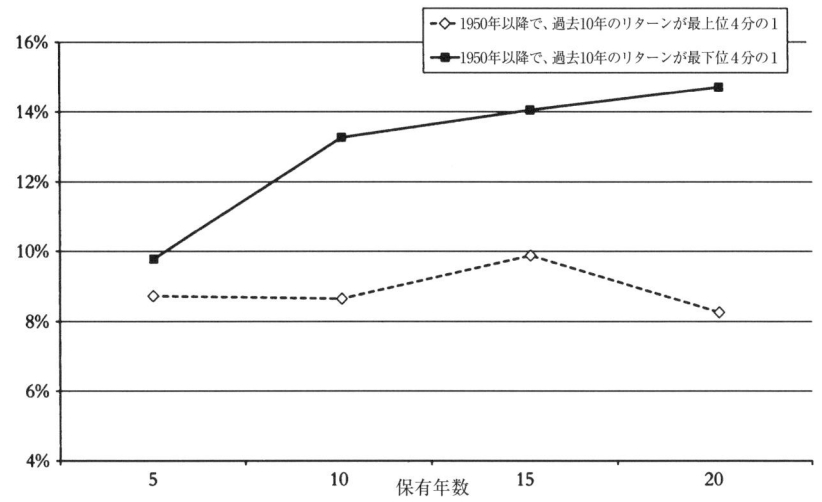

出所＝Moneychimp.com。これはロバート・シラーのデータとヤフー！に基づく

2010年だけである。10年の保有期間のデータを取ることができない最近の3年を除いて、これらの年の過去10年間と20年間のリターンは両方とも、年率16％に満たなかった。2012年のリターンが年率28％以下であるかぎり、10年と20年のリターンは両方とも下から25％以内に入る。要するに、2012年の現時点では、2012年のリターンが年率28％を達成した場合を除いて、過去10年と20年の株式市場でのパフォーマンスは比較的劣っている。ということは、株式の長期投資を行うのに都合が良いという意味だ。

最も良いセクターを選ぶと得をするのか？

リターンが最も高い投資信託を検索すると、特定のセクターにのみ

図3.7 保有期間で見るS&Pの複利での平均年率リターン（配当を含む、1950～2011年）——過去20年のリターンが最上位4分の1と最下位4分の1の年の比較

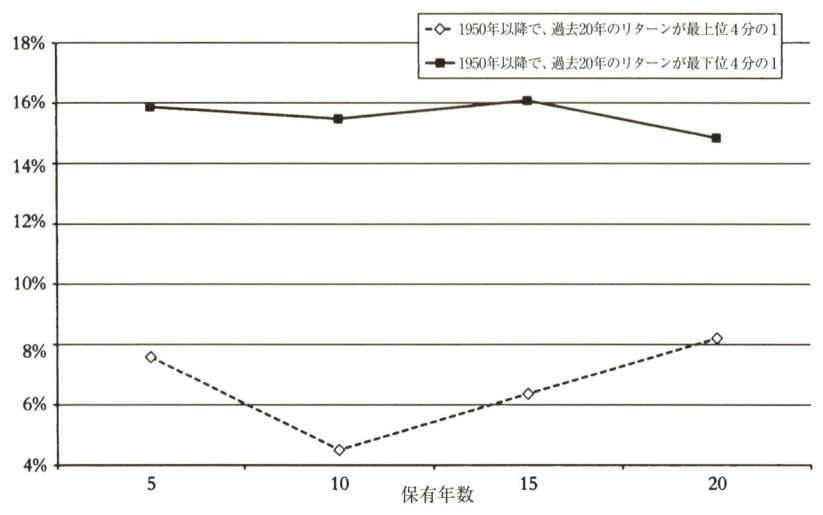

凡例：
- 1950年以降で、過去20年のリターンが最上位4分の1
- 1950年以降で、過去20年のリターンが最下位4分の1

横軸：保有年数（5, 10, 15, 20）
縦軸：4%～18%

出所＝Moneychimp.com。これはロバート・シラーのデータとヤフー！に基づく

投資するファンドがずらりと並ぶ。これは市場全体を上回るセクターが必ずあるためだ。最近のリターンが最も高かった投資信託を選ぶという一般的な手法を取る投資家は、最近のリターンが最も高かったセクターに間接的に投資することになる。明らかな問いは次のとおりだ。最もパフォーマンスが良かったセクター（ということは、同じセクターに投資しているほとんどのファンドにも言えるが）は、現在も引き続き良いのだろうか？　これに答えるために、S&Pの10のセクター指数を利用した（**表3.1**）。

　最近に最も良かったセクターが、その後どういうパフォーマンスを見せたかを調べるために、3つの投資戦略の結果を比較する。

1．最も良いセクターを選ぶ　毎年、最近のリターンが最も高かった

表3.1　S&Pセクター指数

番号	指数
1	一般消費財
2	生活必需品
3	エネルギー
4	金融
5	ヘルスケア
6	一般産業
7	IT
8	素材
9	通信サービス
10	公益事業

S&Pセクターに投資する。

2．最も悪いセクターを選ぶ　毎年、最近のリターンが最も低かったS&Pセクターに投資する。

3．平均的なセクターを選ぶ　10セクターのそれぞれに資金を10％ずつ割り当てて分散投資をする。この手法を取ると、全セクターの平均と等しい年間リターンが得られるだろう。

最初の検証では、過去1年のリターンを使って、最も良いセクターと最も悪いセクターを決める。S&Pセクター指数のデータが入手できる最初の1年は1990年なので、比較分析ができる1年目は1991年になる。**図3.8**は3つの投資戦略のNAV（純資産価値。NAVとは、投資を始めたときの資産価値を1000［時には100］とした場合に、各時点［一般的には月末］の資産価値がいくらであるかを示す。例えば、NAVが2000なら、最初の投資はその時点で2倍になっていることを示す。NAVはいつの時点でも、複利のリターンの連鎖に等しい。例えば、最初の3カ月の月次リターンが＋10％、＋5％、－8％ならば、NAVは1062.6［1000×1.10×1.05×0.92＝1062.6］になる）をグラフで

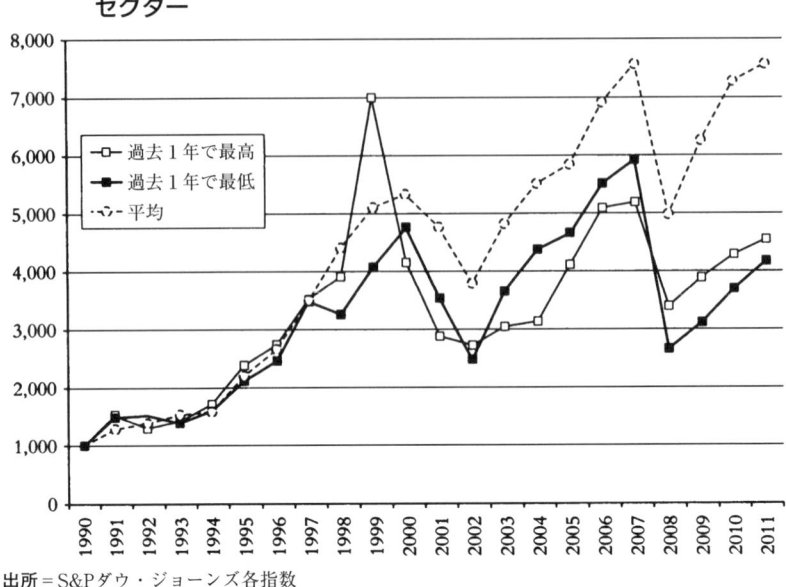

図3.8 NAVの比較──過去1年で最高のS&Pセクター対最低と平均のセクター

凡例：
- 過去1年で最高
- 過去1年で最低
- 平均

出所＝S&Pダウ・ジョーンズ各指数

示している。過去1年で最も良かったセクターを毎年初めに選ぶ戦略は、全セクターに毎年等しく配分し直して平均に近づける戦略よりも、NAVが劇的に劣る。そして、最もパフォーマンスが悪かったセクターを選ぶ戦略よりはわずかに良いだけだ。

次に、過去3年のリターンを使って最も良いセクターと最も悪いセクターを決めて、同様の検証を行った。ここでは、最も良いセクターと最も悪いセクターを決めるために過去3年分のデータが必要なので、検証できる年は1993年からになる。3つの戦略のNAVのグラフは**図3.9**に示されている。この例では、過去に最も良かったセクターを選ぶと平均を下回るだけでなく、最低だったセクターよりも劣った。

さらに、過去5年のデータを使って、最も良いセクターと最も悪いセクターを決めて、同じことを繰り返した。ここでは過去5年分のデータが必要になるので、比較できる最初の年は1995年になる。結果は

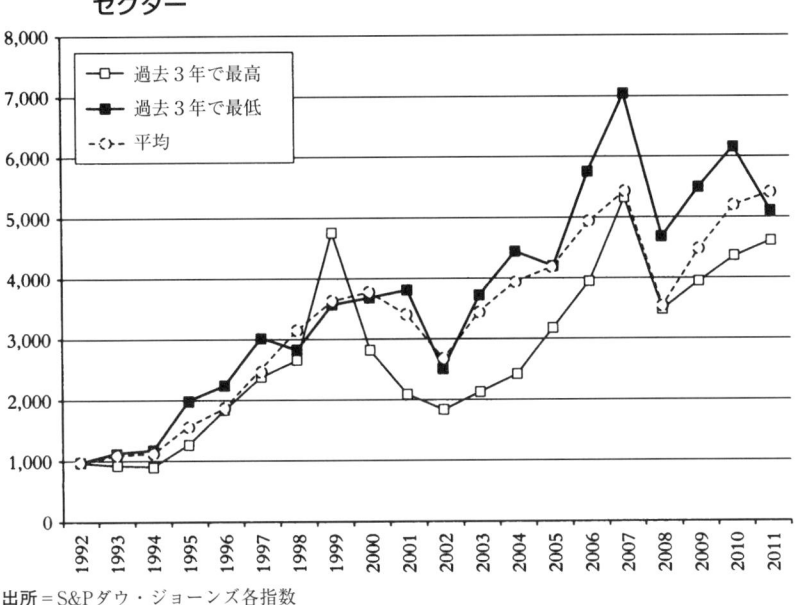

図3.9　NAVの比較──過去３年で最高のS&Pセクター対最低と平均のセクター

（凡例：過去３年で最高／過去３年で最低／平均）

出所＝S&Pダウ・ジョーンズ各指数

図3.10に示すとおりだ。３回目の検証でようやく、過去に最も良かったセクターを選んだときに、NAVが最も高くなった。平均と最も悪かったセクターのどちらのNAVをも大きく上回ったのだ。しかし、パフォーマンスは良いが、変動も激しい。これは重要なポイントなので、後でまた触れることにしよう。

　３つの検証期間のうちの２つでは、最も良かったセクターを選ぶと平均よりも劣り、１つでは平均を上回った。この対照的な結果をどう組み合わせれば、パフォーマンスが過去に最も良かったセクターを選ぶと将来のパフォーマンスは向上するか、という問いに対する適切な答えが得られるだろうか？　３つの期間のどれかを優先すべき理由もないので、資金は３等分されると仮定する。したがって、最も良かったセクターを選ぶ手法では、過去１年、３年、５年のそれぞれで最もパフォーマンスが良かったセクターで、資金を３等分する（時に

図3.10 NAVの比較──過去5年で最高のS&Pセクター対最低と平均のセクター

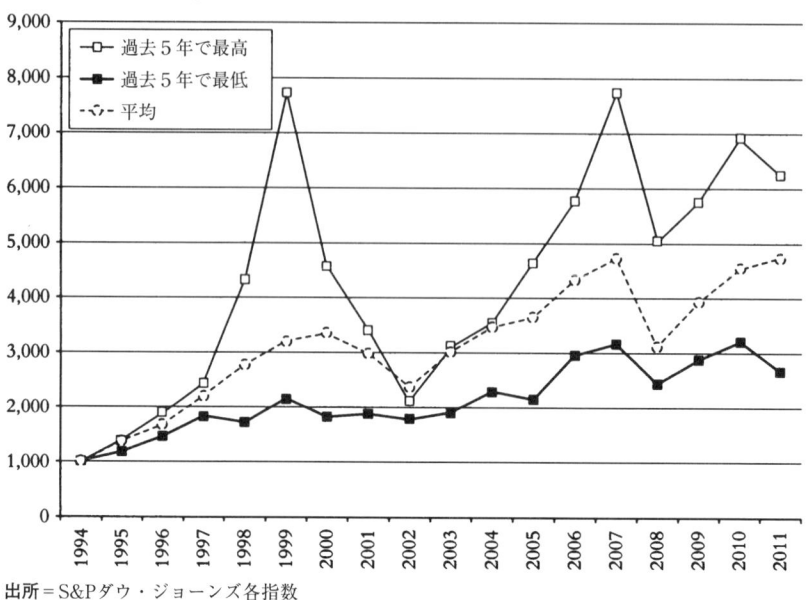

凡例：
- 過去5年で最高
- 過去5年で最低
- 平均

出所＝S&Pダウ・ジョーンズ各指数

　は、これらの2つ、あるいはすべてが同じセクターになる場合もある）。最も悪かったセクターを選ぶ手法でも、同様の配分をする。平均的に配分する手法は前と同じままだ。3つの期間を組み合わせた分析結果は図3.11に示した。最も良かったセクターを選んだ場合は、平均よりもわずかに劣るが、少なくとも最も悪かったセクターよりはましだ。この結果に基づけば、過去に最もパフォーマンスが良かったセクターを選んでも、結果は向上しないが、少なくともそれほどの損にもならないように思える。だが、話はここでは終わらない。

　リターンだけを考えるこれまでの分析では、過去に最も良かったセクターを選ぶと、等しく配分する手法（つまり、平均）よりもわずかにリターンが低かった。しかし、リターンはパフォーマンスの測定基準としては不完全である。パフォーマンスについて意味のある比較を

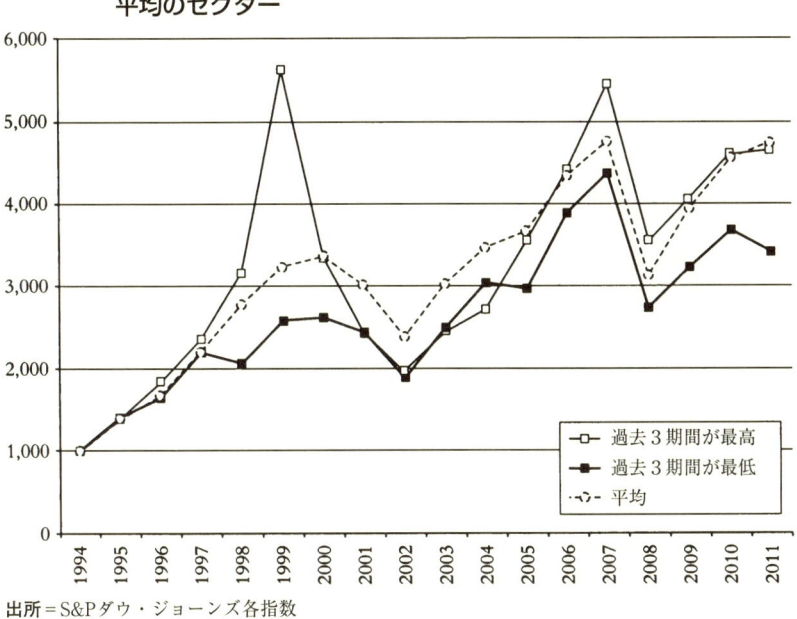

図3.11　NAVの比較——過去の3期間が最高のS&Pセクター対最低と平均のセクター

凡例：
- □ 過去3期間が最高
- ■ 過去3期間が最低
- 〤 平均

出所＝S&Pダウ・ジョーンズ各指数

するには、リスク（第4章で詳しく取り上げる）も考慮しなければならない。ここでは、2つのリスク尺度を使うことにする。

1. **標準偏差**　標準偏差はボラティリティを測る尺度で、データの散らばり——ここではリターンの変動幅——を示す。大まかに言って、平均値の2標準偏差以内に、データの約95％が入ると予想される。例えば、年間の平均リターンが10％で、標準偏差が30％であれば、年間リターンの約95％は－50～＋70％の範囲に収まると予想される。対照的に、リターンは10％でも、標準偏差がたったの10％であれば、年間リターンの約95％は－10～＋30％の範囲に収まるだろう。標準偏差が大きくなるほど、リスクが高いことは明らかだ。リターンの分布が広がるほど、損失（利益もだが）も大きくなる可能

性があるということを示すからだ。
2．**最大ドローダウン**　この統計は資産のピークから谷までの最大減少率を測る。ここでの分析では、年間データしか使っていない点に注意してほしい。そのため、ドローダウンのピークと谷が両方とも年末の1日に生じるという、極めてまれな状況にでもならないかぎり、データ点を日次、月次などと増やすほど、最大ドローダウンもほぼ間違いなく大きくなる。

　図3.12はこの2つのリスク尺度を用いて、過去に最も良かったセクター、最も悪かったセクター、平均結果を比べたものだ。最も悪かったセクターと平均はどちらの尺度でも、似たリスク水準だった。しかし、最も良かったセクターの標準偏差はかなり大きいし、最大ドローダウンとなると極めて大きい。リスクを計算するのは、学問的な訓練になるだけではない。リスクが高くなるほど、投資結果も劇的に変わる可能性があるのだ。最も良かったセクターに投資する手法での累積リターンは、平均よりもわずかに劣るだけだった（**図3.11**）。しかし、この戦略に従った投資家は非常に大きなドローダウンを被りやすいので、途中で投資を断念した可能性がかなり高い。これらの投資家は平均近くの結果すら出せなかった可能性が高い。現実には、資産が回復するかどうかは分からないからだ。そのため、リスクが高くなるほど、損を出して撤退する可能性が高くなるのだ。

　図3.13はリターンとリスクを組み合わせて、2つのリターン・リスク比率を見たものだ。どちらも結果は似ていた。リターン・リスク比率という点では、最も良かったセクターは平均よりもはるかに劣るだけでなく、最も悪かったセクターにも劣る。これは、過去に最もパフォーマンスが良かったセクターに集中投資するよりも、分散投資をして平均リターンを目指すほうが望ましいということを意味する。これはまた、過去に最もリターンが良かった投資信託を選んだ場合でも、

図3.12　標準偏差と最大ドローダウン──最高だったセクター（3期間の平均）対最低だったセクターと全セクターの平均、1995～2011年

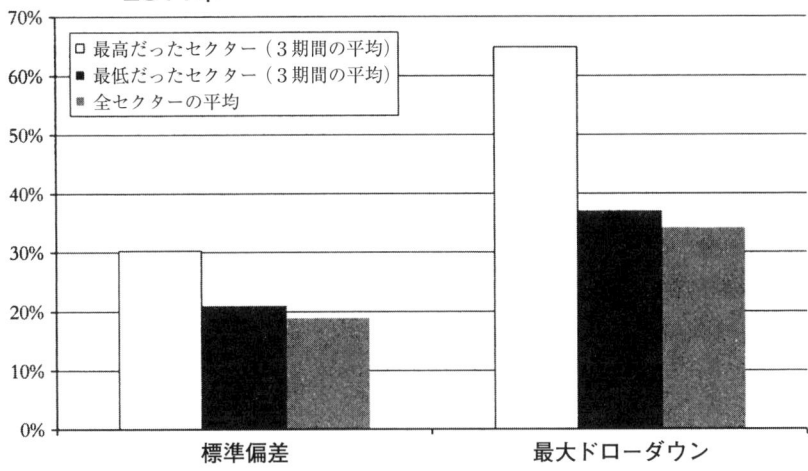

出所＝S&Pダウ・ジョーンズ各指数

図3.13　リターン・標準偏差比率とリターン・最大ドローダウン比率──最も良かったセクター（3期間の平均）対最も悪かったセクターと全セクターの平均、1995～2011年

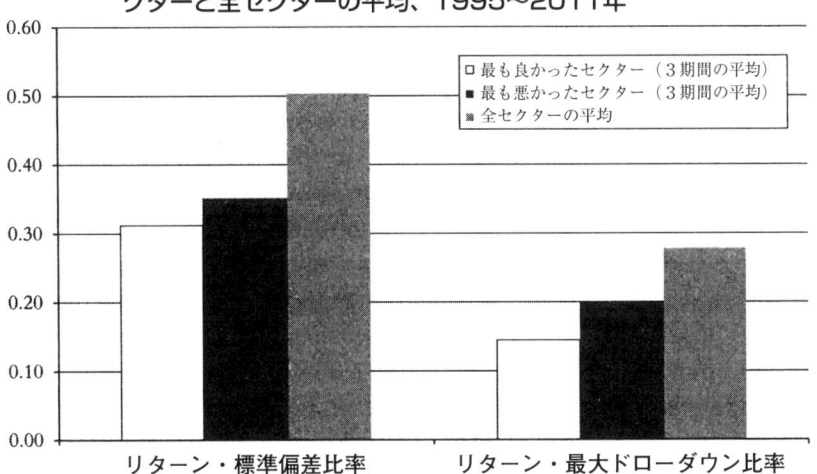

出所＝S&Pダウ・ジョーンズ各指数

リターン・リスク比率は平均を下回るという意味でもある。それらの投資信託は、最もパフォーマンスが良いセクターに集中投資をしていた可能性が高いからだ。

ヘッジファンド――最もリターンが高かったファンドを選ぶ戦略のパフォーマンス

　ヘッジファンドと言えば、大好きなテレビドラマの最新エピソードぐらいしか知らないのなら、それがミステリーに思えたときのヒントをあげよう。ファンドマネジャーとは実際にこうなのだ。ただし、読者がここで知っておくべき唯一重要なことは、ヘッジファンドが用いる戦略は幅広いということだ。投資信託は主に株式か債券かその両方を組み合わせて、買い持ちをする。対照的に、ヘッジファンドの戦略は広範囲に及び、取引市場（株式、債券、FX［外国為替］、信用、商品の各市場）、焦点を合わせる地域（先進国、新興国、単一の国、特定地域）、ネットエクスポージャー（買い越し、市場中立、売り越し、機動的なポジション変更）の違いがあるだけでなく、相場の上昇や下落から利益を取るディレクショナル戦略か、価格の一時的なゆがみから利益を得るレラティブバリュー戦略かという違いもある。ヘッジファンドの概要については、第11章で述べる。

　驚くことではないが、ヘッジファンドに投資する人の多くは、リターンが最近、高かったファンドに資金を割り当てて、かなりの損失を出したファンドは解約するという傾向が強い。ヘッジファンドマネジャーたちは投資信託のマネジャーたちよりもずっと個性的であることは確かだが、多くの場合、彼らのリターンは特定の戦略スタイルに見合った投資環境かどうかに強く影響される。特にある種のヘッジファンドはそう言える。その意味で、最近のリターンが最も低かったヘッジファンドから最も高かったものに資産を動かす投資家は、個々のマ

表3.2 HFRIヘッジファンド戦略指数＊

	指数
1	株式ヘッジ（総合）
2	株式ヘッジ　株式市場ニュートラル
3	株式ヘッジ　定量分析ディレクショナル
4	株式ヘッジ　エネルギー・産業素材
5	株式ヘッジ　ハイテク・ヘルスケア
6	株式ヘッジ　ショートバイアス
7	イベントドリブン（総合）
8	イベントドリブン　ディストレスト・リストラ
9	イベントドリブン　合併アービトラージ
10	イベントドリブン　私募・レギュレーションD
11	マクロ（総合）
12	マクロ　システマティック分散投資
13	レラティブバリュー（総合）
14	レラティブバリュー　債券──資産担保証券
15	レラティブバリュー　債券──CBアービトラージ
16	レラティブバリュー　債券──社債
17	レラティブバリュー　マルチストラテジー
18	レラティブバリュー　イールド代替投資
19	新興国市場（総合）
20	新興国市場　アジア（日本を除く）
21	新興国市場　グローバル
22	新興国市場　ラテンアメリカ
23	新興国市場　ロシア・東ヨーロッパ

＊ファンド・オブ・ファンズは複数の戦略を組み合わせているため、それらは除く

ネジャーのパフォーマンスを見ているとは言え、結果的には最も悪かったヘッジファンド戦略から最も良かった戦略に変えることにもなっている。ここから、重要な疑問がわく。最近に最もパフォーマンスが良かったヘッジファンドの戦略カテゴリー（それに、そのカテゴリーに入るほとんどのファンド）は、その後の年にも良いパフォーマンスを維持できるのだろうか、という疑問だ。この疑問に答えるために、ヘッジ・ファンド・リサーチ社（HFRI）によって算出されている、

ヘッジファンドの23のセクター指数を利用する。これらは**表3.2**に示した。

　ヘッジファンド戦略カテゴリーの各指数には投資できない。そのため、指数のリターンを複製することはできない。この検証では、戦略カテゴリー内の1つないし複数のファンドで構成したサブポートフォリオをランダムに選べば、そのポートフォリオで期待されるリターンは戦略カテゴリーの指数にほぼ近いという仮定に基づいている。戦略内で選んだサブポートフォリオのリターンは指数から大幅にずれる可能性もあるが、一方向にだけずれることはないだろう。そうであれば、指数のリターンは単一戦略のポートフォリオのリターンを推測するのに適切だろう。ここでは、3つの投資戦略の結果を比較する。

1. **最も良い戦略を選ぶ**　毎年、最近のリターンが最も高かった戦略カテゴリー内のヘッジファンドに投資する。検証ができるように、単一戦略から成るポートフォリオのリターンは、ヘッジファンドのカテゴリー指数のリターンに近いという単純な仮定を置いている。
2. **最も悪い戦略を選ぶ**　毎年、最近のリターンが最も低かった戦略カテゴリー内のヘッジファンドに投資する。検証ができるように、単一戦略から成るポートフォリオのリターンは、ヘッジファンドのカテゴリー指数のリターンに近いという単純な仮定を置いている。
3. **平均的な戦略を選ぶ**　HFRIの分類による23のヘッジファンドカテゴリーのそれぞれに等しく分散投資して、1年ごとにリバランスを行う。検証ができるように、この手法の年間リターンは23の戦略カテゴリーの平均に等しいという単純な仮定を置いている。

　最初の検証では、過去1年のリターンを使って、最も良かった戦略カテゴリーと最も悪かったものとを決める。**図3.14**は3つの投資戦略それぞれのNAVを、グラフで示したものだ。過去1年のリターン

第3章 過去のリターンの圧力

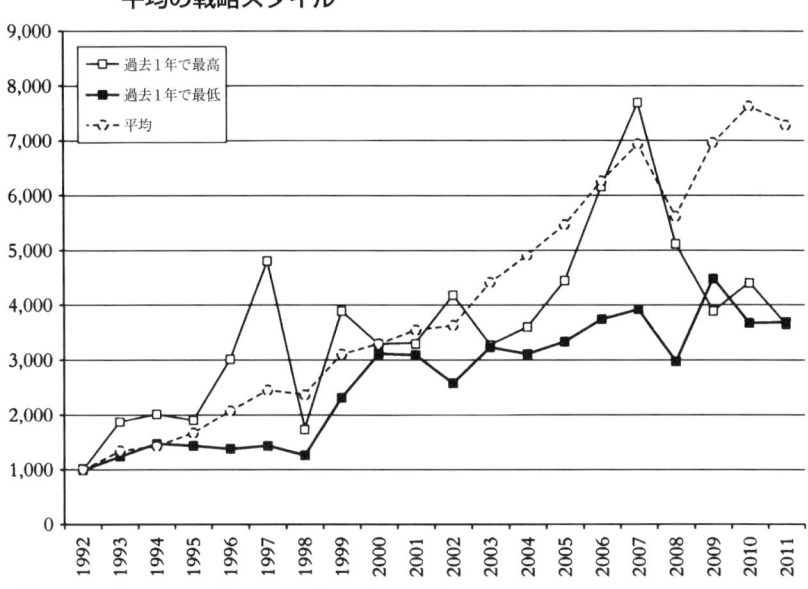

図3.14　NAVの比較——過去1年で最高のHFRI戦略スタイル対最低と平均の戦略スタイル

凡例：
- 過去1年で最高
- 過去1年で最低
- 平均

出所＝HFR（www.hedgefundresearch.com）のデータ

が最も高かったヘッジファンド戦略を選ぶと、最終的なNAVは全戦略の平均を複製した投資よりもはるかに低くなった。また、リターンが最も低かった戦略にさえも、累積リターンはわずかに及ばなかった。

次に、過去3年のリターンで、最も良かった戦略カテゴリーと最も悪かったものとを決めて、同様の検証を行う。3つの戦略のNAVのグラフは図3.15に示されている。この例では、過去に最も良かったセクターのパフォーマンスは際立って悪い。年間リターンに基づく最終的なNAVは、全セクターの平均のほうが過去3年で最も良かったセクターの2倍以上になった。さらに最も悪かったセクターとなると、最も良かったセクターの4倍にもなっている。

次に、過去5年のリターンでも同様の検証を行った。結果は図3.16に示した。ここでも、過去に最も良かったセクターは平均にも、

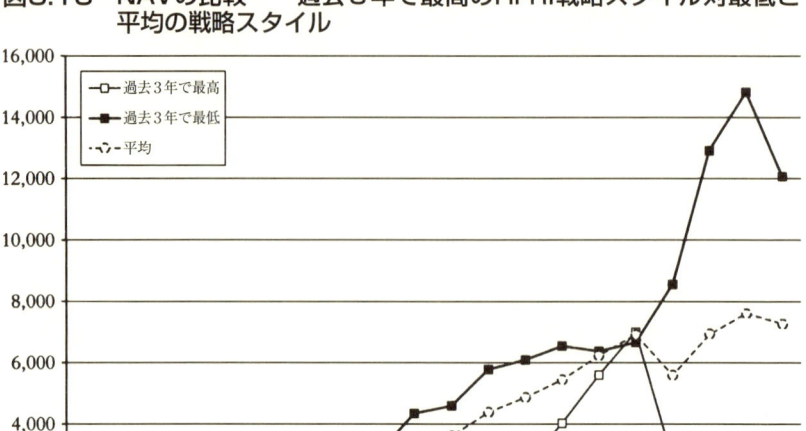

図3.15　NAVの比較──過去3年で最高のHFRI戦略スタイル対最低と平均の戦略スタイル

凡例：
- 過去3年で最高
- 過去3年で最低
- 平均

出所＝HFR（www.hedgefundresearch.com）のデータ

　最も悪かったセクターにも劣る。これら2つのNAVは、最も良かったセクターの最終NAVの2倍近くに達したのだ。

　この3期間の結果を組み合わせて、ひとつの結果を引き出すために、最も良い戦略を選ぶ手法では、過去1年、3年、5年のそれぞれで最もパフォーマンスが良かった戦略で、資金を3等分すると仮定した（時には、これらの2つ、あるいはすべてが同じ戦略になる場合もある）。最も悪い戦略を選ぶ手法でも同じだ。平均での配分は以前と変わらない。3期間を組み合わせた分析結果は**図3.17**に示した。個々の期間の結果から予想されるように、過去に最も良かった戦略から得られるリターンは非常に悪く、最終NAVは平均や最も悪かった戦略の半分にも満たない。

　リターンだけの比較でも、過去に最も良かった戦略が一番劣るが、

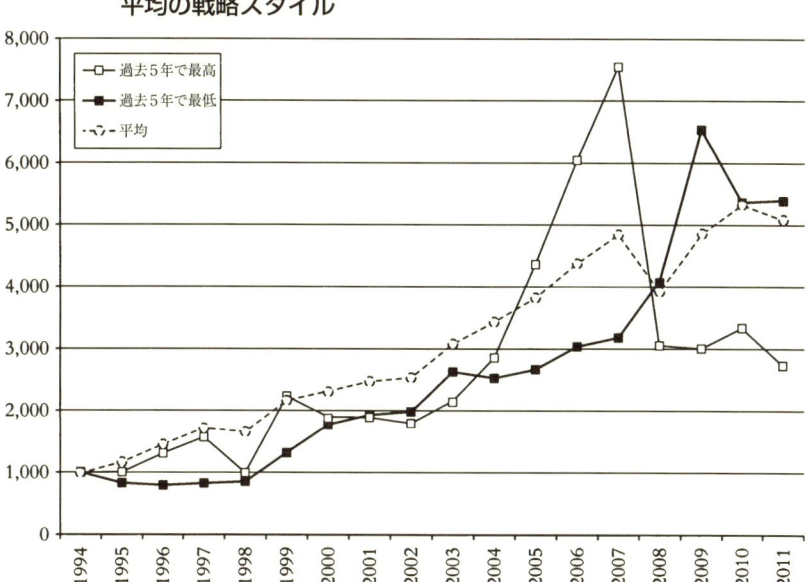

図3.16　NAVの比較──過去5年で最高のHFRI戦略スタイル対最低と平均の戦略スタイル

凡例：過去5年で最高／過去5年で最低／平均

出所＝HFR（www.hedgefundresearch.com）のデータ

　話はここで終わらない。最も良かった戦略に投資をすると、非常に低いリターンしか得られなかっただけでなく、リスクも非常に大きかった。**図3.18**では標準偏差と最大ドローダウンを用いて、3期間を組み合わせた手法のリスクを比較している。最も良かった戦略を選ぶ手法は、平均と最も悪かった戦略を選ぶ手法のどちらよりも標準偏差がずっと大きく、ドローダウンも極めて大きい。**図3.18**では、ひとつの面が特に目立っている。最高だった戦略と最低だった戦略を用いた手法の最大ドローダウンには極端な違いがあり、前者は非常に大きく、後者は非常に小さかったのだ。この結果によれば、過去にリターンが最も高かった戦略は大きなドローダウンを被る可能性が高いし、最もリターンが低かった戦略が翌年も非常に悪いという可能性は低そうだ。

　過去に最も良かった戦略を選ぶと、リターンとリスクの両方で見た

第1部 市場とリターンとリスク

図3.17 NAVの比較──3期間で最高のHFRI戦略スタイル対最低と平均の戦略スタイル

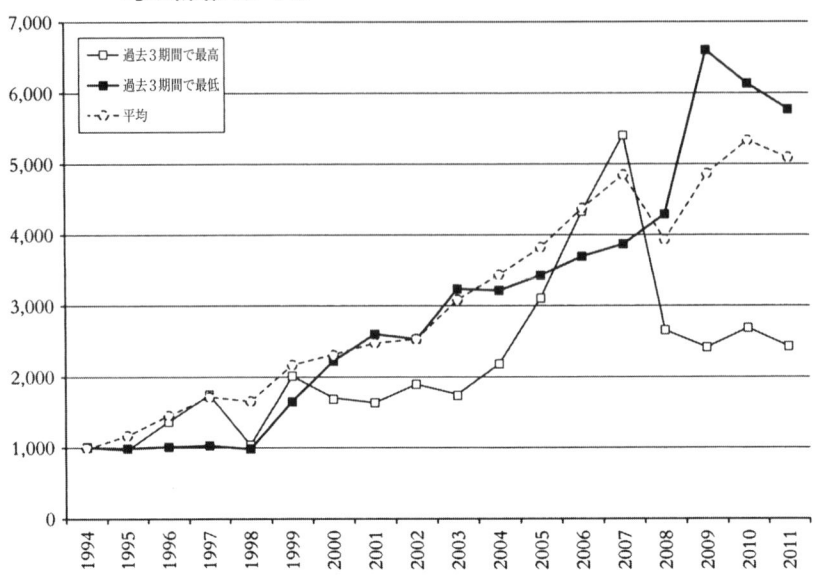

出所＝HFR（www.hedgefundresearch.com）のデータ

図3.18 標準偏差と最大ドローダウン──最高だった戦略（3期間の平均）対最低だった戦略と全セクターの平均、1995～2011年

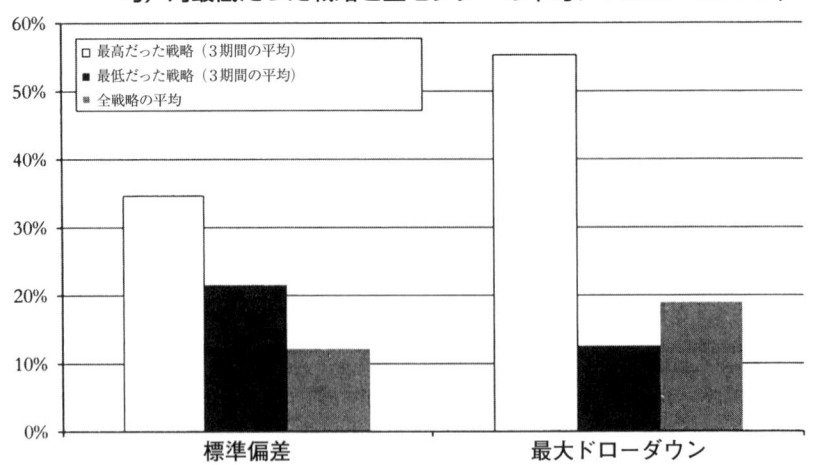

出所＝S&Pダウ・ジョーンズ各指数

図3.19 リターン・標準偏差比率とリターン・最大ドローダウン比率──最高だった戦略（3期間の平均）対最低だった戦略と全セクターの平均、1995〜2011年

凡例：
- 最高だった戦略（3期間の平均）
- 最低だった戦略（3期間の平均）
- 全戦略の平均

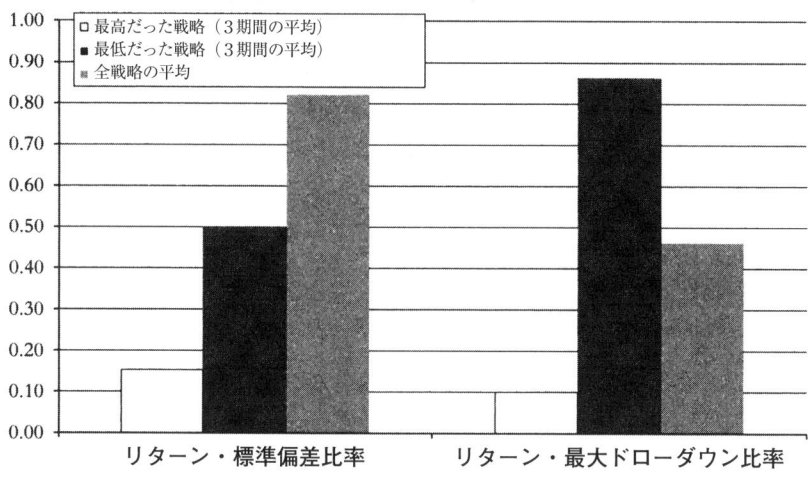

出所＝スタンダード＆プアーズ

　将来のパフォーマンスは最低になったので、リターン・リスク比率で比較した結果はおのずと明らかだ。結果は**図3.19**に示されている。どちらのリターン・リスク尺度で見ても、過去に最も良かった戦略のリターン・リスク比率は、最も悪かった戦略にも全戦略の平均にもとうてい及ばず、それらの数分の1だった。

　ここでの教訓は明白だと思われる。ヘッジファンドへの投資で、過去に最もリターンが高かった戦略を好むのはまったく見当違いの手法だ。原則的には、投資家はこれとは正反対のことをして、過去に最もリターンが低かった戦略に投資するほうがずっと報われるだろう。多くのヘッジファンドのパフォーマンスが戦略カテゴリーの影響を強く受ける以上、これまでの分析によれば、リターンの低いマネジャーから高いマネジャーに資産を移すと、将来のパフォーマンスはむしろ悪くなると予想される。ただし、この一般論は、パフォーマンスが戦略

カテゴリーとあまり相関しないヘッジファンドには当てはまらない。また、混乱を避けるために注意しておきたいのだが、ここでの分析は、過去にリターンが高かった戦略は将来のリターンが平均以下になりがちだ、ということを示しているにすぎない、ということだ。同じ戦略カテゴリー内で、過去に最もパフォーマンスが良かったファンドが最も悪かったファンドと比べてどういう結果になるか、という問題はまったく取り上げていないのだ。

最も良かったセクターやファンドを選ぶ戦略のパフォーマンスはなぜ劣るのか？

これまでの検討で、株式については、最も良かったセクターを選ぶとリターンは平均的で、リスクは非常に大きくなることが分かった。また、ヘッジファンドについては、リターンの違いに応じて、さまざまな投資戦略に分散させたほうがはるかに良く、過去に最も良かった戦略を選ぶと平均にも最も悪かった戦略にも大幅に劣ることが分かった。これらの観察から、最もリターンが良かったものに投資をすると、パフォーマンスが非常に劣るのはなぜなのかという疑問が生じる。信頼できそうな説明は4つ考えられる。

1. **ファンダメンタルズの変化**　一般的には、そのときのファンダメンタルズが有利に働くときに、セクターや戦略のパフォーマンスは特に良くなる。だが、過去に有利だった状況が将来も続くと考えるべき理由などない。同じことは、過去にリターンが低かったセクターや戦略にも当てはまる。例えば、一般消費財セクターは、不況のときには全然振るわないだろう。だがこれは、不況が将来も続かないかぎり、将来のリターンとは無関係なだけでなく、誤解も招く。過去にリターンが最も低かったセクターが最も高かったセクターよ

りもパフォーマンスが良くなる理由は、ファンダメンタルズの変化で説明できる。

2. **遅れて変化する供給量** あるセクターに属する会社が非常に儲かっていれば、このセクターに他社も参入してくるだけでなく、既存の会社もさらに生産を増やすだろう。その結果、供給が後から増えてきて、将来の利益にマイナスの影響を与えるだろう。

3. **特定の戦略への資金の集中** 特定のヘッジファンドの戦略が大きな利益を上げていたら、投資家はそこにもっと資金を振り向けるだけでなく、その戦略を採用するマネジャーも増えるだろう。特定の戦略にマネジャーと資金が集中すると、同じトレードでの競争が激しくなり、ポジションを解消するときの損失も増えるので、利益も減るだろう。

4. **感情に基づく価格のゆがみ** 強い上昇相場では投機的な買いも増えるため、均衡水準を大幅に超えて上昇する（この説明は効率的市場仮説とは矛盾するが、第2章で詳しく述べた理由から、この見方のほうが現実にはるかに近いと考える）。この文脈では、過去のリターンが最も高かったセクターや戦略は、まさに極端な値が付きやすいからこそ、最も下げやすいのだ。

ちょっと待った。言いたいことは……

読者のなかには、この章の結末に不安を抱いている人もいるかもしれない。前節では、リターンが良かった期間のあとに投資をすると、悪かった期間のあとに投資をするよりも結果は振るわなかった。そして、過去に最もパフォーマンスが良かった株式セクターやヘッジファンド戦略を選ぶと、将来のパフォーマンスは平均以下になることも示した。これらの結果は、過去のリターンを基準にファンドを選ぶのは時間の浪費であるだけでなく、逆効果ですらあると示唆していないだ

ろうか？　過去のリターンが高かったファンドよりも、低かったものを選ぶほうがうまくいく可能性が高いのだろうか？　答えはイエスでもあり、ノーでもある。それはファンドのパフォーマンスがどの程度、市場やセクターの状況に左右されるかによるのだ。

ロングオンリー戦略のファンド（投資信託）

　事実上すべてのロングオンリー戦略のファンドに当てはまることだが、市場（あるいは、セクター）と非常に相関性が高いファンドでは、そのパフォーマンスは投資プロセスやマネジャーの手腕よりも、はるかに市場の動きを反映する。例えば、いわゆるクローゼット・インデックス・ファンド——特定の指数とほぼ同じパフォーマンスになるように運用されるファンド——は、意図的に市場との相関性が高くなるように設計されている。クローゼット・インデックス・ファンドの場合、リターンが高いとすれば、それは単に市場が良かったからにすぎず、ほかのファンドと比べてここが良い、と言える点は特にない。クローゼット・インデックス・ファンドは極端な例かもしれないが、買い持ちだけをするほとんどの投資信託は、ポートフォリオを構成する株式と最も似た指数（時価総額が似た会社やセクター、国か地域を代表する指数）との相関性が高く、準クローゼット・インデックス・ファンドと言っていい。対照的に、マーケットニュートラル戦略を取るファンド——買いと空売りのポジションを等しく取るファンド——は市場との相関性が低くなるだろう。そして、この場合のパフォーマンスは相場の方向性よりも、株式を選別するファンドマネジャーの能力を反映するだろう。

　ケーブルテレビでニュースを見ていたら、エネルギーセクターに投資するファンドの２〜３年とか５年のリターンが優れているという広告が出ていたとしよう。このパフォーマンスの記録は、ファンドマネ

ジャーの腕が特に見事だとか、そのファンドに投資すると良いリターンが得られそうだということを示唆しているのだろうか？　よくあるように、このファンドがエネルギーセクター指数と非常に高い相関性があるのなら、ファンドのパフォーマンスはセクターの動きを反映しているだけだろう。そして、これまで見てきたように、セクターのパフォーマンスが優れていたら、将来のパフォーマンスは正反対とは言わないまでも、劣ると示唆しているのだ。

　ロングオンリー戦略を取るほとんどのファンドは、マネジャー個人の運用能力よりも、ベンチマークにしている特定の指数に大きく影響される。この戦略を用いるファンドでは、運用能力が過去のパフォーマンスに貢献していたとしても、通常は市場やセクターの影響に比べると小さくしか反映されない。ここでの教訓は、あなたがロングオンリー戦略を取るファンドの過去のパフォーマンスを見ているときは、主として市場かセクターの動きを見ているのであり、この章で示したように、それを知っても有害ではないにしろ、将来の良い投資対象を選ぶ役には立たないということだ。

ヘッジファンドとCTAのファンド

　ヘッジファンドやCTA（商品投資顧問業者。CTAとは商品投資顧問業者のことで、CFTC［商品先物取引委員会］に登録され、NFA［米国先物協会］の会員である資産運用マネジャーの公式名称だが、少なくとも2点で誤解を招く名称である。①CTAは投資に直接責任を負うファンドあるいは一任業者であり、名前が示すような顧問ではない。②CTAは名前から受ける印象とは異なり、商品先物だけをトレードしているとは限らない。彼らの圧倒的多数は、株価指数や債券、FXなどの金融セクターの先物も、少なくとも1つはトレードをしている。そして皮肉なことだが、彼らの多くは商品先物をまったくトレードせ

ずに、金融先物だけをトレードしている）のファンドを選ぶときに、過去のリターンに意味があるかどうかは、これまでよりもはるかに結論を出しづらい。確かに、これらのマネジャーの過去のパフォーマンスは彼らの手腕を反映している場合もある。それでも過去のパフォーマンスから将来についての結論を引き出すには、いくつか大きな問題がある。

1. **戦略スタイルがパフォーマンスに与える影響**　多くのヘッジファンドのリターンは、戦略をどう実行するかよりも、戦略スタイルにふさわしい投資環境かどうかにかかっている。これはある種の戦略スタイルでは特に大きく影響する。戦略カテゴリーがパフォーマンスにどのような影響を及ぼすかを、2つのヘッジファンド戦略で示しておこう。

    ●**合併アービトラージ**　合併が発表されると、被買収会社の株価は公表された買収価格よりもある程度低い水準まで急上昇する。実際に合併が行われるかどうかには不確実な面もあるので、株価はその分だけ割り引かれるのだ。時がたつにつれて、うまくいく見込みが高まると、この価格差は縮まっていき、合併がうまく成立すれば価格差はなくなる。合併アービトラージ戦略を取るファンドは、被買収会社の株式を買って利益を得ようとする（そして、現金ではなく株式交換による合併の場合は、買収会社の株式を売ってヘッジをする）。取引が成立すれば、合併アービトラージ戦略を取ったファンドは価格差の解消から利益を得て、合併が流れても、うまく逃げられるかぎり、損失は最小になるだろう。この戦略を取るファンドのリターンは、合併がどれほど活発に行われているかと、被買収会社がどれだけ割安かにかかっている。1999～2000年と2006年のように合併が非常に盛んな時期には、このファンドのリターンは良くなる。しかし例えば、2001～2005年のよ

うに合併が少なくなると、リターンは落ちるかマイナスになる。合併アービトラージ戦略を取るファンドのリターンは、マネジャーの能力よりも過去にどれくらい合併があったかのほうを反映しやすい。また、過去の合併から将来の合併が予測できると考えるべき理由もない。それどころか、合併に周期的な傾向があることを考えると、最近の合併の状況——それに、この戦略を取るファンドのリターン——は逆の指標だとさえみなせるかもしれない。

●**転換社債アービトラージ** CB（転換社債）とは、あらかじめ決められた価格で一定数の株式に転換できる社債である。転換社債は実質的には、社債とコールオプションを組み合わせたものだ。組み込まれたオプションには貨幣価値があるので、転換社債は普通社債よりも利率が低い。転換社債アービトラージ戦略を用いるファンドは通常、転換社債を買って、組み込まれたコールオプションが持つ買い持ち部分を相殺するために、株式を空売りしてヘッジをする（デルタヘッジと言われる行為）。転換社債に組み込まれたオプションが割安で、社債の売買高も普段と変わりがなければ、この戦略はうまくいくだろう。逆に、同じ戦略を取るヘッジファンドが増えて社債の価格が上がり、組み込まれているオプションも割高になったせいで、多くのヘッジファンドが同時に手仕舞おうとして売りが増えたら、この戦略のパフォーマンスは非常に悪くなるだろう。2008年はその典型的な例で、大口投資家の解約が相次いだために、ヘッジファンドはポジションの解消売りを強いられた。大多数のヘッジファンドは同じ側（買いポジション）に立っているので、この売りで需給バランスが崩れて、転換社債の価格は下がった。初めのうちは投資家の解約に影響を受けなかったマネジャーたちも、ほかのヘッジファンドが同じポジションを手仕舞ったせいで、損失を出した。損失が出ると、さらに解約をする投資家たちが現れる。買いの少ない市場でヘッジファ

ンドが売って、さらに損失を出すという悪循環が起きると、投資家の解約がまた増えて、転換社債の価格はさらに下落していった。転換社債アービトラージ戦略ファンドのほとんどすべてが、2008年に損失を出したが、その多くは過去最大だった。HFRIの転換社債アービトラージ指数は2008年に33.7％という途方もない下落を被った。これはそれまでの年間最大損失率の９倍だった！

2009年には、これと正反対のことが起きた。2008年に多くのヘッジファンドがポジションの解消売りに追い込まれたせいで、転換社債の価格は極端な水準まで下落した。そのため、オプション部分がマイナス評価にまでなって、事実上無料でオプションが手に入る場合すらあった。解消売りが終われば適正価格に戻るので、2008年に社債が極端に売られ過ぎた状況は、2009年の大幅上昇の下地となった。この上昇は株式市場の反騰でさらに弾みが付いたため、組み込まれていたオプションの価値は劇的に高まった。HFRIの転換社債アービトラージ指数は2009年に60.2％も上昇した。それは過去最大だった年間利益率の３倍を超えていた。2009年の利益はほぼ2008年の損失の穴埋めに使われた。2009年の年末には、この指数は2008年初めよりも約６％高くなっていた。2008年の下落相場でも2009年の上昇相場でも、個々の転換社債アービトラージ戦略ファンドの運用成績は、マネジャーの投資戦略よりも転換社債市場を覆っていた状況に、はるかに影響を受けていた。最も優れた転換社債アービトラージのマネジャーでさえ2008年には損失を被ったし、最もさえないマネジャーですら2009年には利益を出した。2008年に彼らの巨額の損失を知っても、彼らの手腕について何も判断できなかったし、将来のパフォーマンスの手掛かりには全然ならなかった。

合併アービトラージや転換社債アービトラージだけでなく、ほかの多くのカテゴリーでも、特定の戦略を取るときにどういう投資環

境にあるかは、マネジャーのリターンに大きく影響する。そのため、多くのヘッジファンドの過去のリターンは、マネジャーの長所の反映であるよりも、特定の戦略にとってどういう環境だったかを示唆しているかもしれない。そして、この章で示してきたように、最近に最もパフォーマンスが良かった戦略が将来、最も悪かった戦略を大幅に下回る傾向があるかぎり、戦略に依存するマネジャーのリターンが最近に高ければ、それはむしろネガティブな指標の場合もあるということだ。

２．相場に対する高い依存　ロングオンリー戦略を取るファンドほどではないが、ヘッジファンドやCTAのなかには、ファンドがどういう投資をするかよりも、相場の方向性でパフォーマンスがほぼ決まってしまうものもある。例えば、株式で運用をしている多くのヘッジファンドは通常、大幅に買い越したままなので、彼らのリターンは株式市場のトレンドに大きく依存している。また、クレジット商品で運用をする多くのヘッジファンドは通常、信用リスクを取っている。こうしたファンドのマネジャーにとっては、利回り格差の方向——高利回り債（または、ほかのクレジット商品）の利回りが国債に対して拡大しているか縮小しているか——が、パフォーマンスを決める主な要素になる場合がある。

　CTAの場合、大多数のマネジャーはトレンドフォロー戦略を取る。彼らは市場のトレンドが続くときにうまくいきやすい。逆に、相場が激しく上下してダマシのトレンドシグナルが点灯し、ちゃぶつきによる損失を被るようなときには失敗しやすい。トレンドフォロー戦略を取るCTAの場合は、どういうトレードシステムを使うかよりも、トレンドがどれくらい続くかのほうが、通常はパフォーマンスにとって重要だ。先物市場の多くにトレンドができていると、この戦略を取るマネジャーが優れていなくても、リターンは良くな

るだろう。しかし、相場がちゃぶついていると、最も優れたマネジャーでさえ、損失を避けるのに一苦労するだろう。トレンドフォロー戦略を取るCTAの場合、パフォーマンスの真の尺度は彼らの絶対リターンやリターン・リスク比率ではなく、同じ戦略を使うほかのCTAと比べたリターン・リスク比率である。

3．**隠れたリスク**　多くのヘッジファンドがほとんどの時期に低リスクに見える戦略に従っている。しかし、これらのファンドは必ずしも運用実績に現れていなくとも、散発的に生じる大きなリスクの影響を受けやすい。まだ影響を受けていなくとも、戦略固有のリスクが隠れているため、過去のパフォーマンスを見ているだけだと非常に誤解しやすい。隠れたリスクはヘッジファンドに投資する際に考えるべき重要な点なので、第4章で詳しく取り上げる。

4．**過去と将来のパフォーマンスとの弱い相関**　過去のパフォーマンスが非常に優れたマネジャーたちのなかには、その後のパフォーマンスも相変わらず良い人たちもいるが、パフォーマンスが大幅に落ちる人のほうが多い。一般的には、過去と将来のパフォーマンスの間に強い相関は見られない。

これらすべての理由のために、ヘッジファンドへの投資基準として、過去のリターンは役に立たないだけでなく、場合によっては誤解を招く指標ですらある。それでも、ヘッジファンドやCTAを選ぶときに、過去のリターンはいつも無関係だと結論づけるつもりはない。明らかに、腕が良くて優れたパフォーマンスを上げるファンドマネジャーたちもいるからだ。第2章で詳しく取り上げたルネッサンス・メダリオン・ファンドは、その好例だ。だから、少なくとも理論的には、過去のリターンに基づいて将来も優れた成績を上げそうなヘッジファンド

マネジャーを選ぶことができる。ヘッジファンドについて言えることは、過去のリターンは悪い指標であることが多いが、役に立つ場合もときどきあるということだ。しかし、両者の違いを見極めるのは難しい。指針をひとつ挙げるなら、マネジャーのリターンが市場や戦略カテゴリーに依存しているほど、過去のリターンは無関係になるということだ。

投資における誤解

投資における誤解6　市場のパフォーマンスが良くなっているときに、株式に投資すべきだ。
現実　過去のデータによると、株式市場はリターンが低かった期間のあとに、長期にわたって大幅にパフォーマンスが良くなる。したがって、株式に投資をする最高の時期は、パフォーマンスが悪かった期間の後ということになる。

投資における誤解7　ヘッジファンドのうちで、最もパフォーマンスの良い戦略カテゴリーに投資すべきだ。
現実　歴史的に見ると、過去にリターンが最も高かった戦略カテゴリーに投資をすると、パフォーマンスが特に悪くなる——リスクは高いが、リターンは平均以下になる——ことが示されている。それどころか、これと正反対の投資手法——過去のパフォーマンスが最低だった戦略を選ぶこと——のほうがはるかに良い戦術だと、データは示している。

投資における誤解8　リターンが良かったファンドに投資すべき

だ。

現実 ロングオンリー戦略のリターンは、個々のファンドマネジャーの投資手腕よりも、そのときの市場やセクターのパフォーマンスに大きく依存している。すでに見てきたように、リターン・リスク比率から見ると特にそう言えるが、市場やセクターで高いリターンが得られた後のパフォーマンスは平均以下になりがちなので、リターンが高かったロングオンリー戦略のファンドを選べば、平均以下のパフォーマンスになると予想される。同様のことは、戦略カテゴリーや市場全般の方向性でリターンが大きく変わるヘッジファンドにも言える。過去のリターンが最も高かったカテゴリーは、その後のパフォーマンスが悪くなりがちなので、（リターンが良かったという理由で）同じカテゴリーのファンドに投資をしても、特にリターン・リスク比率の点で、結果はおそらく振るわないだろう。データによれば、例外もあるが、全体として、（ほかの基準は使わずに）最近のリターンが最も高かったファンドを選んでも、役に立たないだけでなく、かえってマイナスになるかもしれない。

投資の知恵

投資家はしばしば過去のリターンを見て、投資を決める。しかし、いつ、何に投資するかを決めるときに、理論的にも経験的にも、過去のパフォーマンスは関係ないと考えるもっともな理由がある。実際、投資を決めるときに過去のリターンが関係あるとすれば、ほとんどの投資家の信じていることとは正反対のことが多い——つまり、過去の高いリターンはネガティブな指標になりやすい——という点こそが重

要なのだ。

　同じ状況が続くと予想されるかぎり、過去の優れたパフォーマンスは将来のパフォーマンスにも関係する。しかし、同じ状況が続くという予想には根拠がないことが多く、時にはその後に展開するイベントによって全否定されることもあるのだ。エッセイストのジョージ・J・チャーチがかつて書いたように、「どの世代もそれぞれに特有の愚かな行為をしでかす。しかし、基本的な原因は同じだ。足元で大地が揺らいでいるときでさえ、人々は最近に起きたことは不透明な未来にも続いているはずだと信じてやまないのだ」。

第4章
間違ったリスク評価
The Mismeasurement of Risk

何も測らないほうがまし

　リスクを測らなかったことよりも、リスク評価を誤ったせいで生じる損失のほうが大きい。スピードを25％も低くしか表示しないスピードメーター付きの車を運転するよりも、何も付いていない車を運転するほうが安全だ。スピードメーターが付いていないと、どれだけスピードを出しているのか分からないので、それだけ注意深くなるだろう。だが、メーターを信じて車に乗っているのに、実は大幅に低い数字しか表示していなければ、事故に遭う可能性が高くなる。トレードや投資でも同じことだ。リスク尺度を何も使わないよりも、リスクを著しく低く評価するリスク尺度に頼るほうが、はるかに危険かもしれない。実際に、投資家が破滅的な損失を被ったときはたいてい、リスクを測る尺度を持たなかったからではなく、リスクを正しく測っていなかったことが直接の原因だった。

　不完全なリスク測定は、リスクを何も測らないときとは比較できないほど、とんでもない事態を引き起こすことがある。その鮮やかな例はおそらく第2章で詳しく述べた、サブプライム住宅ローンを裏付けとする証券化商品だろう。2007〜2008年に投資家はこれによって1兆ドル以上の損失を被った。格付け機関が不動産担保証券にトリプルA

の格付けを与えたから、投資家はそれらを買ったのだ。このリスク評価は、基となるデータ（まったく前例がないほど劣悪なサブプライム住宅ローンから成る債券）とは何の関係もない仮定に基づいていた。投資家が無格付けの債務証券を買いませんか、と誘われたと想像してもらいたい。頭金なしで、収入、職業、資産の確認もされていないサブプライム住宅ローンを担保にして、国債よりも数分の１％だけ高く金利を払いますから、と提案されたのだ。彼らはこれらの証券をどれくらい買ったのだろうか？　投資された金額を矛盾なく想像するのは難しい。それでも、投資家は高い信用格付けという暗黙の保証があったからこそ、これらの証券を大量に買ったのだ。信用格付け機関がずさんなリスク評価をしたために、起きずに済んだはずのことが起きてしまった。投資家は桁外れの損失を被り、銀行などの金融機関の破綻が広がった。誤ったリスク評価は、何の根拠もない安心感を投資家に与えるかもしれない。そういう意味では、リスク評価がまったくない場合よりもずっと害が大きい。情報がなければ、それだけ用心深い手法を取ろうとするからだ。

リスク尺度としてのボラティリティ

　リターンの標準偏差として示されるボラティリティ（変動率）は至る所でリスク尺度として使われている。標準偏差は分散の尺度である。リターンが期待リターン（過去のリターンの平均と同じと仮定するのが一般的）から散らばるほど、標準偏差は高くなる。標準偏差は次のことを意味する。リターンが正規分布（正規分布とは、リターンが典型的な釣り鐘型の分布を成し、平均値の近くに多くの事象が集まって、平均値から離れるほど減っていくということを意味する。データが正規分布をしていると仮定すると、通常は適切な近似値として使えて、多くの統計計算が単純化できるために、金融のさまざまな計算

表4.1　２人のマネジャーのパフォーマンスの比較

	年平均リターン	年率換算した標準偏差	期待リターンが95％の確率で入る範囲
Ａマネジャー	15％	5％	5％〜25％
Ｂマネジャー	15％	20％	−25％〜55％

で一般的な仮定となっている［正規分布をしている一連のデータはすべて、平均値と標準偏差という２つの値だけで完全に表すことができる］。しかし、現実にはリターンが平均値から大きく外れることは珍しくないので、市場や一連のリターンが正規分布から外れる例は多い。このため、正規分布を前提にすると、極端なイベントが起きる確率が極めて過小に評価されてしまう。その典型例は第２章で述べた1987年10月19日の株式市場の暴落で、これは正規分布を前提にするかぎり、あり得ないイベントだった。標準偏差は、リターンが正規分布をしているという暗黙の仮定に基づいて、将来のリターンを確率で示す。この章では正規分布の前提が妥当かどうかではなく、標準偏差に焦点を当てる）をしていると仮定したときに、一定期間のリターンが期待リターンから±１標準偏差以内に入る確率は68％であり、２標準偏差以内に入る確率は95％である。例えば、マネジャーが２人いて、平均リターン（将来の期待リターンを表すとする）はどちらも年率15％であるが、標準偏差は５％と20％で、大きく異なるとしよう。この２人のマネジャーを比べると、**表4.1**のようになる。

　２人とも、平均リターン（将来の期待リターンでもあると仮定）は同じだが、期待リターンの不確かさはＢマネジャーのほうがはるかに大きい。Ａマネジャーの年間リターンが５〜25％の範囲に入る確率は95％だ。したがって、Ａマネジャーのリターンは最悪でも、＋５％を

上回る可能性が高い（95％の信頼確率）。対照的に、Bマネジャーの年間リターンが同じ95％の確率で入る範囲は＋55％から－25％までと、非常に高いリターンからかなりの損失まで幅広い。ボラティリティが高いほどリスクが大きいと考えられるのは、このようにリターンがより不確実になるという意味においてだ。一般的に、投資家がローリスクのファンドと言うときは、ボラティリティが低いファンド（つまり、年率換算した標準偏差が低いファンド）のことを意味する。

　要するに、標準偏差は期待リターンの不確実性を測る。標準偏差が小さければ、リターンは期待リターンのかなり近くに散らばっている。これは直観的に分かるはずだ。期待リターンは通常、過去の平均リターンに等しいと仮定されている（もちろん、過去のリターンが期待リターンの最も優れた推測値と考えられると仮定する）。逆に、標準偏差が大きければ、実際のリターンは期待リターンとはかなり異なる場合もあることを示す。標準偏差とは、リターンが平均値から平均してどれほど隔たっているかを表す値の一種で、この隔たりが大きくなるほど、値が重みを持つようになる。そして、この説明から、標準偏差が表すもうひとつの直観的な解釈が生まれる（標準偏差の計算はどの表計算プログラムでも簡単にできるが、計算法を知りたい読者のために、5つのステップを簡単に示しておこう。①すべてのリターンについて、過去の各リターン［例えば、各月次リターン］と平均との差を計算する。②これらの差のそれぞれを2乗して、足す。③足した値を（N－1）で割る。ここで、Nはリターンのサンプルの個数である。④この平方根を計算する。⑤月次リターンを計算に使っているのなら、標準偏差を年率換算するために、ステップ4で導き出した標準偏差に、12の平方根を掛ける。各リターンと平均の差を2乗する［ステップ2］ことで、マイナスの乖離はプラスの乖離と相殺し合うのではなく、標準偏差に同じように影響を及ぼすことができるようになる。また、偏差が広がるほど影響度が大きくなる働きもする。ステップ4は、ステ

第4章　間違ったリスク評価

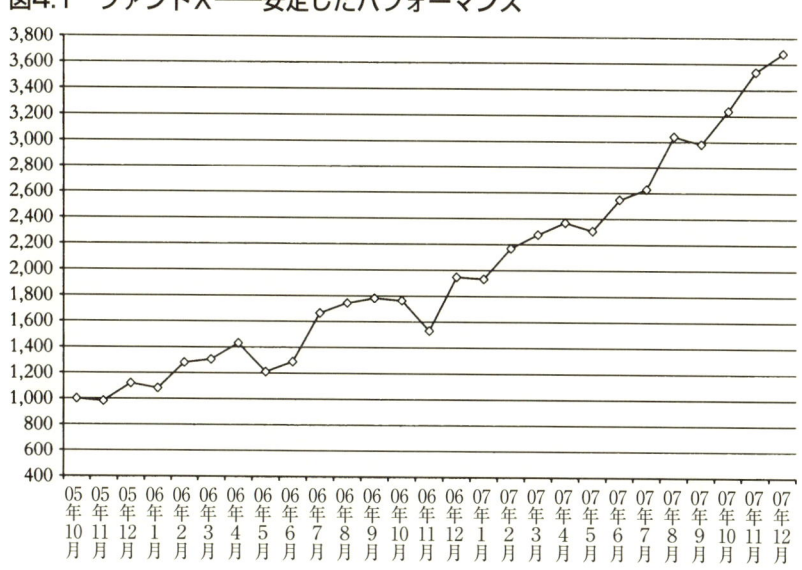

図4.1　ファンドX──安定したパフォーマンス

ップ2で2乗した単位を元に戻すための手続きだ。標準偏差の公式は次のとおりである。標準偏差＝$\sqrt{\sum (R_i - M)^2 / N - 1}$。ここで、$R_i$は「ｉ」月のリターン、Mは平均、Nはリターンのサンプルの個数である）。

標準偏差はリターンの変動を測るもので、必ずしも損失を出すリスクを反映しているわけではない。この点を理解しておくことは重要だ。例えば、あるファンドが毎月1.0％の損失を出しているとする。リターンに変動がないため、このファンドの標準偏差は0.0だが、間違いなく確実に損失が生じている（このとっぴな例は、パートラックの共同設立者、ミルト・ベーハーが数年前の会話中で取り上げたものだ）。

ここで、標準偏差を使って、今後12カ月間のリターンが95％の確率で入る範囲を測った例を検討しよう。図4.1は実在のファンドのNAV（純資産価値）を示している。ここでは、「ファンドX」と名付けておく。ファンドXのボラティリティは比較的高い──月次標準偏

125

差は10％で、年次に換算すると35％──が、12カ月の平均リターンが79％と非常に高いため、十二分に補われているように見える。また、ファンドのパフォーマンスも一貫して良く見える。70％以上の月で利益を出していて、4％以上の損失を出したのは2カ月だけである。最大ドローダウン（資産のピークからボトムまでの最大減少率）は15％に限られているうえに、その状況は1カ月しか続かなかった。このファンドのリターンと標準偏差からすると、12カ月のリターンは95％の確率で、9〜149％の範囲に入ることを示す［79％±（2×35％)］。リターンがここまで極端にぶれる可能性があるのは、ボラティリティが高いためだ。それでも、レンジの下限でも95％の確率で12カ月のリターンは9％以上になる。

図4.2では、さらに1カ月のデータを付け加えた。この1カ月のリターンを加えると、直近12カ月の平均リターンは、＋79％から－66％まで急落してしまう！　標準偏差からは、95％の確率で入る範囲の下限は＋9％なのに、この－66％のリターンはそれを大きく下回る。いったい、どうしたのだろう？　標準偏差はリターンの確率範囲の下限について、どうしてこれほど誤解を招く尺度だったのだろうか？

何が問題なのか

　この問題に答えることで、リスク測定に関する非常に重要な点が浮かび上がる。ボラティリティがおおよその下方リスクの判断に役立つのは、過去のリターンが将来の期待リターンを約束する場合に限られる。この仮定が正しいかどうかはけっして分からない（少なくともトレードのリターンに関しては分からない）が、誤りだとはっきり分かる場合は確かにあり、ファンドXはこの好例だ。これがなぜ好例なのかを理解するためには、ファンドXの戦略を検討しておく必要がある（**注**　オプションになじみのない読者は、この節の次の部分を理解す

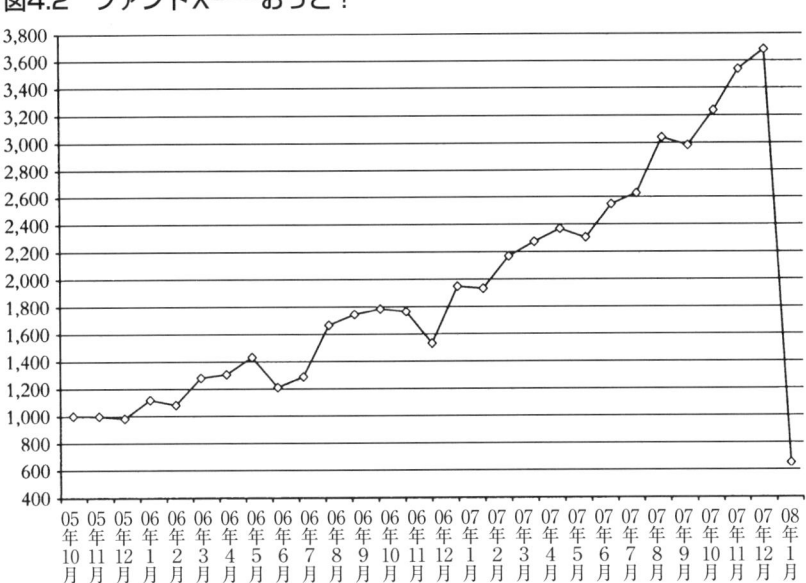

図4.2 ファンドＸ——おっと！

るために、付録Ａのオプションの基本について読んでおくと役に立つかもしれない)。

　ファンドＸのトレード戦略には、アウト・オブ・ザ・マネーのオプションの売りが含まれる。このタイプのファンドは例えば、株価指数が1000のときに権利行使価格が1100のコールを売り（買い手に1100で指数を買う権利を与える）、権利行使価格が900のプットを売る（買い手に指数を900で売る権利を与える）かもしれない。これらのオプションが有効なうちに、株価指数が権利行使価格に達することはほとんどないので、オプションはたいてい無価値のままで満期日を迎えるだろう。この場合、オプションを売って得たプレミアムのすべてがファンドの利益になる。株式市場で突然、大きな値動き——つまり、売ったコールかプットの権利行使価格に達するほど大きな値動き——がないかぎり、この戦略では利益が得られるだろう。指数が突然に大きく

動くことはまれなので、この種の戦略はほとんどの月で安定して利益を得やすい。

　この戦略のもろさは、相場が急上昇や急落をすると損失が急激に膨らみがちなところにある。損失が生じる理由は2つある。第1に、値動きに直接に関係した損失だ。例えば、株価指数が800まで下げると、権利行使価格が900のプットの売り手は、トレードによる損失の100ポイントから少額のプレミアムを差し引いた分を失う（プレミアムが少額なのは、プットを売ったときにディープ・アウト・オブ・ザ・マネーだったため、買い手の利益になる確率が低かったから）。第2に、相場が急落すると、ボラティリティが高くなり、売ったオプションの価値がさらに上昇する可能性があるからだ。

　しかし、オプションの売り手にとって最も重要なのは、この値動きが続くと損失が一気に膨らむという点にある。これは原資産の価格の変化とオプション価格の変化との関係に理由がある。原資産の価格の小さな変化に応じて、オプションの価格が変化する割合をデルタと呼ぶ。50のデルタ（オプションの権利行使価格が市場の水準に近いことを表す）とは、市場が1ポイント動くと、オプションが0.5ポイント動くという意味だ。アウト・オブ・ザ・マネーのオプションはおそらく無価値のまま満期日を迎えるので、デルタは小さい。例えば、ファンドXが売ったようなオプションでは、デルタはたったの0.1でしかないかもしれない。これは最初のうち、相場が権利行使価格のほうに1ポイント動くたびに、オプションは0.1ポイントだけマイナスになることを意味する。しかし、さらに値動きが進むにつれてデルタは着実に大きくなり、オプションの権利行使価格に達して0.5の水準を超え、オプションがさらにイン・ザ・マネーになるほど1.0に近づいていく。このように、相場がポジションと逆行するほど、リスクは着実に上がっていき、損失は膨らんでいく。要するに、ファンドXの戦略ではたいてい利益になるが、巨額の損失をときどき被る可能性がある

のだ。

　図4.1で示された期間は、全般的にボラティリティが低く値動きも緩やかで、オプションを売る戦略にとって非常に有利な市場環境だった。したがって、ファンドXが非常に好調だったのも当然だ。利益が大きかったのは、単にこのファンドが大きなリスクをとっていた（つまり、オプションを大量に売っていた）というだけの話だ。このファンドの最初の運用実績が示されていた期間には、オプションの売りで多額の損失が出る状況は起きなかった。過去のデータはリターンやリスクがどれほど変動する可能性があるかを適切に表していないので、標準偏差を使おうとほかのリスク尺度を使おうと、このデータから将来のリスクを推測することはできない。投資家がこのファンドの戦略を理解していたら、この点は明らかだっただろう。

　ファンドXの例であらわになった問題の核心は、単にボラティリティが誤解を招くリスク尺度だということではなく、もっと一般的な考えにある。つまり、運用実績で示される期間が典型的ではない（例えば、戦略にとってあまりにも有利な環境だった）場合には、過去の実績に従ってリスク計算をしても、誤解を生む結果しか得られないということだ。ほとんどの誤ったリスク評価がボラティリティに基づいているのは、運用実績に基づく統計では、リスク測定にボラティリティが一番よく使われているからにすぎない。

　重要な点は、過去の市場環境が長期的な予測よりもその戦略に有利なものだったら、過去の運用実績に基づいたリスク評価（標準偏差でも、ほかの統計でも）は非常に誤解を招きやすいということだ。投資のリスク推定に致命的な欠陥があると分かることはたびたびあるが、それは、見えるリスク——運用実績を見れば明らかな損失やボラティリティ——だけに基づいて、隠れたリスク——運用実績に示された期間に現れなかった、ときどき生じるイベントに基づくリスク——を考慮に入れないからである。

隠れたリスク

隠れたリスクとは、運用実績が示す期間にリスクにかかわるイベントが起きなかったせいで、見えなかったリスクのことだ。隠れたリスクは散発的にしか起きないが、実際に起きると非常に悪い影響を及ぼすこともある。隠れたリスクのうち、重要なものは次のタイプだ。

● **オプションの売りに伴うリスク**　これはファンドXが用いたタイプの戦略が直面するリスクだ。この戦略ではボラティリティが安定しているか低下している期間に利益を得ようとする。しかし、しばしば同時に発生する金融危機と相場の急落に伴って、市場のボラティリティが急上昇すると、一気にリスクが高まりやすい。

● **市場リスク**　ヘッジファンドは一般的に売り買いの両方でポジションを取るが、なかには大きく買い越す戦略を取るヘッジファンドもある（例えば、株式ヘッジや新興国市場のカテゴリーに入る戦略）。これらの戦略カテゴリーに入る、多くのヘッジファンドのパフォーマンスは、相場の方向に大きく影響される。例えば、**図4.3**はS&P500と株式ヘッジファンドの指数との間に強い相関があることを示す。特定の市場セクターで大幅に買い越しているファンドは、その市場で相場が下げ続けるとかなりの損失を出す傾向がある。そういうファンドの運用実績に大きな下げ相場の時期が含まれていなければ、市場リスク——つまり、相場が下落するリスク——は運用実績の隠れたリスクになる。

● **流動性リスク**　流動性の低いポジションを抱えているファンドは、気に入らなくなったトレードを手仕舞うか投資家の解約に応じるために、ポジションをすぐに解消する必要に迫られたら、多額の損失を被ることもある。流動性の低いポジションを特に大量に手仕舞うときには、かなりの安値で売らざるを得ないかもしれない。流動性

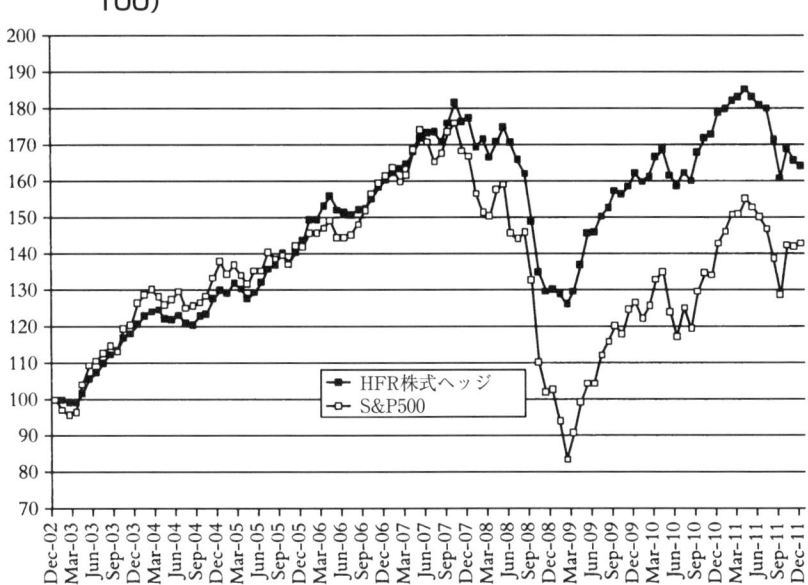

図4.3 HFR株式ヘッジファンド指数とS&P500（2003/01/01＝100）

は大きく変動しやすい。上昇相場でボラティリティが低いときなら、流動性の低いポジションでも大した悪影響もなく、手仕舞えるかもしれない。だが、下落相場のときなら、流動性の低いポートフォリオは直近の価格よりもはるかに安値でしか清算できないだろう。投資家は認識しておく必要がある。ポートフォリオの流動性が低い場合、市場価格はポートフォリオの価値ではなく、実際に手仕舞える価格を過大に示しているだけかもしれないのだ。流動性リスクの高い戦略としては、小型株のロングショート戦略や流動性の低いクレジット商品の保有戦略などがある。皮肉なことに、流動性リスクは最も都合の悪い時期に最も問題になる。危機のときには、市場心理は質への逃避に向かい、投資家の解約が相次いで、ファンドは運用資産の売却を強いられる。そういうときに、流動性が最低になるのだ。多くのファンドが似たポジションを取っているために、リスク

回避の時期には需給ギャップが大きくなる。そのため、売り気配値と買い気配値の差が特に広がるので、手仕舞いを強いられると痛い目に遭う。2008年9～10月の金融危機は流動性リスクがいかに危険かを示す典型例だった。

●**レバレッジリスク**　ある種のヘッジファンド戦略では、かなりのレバレッジを使う必要がある。例えば、コンバージェンス戦略とは、密接に関連した証券の売りと買いを行うヘッジファンド戦略で、価格の開きが統計的に見て正常な範囲から外れた証券を探して、その価格差が収束するときに利益を得ようとする。しかし、この種のトレードではさまざまな特徴を見ながら売りと買いのポジションを取る結果、追求する値動きは比較的に小さくなる。そのため、それなりのリターンを得るには、かなり大きなポジションを取る必要があるので、この種の戦略では普通、レバレッジを大きくする。これらのファンドは長期にわたって、低いボラティリティと小さなドローダウンを維持することもある。しかし、売りが殺到するイベントが起きると、関連証券間の価格差が正常な範囲を超えて広がったまま、長い間異常な水準にとどまることもある。そうしたイベントが起きると、レバレッジを大きくしたせいで、損失が膨らむかもしれない。また、さまざまな戦略でレバレッジを利用して、リターンを上げようとするヘッジファンドもある。そういう形でレバレッジを使う場合でも、相場が逆行すると損失が膨らむ。戦略に有利な状況が続いていれば、レバレッジによるリスクは運用実績を見ても簡単には分からず、せいぜいリターンが高すぎる点から推測できるくらいかもしれない。レバレッジのもうひとつの問題は、金融商品に含まれるレバレッジに関するものだ。ファンドがレバレッジの大きな短期金融商品を使って、より長期の資産のリターンを上げようとすると、期間にずれが生じる。例えば、短期の資産担保CP（コマーシャルペーパー）を使って、CDO（債務担保証券）に投資する場合だ。

このときには、資金の借り換えができなくなるリスクがある。レバレッジの掛けすぎや認めがたい使い方は、破綻に至るほどの厳しい事態も含めて、ヘッジファンドに多額の損失をもたらす主因のひとつである。だが、第10章で詳しく取り上げるが、古典的なジョーンズモデルによるヘッジファンドのように、レバレッジはヘッジという形で、リスクを減らす道具としても使えることは知っておいたほうがよい。また、レバレッジとリスクを混同することは、ヘッジファンドへの投資家たちが犯す主な誤解のひとつだ。この点については、第15章で詳しく述べる。

●**信用リスク** クレジット市場で運用を行う多くのヘッジファンドは、比較的に低い金利で資金を調達して、より高い金利の金融商品(例えば、ジャンクボンド)に投資するという戦略を用いる。例えば4％で資金を借り入れて、買ったジャンクボンドから平均して8％の利回りが得られるとしよう。この債券価格に変化がなければ、ヘッジファンドは借り入れた資金で4％の利益を稼ぎ、借り入れコストがかからない運用資産では8％を稼げるだろう。借入額と運用資産が等しければ(2倍のレバレッジ)、総利益は12％になる(ここでも、債券価格に変化がないと仮定する)。借入額を増やす(つまり、レバレッジを高くする)ほど、リターンも大きくなる可能性がある。利回り格差(ジャンクボンドのような高利回りの債券と国債との利回りの差)が縮小すれば、利益はさらに増える。ヘッジファンドは買った証券と借り入れコストとの金利差を得るだけでなく、債券価格の上昇によるキャピタルゲインも得られるからだ(利回り格差が縮小するということは、債券価格が上昇することを意味するため。金利水準が上昇して、利回り格差の縮小分が相殺されてしまうことはないと仮定する)。利回り格差が安定しているか縮小しているときには、クレジット市場で運用をしているファンドのほとんどは、たまに多少の損失を出すくらいで、NAV(純資産価値)は着実に

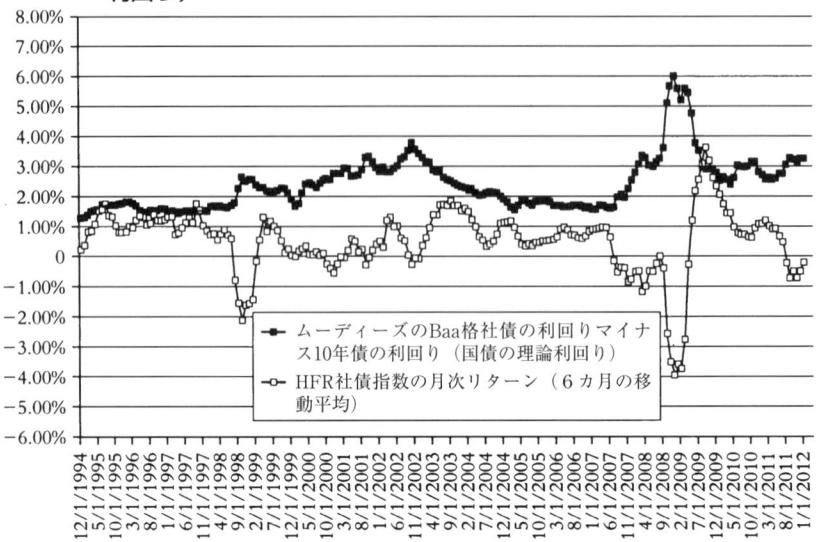

図4.4 HFR社債指数の月次リターン（6カ月の移動平均）と利回り格差（ムーディーズのBaa格社債の利回りマイナス10年物Tノートの利回り）

凡例：
- ムーディーズのBaa格社債の利回りマイナス10年債の利回り（国債の理論利回り）
- HFR社債指数の月次リターン（6カ月の移動平均）

上昇していくだろう。この戦略のリスクは、利回り格差が一方向に動くとは限らないところにある。利回り格差はほとんどの期間、適度な取引レンジ内で変動しているが、金融危機のときや倒産が多い時期になるとときどき、急激に広がる。これらのイベント（予測できない出来事）が続くときには、高利回り債（例えば、ジャンクボンド、新興国市場の債券）の価格が急落して、利回り格差から得られる利益よりもはるかに大きな損失を出すこともある。例えば、**図4.4**で利回り格差が急激に広がった2007年半ばから2009年前半には、HFR社債指数（クレジット系ヘッジファンドの指標のひとつ）のリターンがマイナスになっている点に注意してもらいたい。このときには、レバレッジを高くしているほど損失が大きくなるので、信用リスクとレバレッジリスクにマイナスの相乗効果が現れた。

市場リスクは頻繁に生じるので、おそらく別にしても、これらのリスク例のすべてで、先に述べたイベントリスクを受けやすい戦略は、ほとんどの期間で比較的に順調に利益を出す。資産のドローダウンも限られていて、大幅なドローダウンは散発的にしか生じない。要するに、これらの戦略には、極めて対照的な特徴を持つ2つの時期がある。だから、順調な時期だけを見て一般的な結論を下すと、投資家は被害を被ることがある。

　適切なリスク評価のためには、運用実績に基づくリスク尺度（例えば、標準偏差や最大ドローダウン）を調べるだけでなく、隠れたリスクの評価も必要である。戦略に隠れたリスクがあれば、運用実績に基づくリスク尺度だけをリスク指標にするのではまったく不十分だからだ。しかし、運用実績に基づくリスク尺度は簡単に定量化できるが、運用実績を見てもはっきりとは分からないリスクとなると、どうやって評価や吟味をすべきか困ってしまう。そこで、重要な問いはこうなる。隠れたリスクを含めたリスク評価を迫られることもあるが、現実にはこのリスクをどうやって特定して、計測すればいいだろうか？

隠れたリスクの評価

　隠れたリスク（運用実績からは分からないイベントリスクに対する感応度）を特定して評価するためには、定量的な手法と定性的な手法を組み合わせる必要がある。

定量評価の尺度

　運用実績中に、ファンドや戦略に特有のリスクが多少ともかかわる損失がないときでも、運用実績を利用して、そうしたリスクを特定す

ることは可能だ。運用実績に基づく尺度で、隠れたリスクを特定できるものとして、例えば次のものがある。

● **相関係数**　この統計は2つの変数がどれだけ密接に動いているかを測る。相関係数は－1.0～＋1.0の値を取る。相関係数が＋1.0に近づくほど、2変数が同じ方向に同調して動いているということだ。相関係数から因果関係があるという証明はできない。それでも、あるという可能性は示すことができる（相関係数は第9章で詳しく説明する）。例えば、**図4.3**の株式ヘッジファンド指数と似た運用実績を持つ、ヘッジファンドがあるとしよう。2007年10月まで、このファンドの運用実績は最悪でもわずか3％のドローダウンで、純資産は安定したトレンドで上昇した。運用実績からは、リスクがほとんどないように見えたはずだ。しかし、このファンドとS&P500のリターンの相関係数を調べていたら、両方のリターンのNAVがピークに達した2007年10月までは0.72だと分かっただろう。これはかなり高い値で、両者に強い関係がある可能性を示している。2007年10月まで、S&P500も安定した上昇トレンドを見せていて、押しも非常に限られていた。両者に高い相関が見られるということは、ファンドのリターンがあまり下げなかったのも、低リスクだったからではなく、株式取引にとって非常に望ましい環境だったことの反映かもしれない。さらに、相関性が高いということは、株式市場が反落すれば、ファンドのリターンも**図4.3**のように急落する可能性が高いということも示している。要するに、運用実績には大きな損失が現れていなかったが、株式市場の上昇トレンドが転換すれば、このファンドは損失を被りやすいことが分かっただろう。また、利回り格差の拡大など、市場に関するほかのリスクについても、ファンドへの影響を測るのに相関係数を使うことができる。

● **ベータ**　ベンチマークとする指数に対するファンドのベータとは、

指数の変化に対してファンドのリターンがどれだけ変化しそうかの比率である。例えば、ベータが0.7であれば、指数が1％上昇したときにファンドは0.7％上昇し、指数が1％下落したときには0.7％下落すると予想されるという意味だ。ここでも、**図4.3**で示した株式ヘッジファンド指数と同じリターンのファンドがあると仮定する。このファンドのS&P500に対するベータは、2007年10月までは0.47だった。これは相場の下落時に、S&P500の下落の2分の1近く下げそうだということを示す。このリスクは指数よりもかなり低いが、ファンドのベータから判断すると、株式にかなりのリスクをさらしていたことが分かる。興味深いことに、その後に被った2009年2月末の安値までのドローダウンは30％だった。S&P500は53％下落したが、これはその半分をわずかに上回る率だった。ベータと相関係数は数学的に関係していて、2つの異なる方法で似た情報を調べることができる。相関係数はファンドのリターンがベンチマークとどれほどの関係があるかを示すのに対し、ベータはベンチマークの1％の変化につき、リターンにどれだけの変化が現れそうかを示す（数学的には、ベータはファンドのリターンの標準偏差を、ベンチマークの標準偏差で割った比率に、相関係数を掛けた値に等しい。例えば、相関係数が0.8で、ファンドのリターンの標準偏差がベンチマークの2分の1なら、ベータは0.4になる）。

●**市場環境がネガティブな月の平均リターン**　リスクの影響を受けやすいファンドは、市場環境がネガティブになると、パフォーマンスもしばしば落ちる。リスクを評価する際には、ファンドのすべての月のリターンを調べるよりも、相場が下げた月だけを調べるほうが有益なことが多い。ことわざにもあるように、過ぎたるは及ばざるがごとしなのだ。例えば、あるファンドの損失が比較的小さいのは、ファンド独自のリスク管理のためではなく、運用実績の期間と、株式相場が堅調だった時期がたまたま一致していただけなのかもしれ

ない。もしも相場が下げていた月の平均リターンがかなりのマイナスだったら、このファンドは市場環境が不利になると、おそらくリスクに弱いと考えられる。
- **下げ相場で利益が出た月の割合**　相場が下げているときにファンドのリターンが上がっている月数の割合も、弱気相場に対するもろさを測る有用な尺度になる。

定性評価

　運用実績を見るのはリスク評価の出発点にすぎない。リスクが高いという証拠が運用実績にあれば、将来もリスクが高そうだという示唆になるが、逆は正しくない。運用実績でのリスクが低いからといって、必ずしもリスクが低いとは言えない。投資家は、過去のリターンが何によるものなのかを自問する必要がある。具体的には、市場リスクや信用リスクの引き受け、オプションの売り、流動性の低いポジション、レバレッジの使用――つまり、ほとんどの期間で安定的か高いリターンが得られるが、市場がリスク回避に向かうと、突然に損失を出すあらゆる手法をどれほど使っているかだ。投資家は過去のリターンのうちのどの程度が、これらの要因によるものかを判断する必要がある。

　定性評価でも、考えられる各リスクに点を付けて定量化することは可能だ。例えば、一番低いリスクを１、一番高いリスクを10として、各リスクに１から10までの値を割り当てればよい。この手法を使えば、先進７カ国の通貨だけをトレードするFX（外国為替）ファンドの流動性リスクは、１と評価できるかもしれない。一方で、小型株で10億ドルを運用しているファンドの流動性リスクは８〜10になるかもしれない。ほかの例を挙げるなら、株式でマーケットニュートラル戦略を取るファンドの市場リスクは１か２と評価できるだろう。一方、ロングオンリー戦略のファンドのリスクは10に近くなるだろう。このよう

表4.2 特定のリスク要素に対するエクスポージャー

	市場	信用	ボラティリティ	流動性	レバレッジ
ファンドA	3	1	1	1	3
ファンドB	8	8	7	8	7

に、各リスクは評価や体系化ができる。この手法は主観に頼らざるを得ないが、リスクが運用実績から明らかでなくとも、リスクが高いファンドをはっきりさせるうえで非常に有効だ。例えば、2つのファンドがあって、どちらもボラティリティが低くて資産のドローダウンも限られているが、質的なリスク評価は**表4.2**のように異なっているとする。運用実績を見るかぎり、どちらのファンドのリスクも変わらないように見えるかもしれない。しかし、定性的なリスク評価では、ファンドBのほうがはるかに高リスクだと分かる。

ボラティリティとリスクの混同

ボラティリティはリスクと同じ意味に取られることが多い。この混乱がリスク評価の誤りの根本にある。しかし、ボラティリティはリスクの一部、すなわち簡単に定量化できる部分を見ているにすぎない。定量化が簡単だから、ボラティリティがリスクの代用としてよく用いられるのだ。しかし、総合的にリスク評価をするためには、隠れたリスクであるイベントリスクも考慮に入れて評価しなければならない。これらのリスクは見えるリスクよりもはるかに重要な場合も多いからだ。

ボラティリティとリスクを混同するために、投資家はよく低ボラティリティのファンドと低リスクのファンドを同一視してしまう。皮肉なことだが、実は低ボラティリティのファンドの多くは、高ボラティ

リティのファンドよりもはるかにリスクが高いかもしれないのだ。イベントリスクに最もさらされる戦略（例えば、オプションの売りやクレジット商品の買い）は、大半の時期で利益を生みやすい戦略でもある。望ましくないことが起きないかぎり、これらの戦略のNAVは着実に上昇するし、その下落は限られている。それらはリターンに比べてボラティリティが低いため、リスクも低いように見える。しかし、運用実績で示された期間に不利なイベントが起きなかったからといって、その戦略にリスクがないということにはならない。ボラティリティが抑えられているかぎり、ファンドXのようにオプションを売る戦略では、リターンに比べてリスクが低いように見える。しかし、ボラティリティが急騰するとすぐに、リスクも飛躍的に高まる。イベントリスクに弱い戦略は、2つのまったく異なる状況に直面する。望ましい条件が大半の局面と、望ましくないイベントが散発的に生じる局面だ。これらの局面のどちらか一方だけに基づいて、全般的なパフォーマンスの特性を判断するのは愚かなことだ。ボラティリティが低ければファンドのリスクも低いだろうと考えるのは、夏の間に毎日測った水温から、メーン州の湖は絶対に凍らないと考えるようなものだ。

　低ボラティリティであると同時に、高リスクなファンドもある。どちらのカテゴリーにも分類されるファンドには次の特徴がある。

- 高い確率で適度なリターンが得られて、大きな損失を出す確率は低い戦略を用いる。
- 運用実績に示されている時期は、ファンドの戦略にとって望ましい市場環境と重なっている。
- 運用実績と同じ時期に、ファンドの戦略に悪影響がある大きなイベントはなかった。

　ここで伝えたいことは、ボラティリティが低くても、必ずしもリス

クが低いわけではないということだ。しかし、ボラティリティが低い戦略はリスクが高いと示唆するつもりもない。低ボラティリティで低リスクのファンドはもちろんある。大切なのは、ボラティリティがどうして低いのかを見極めることだ。大きな損失が時に出るリスクを引き受ける代わりに、適度な利益がたびたび得られる戦略（例えば、アウト・オブ・ザ・マネーのオプションの売りや、レバレッジを使った高利回り債の買い）を取っているために、ボラティリティが低いのであれば、たとえ運用実績で示される期間に好ましくないイベントが一度も起きていなくとも、そうしたイベントの持つ意味をリスク評価に反映させなければならない。しかし、厳密なリスク管理──例えば、1トレード当たりの損失を最高で0.5％までに抑える規律──に従う戦略のおかげで、ボラティリティを低く抑えられているのなら、確かに低ボラティリティは低リスクだと言えるかもしれない。

　通常、標準偏差で測定されるボラティリティは、リスクが現れていない状況ではリスクをごく控えめに示す。しかし、ボラティリティはまたリスクを著しく誇張して見せることもある。損失を抑えつつ、利益を大きくできることもある戦略を用いるマネジャーもいるからだ。例えば、大幅な値動きが予想されるときにアウト・オブ・ザ・マネーのオプションを買うファンドYがあるとしよう。このファンドの損失はオプション代金であるプレミアムに限られるが、利益に限度はない。マネジャーがこのトレードで全体としてうまくタイミングを計ることができれば、大きな利益が出ているために、運用実績のボラティリティが高くなるかもしれない。だが、リスクはプレミアム分の損失に限られているのだ。要するに、このマネジャーの運用実績を見ればボラティリティは高い。だが、リスクは低いのだ。

　ファンドYのトレードは、アウト・オブ・ザ・マネーのオプションを絶えず売るという、ファンドXの逆の戦略とは異なる。ファンドXとは逆に、アウト・オブ・ザ・マネーのオプションを絶えず買うとい

う戦略を取れば、月次損失は限られるかもしれないが、損失を出す月がずっと続く可能性があるため、ドローダウンが累積して大きくなりやすい。また、オプションの売り手は、不利な値動きが起きたときの保険を売っているのに等しい以上、リスクを引き受ける見返りにプレミアムを得るのは当然と考えられる。長期的に見ると、一貫してオプションを売るほうは（大きなリスクを代償にしてだが）、トータルでは利益が出そうだ。これを裏返すと、一貫してオプションを買えば、トータルで損失が出ると予想される。オプションを買うという戦略で、ドローダウンを長期的に抑えて成功するためには、オプションを絶えず買うのではなく、買う時期を見計らうことができるだけの手腕がマネジャーに要求される。

　と言うわけで、ボラティリティの高さはリスクの高さの指標として、必要条件でも十分条件でもない。運用実績に示されたボラティリティは低いことも多いが、起きなかった大きなイベントリスク（つまり、隠れたリスク）の影響を受けやすい戦略もあるので、必要な指標ではない。また、損失をかなりコントロールしつつ大きな利益を出しているために、ボラティリティが高い場合もあるので、十分な指標でもないのだ。

VaRの問題点

　VaR（バリュー・アット・リスク）は、最悪の状況で被る可能性が高い最大損失を推定した値である。VaRは、ある高い信頼水準（通常は95％か99％）で一定期間に被る可能性がある最大損失、と定義できる。この値は金額でも比率でも表すことができる。例えば、99％の信頼水準で1日のVaRが3.2％の場合、1日の損失が3.2％を超えるのは100日のうち1日だけと予想される。1日のVaRを1カ月の値に変換したければ、22（1カ月の平均的な取引日数）の平方根である4.69を

その値に掛ければよい。したがって、1日のVaRが3.2％なら、1カ月の最大損失が15％（3.2％×4.69）を超えるのは100カ月のうち1カ月だけと予想される、という意味になる。VaRの便利な点は、ポートフォリオがさまざまな資産で構成されていても最大損失を推計できるし、構成が変わってもそれに合わせることができるところだ。

計算方法は何通りかあるが、それらはすべて、過去の一定期間に保有していたポートフォリオのボラティリティと相関係数に依存している。そこが難しいところだ。VaRは将来のボラティリティや相関水準が過去と変わらないという前提に立ったうえでの推測値である。しかし、この前提が著しく不適切になることは珍しくない。例えば、VaRで判断するかぎり、高格付けのサブプライムモーゲージ債から成るポートフォリオは、2007年前半でも非常に低リスクだった。それらの債券価格が当時は極めて安定していたからだ。VaRは過去の値動きから分かるリスクしか反映しないため、これらの債券に固有の破滅的なリスクについて、当時はわずかな手掛かりさえ示さなかっただろう。

VaRの計測期間中に相場の変動が小さくて投資家がリスク選好的だったとしよう。この場合、相場が下げに転じて投資家心理がリスク回避的に変わったときに、VaRはその後に被ると予想される損失を著しく過小評価する可能性が高い。先を競ってポジションが解消される時期には、個々の保有証券のボラティリティが急激に高まるだけでなく、異なる市場間の相関係数も急上昇して、いわゆる「相関係数が1に向かう」現象が起きる。異なる市場が同じ動きをするときには、低ボラティリティのファンドですらリスクが高くなる。2008年には、通常なら相関が低い戦略も含めて、ほぼすべてのヘッジファンド戦略が同時に大きな損失を出したので、ファンド・オブ・ヘッジファンズの損失はVaRが示唆する最大損失額を超えてしまった。ファンドマネジャーたちが期待していたリスク分散は意味がなかった。原因はポジション解消がドミノ倒しのように続いたためだ。一部のヘッジファンドが多

額の損失を出したために、資金を必要とする投資家たちが無関係なファンドの資産を解約するという、ポジション解消の連鎖が起きたのだ。大多数のヘッジファンドがほかのヘッジファンドと同じ側のトレードを手仕舞おうとするので、需給バランスが一時的に崩れ、極端に不利な価格で手仕舞いを強いられた。そのため、損失は事実上すべてのヘッジファンド戦略にまで広がった。

　ほとんどの時期で見られる通常の市場環境では、VaRでリスクをうまく推定できる。問題は、たまに市場がパニック売りに襲われて、異常な行動が広がる時期に、最大のリスクがあるということだ。VaRは、車を時速60キロ以下で走らせているときには極めて正確だが、それを超えると低い数字しか示さないスピードメーターに似ている。正確さが最も要求されるときに、危険なほど間違えるのだ！　VaRは最大リスクの尺度を統計学に基づいて提供するため、ポートフォリオのリスクについて、投資家に根拠のない安心感を与えるかもしれない。この意味で、リスクを測るのにVaRに頼りすぎるのは、まったくリスク尺度を使わないときよりも危険なことがあるのだ。

資産リスク――どうして見かけにだまされるのか、あるいは価格が重要なのか

　2つのヘッジファンドがあって、両方とも高利回り債のロングショート戦略を取り、買いと空売りを組み合わせて金利リスクをヘッジしているとする。では、どちらのポートフォリオがハイリスクに見えるだろうか？

1．**ヘッジファンドA**　高格付けの社債の買いと、低格付けの社債の空売り
2．**ヘッジファンドB**　低格付けの社債の買いと、高格付けの社債の

空売り

　Bのポートフォリオのほうが、リスクがはるかに高いように見えるが、逆のほうが正しいかもしれない。

●高格付け債を空売りしても、リスクはほとんどない。利回りがさらに下がる可能性は極めて限られている（つまり、価格の上昇範囲は限られている）一方で、その会社が格下げされる可能性が高ければ、高格付け債でも潜在的リスクはかなり大きく、価格が下がるかもしれないからだ。
●低格付け債は債務不履行のリスクが高くなるが、そのリスクは市場価格に完全に織り込まれているか、割り引かれすぎてさえいるかもしれない。
●キャリーが非常に高い（つまり、支払うべき金利が高い）ので、債券価格が横ばいすると低格付け債の空売りによる損失は大きくなる。

教訓　格付けだけでは、リスクの指標にならない。リスクは格付けで決まるというよりは、価格と格付けとの比較で決まる。

投資における誤解

投資における誤解9　リスクを測ることは常に有益である。
現実　投資家に根拠のない安心感を与えるかもしれないので、リスクを不完全に測るくらいなら、何も測らないほうがましだ。

投資における誤解10　ボラティリティが高ければ、リスクも高

い。

現実 ボラティリティが高ければリスクが高そうだ、と見るのはたいてい正しいが、この推測は下方へのリスクが限られていてときどき大きな利益を出すために、ボラティリティが高くなる戦略については当てはまらない。例えば、大きな値動きの予測にたけたマネジャーが、アウト・オブ・ザ・マネーのオプションを買う場合は、その好例かもしれない。この戦略では各トレードの損失が限られるだけでなく、皮肉なことに、マネジャーの判断が優れているほど、ボラティリティは高くなる（利益が大きくなるため）。

投資における誤解11 ボラティリティが低ければ、リスクも低い。

現実 過去のデータから将来をほぼ適切に推定できる場合に限って、低ボラティリティは低リスクを意味すると言える。しかし、こういう推定はできないことが多い。低ボラティリティは低リスクの反映ではなく、たいていは運用実績で示された期間に悪影響を及ぼす大きなイベントが起きなかったせいだ。投資家は「波立っていないからといって、ワニはいないと思うな」というマレーシアのことわざを思い出したほうがよい。

投資における誤解12 ファンドが過去にどれほど頻繁に、どれだけの額の損失を出したかが、リスクの良い指標になる。

現実 その戦略にとって重要なリスクは運用実績を見ても分からないことが多い。そういう出来事は散発的で、ファンドの運用期間には起きなかったかもしれないからだ。リスクが隠れているために、過去の損失を見ても、リスクは大幅に低く見えるかもしれ

ないのだ。

投資における誤解13　市場価格はかなり正確にポートフォリオの価値を表している。
現実　流動性が非常に低い証券から成るポートフォリオの場合、手仕舞うときには市場価格よりもかなり安くでしか売れないために、手にできる価値は市場価格よりもかなり小さくなるかもしれない。

投資における誤解14　VaRは最悪の状況に被るリスクの良い指標である。
現実　VaRの計算で使われる計測期間に、ポートフォリオに含まれる証券の将来のボラティリティや相関係数が現れていなければ、VaRは最悪の状況におけるリスクをかなり低めにしか示さないかもしれない。相場の変動が穏やかな時期から、投資家が先を競ってポジションを解消する時期に移れば、実際に被る損失は、以前のVaRで推定されていた最大損失を大きく上回ることもある。VaRが新たな高リスクの状況を映し出すころには、予測を超えた損失をすでに被った後かもしれないのだ。

投資の知恵

　標準的なリスク尺度は、実際にリスクの指標として使うには心もとないことが多い。よく使われるリスク測定では、大きなリスクが映し出されていないことが多い。ボラティリティは最も広く使われるリスク尺度だが、断続的にしか現れないリスクの多くを示すことができな

い。さらに悪いことに、大きな損失をたまにしか出さないような戦略のほうが、長期にわたってボラティリティが低い場合がある。したがって、ボラティリティを使ってローリスクの投資対象を探す投資家は、皮肉にもハイリスクの投資に引き寄せられかねないのだ。

　運用実績だけに基づくリスク評価では、もともと不十分だ。また、投資家はこの章で説明した、さまざまな隠れたリスク——運用実績では分からないことが多いリスク——も検討しておく必要がある。総合的なリスク分析は運用実績に基づいて始めるにしろ、投資戦略や固有のリスクを理解して、マネジャーがどういうリスク管理の方針を取っているのかも評価すべきだ。運用実績だけからリスクを判断するのは、築５年の住宅が河川の氾濫しやすい場所に建っているのに、保険会社がそのことを考慮せずに、評価額とそれまでの保険金請求だけに基づいて保険証書を発行するようなものだ！　住宅が建てられてから一度も洪水に襲われなかったからといって、リスクが低いことにはならない。リスクが高いという証拠がなくても、リスクが低い証拠にはならないのだ。

第5章

リスク以外にも関係するボラティリティ、レバレッジ型 ETF の場合
Why Volatility Is Not Just about Risk, and the Case of Leveraged ETFs

ボラティリティは通常、リスクを確かめるときにしか検討されない。また、これまで述べてきたように、リスクに関しては不十分で誤解を招く指標にすらなりかねないことも多い。ほとんどの投資家は、ボラティリティが高くなるほどリターンが減るということを認識していない。利益と損失が同じ幅で出ても、損益はゼロにはならない。利益と損失の％の絶対値が大きくなるほど、損失が膨らむのだ。例えば、ある年の利益が50％で翌年の損失も50％（あるいはその逆）なら、2年目は25％の純損失で終わる（**表5.1**を参照）。

平均月次リターンが同じでも、ボラティリティが高くなるにつれて、複利でのリターンは少しずつ減っていく。**表5.2**は12カ月のリターンを5つの事例で比較したものだ。いずれも6カ月で利益、6カ月で損失になっていて、利益が損失よりも2％大きい。これらすべてにおいて、平均月次リターンは1％である。Aの場合、3％のリターンが6カ月、1％の損失が6カ月ある（平均月次リターンは、12％÷12カ月＝1％）。ここでは、複利での年間リターンは、単純平均でのリターンよりもわずかに高い[12.4％対12.0％。複利でのリターン＝$(1.03)^6$×$(0.99)^6 - 1 = 0.124$、または12.4％。単純平均でのリターン＝（6×3％）＋（6×－1％）＝12％]。平均月次リターンは同じなのに、各月の損益の大きさが増すにつれて、複利での年間リターンは確実に

表5.1　ボラティリティがリターンに及ぼすマイナスの影響

	当初の純資産	年率リターン	最終純資産
1年目	$1,000	+50%	$1,500
2年目	$1,500	−50%	$ 750

表5.2　平均月次リターンは1％だが、12カ月でのリターンは異なる5例

	6カ月の月次利益率	6カ月の月次損失率	複利での12カ月のリターン
A	3%	−1%	12.4%
B	8%	−6%	9.5%
C	12%	−10%	4.9%
D	16%	−14%	−1.4%
E	20%	−18%	−9.2%

減っていく（それでも、利益と損失の差はどれも2％）。Eの場合では、平均月次リターンは1％のプラスでも、複利でのリターンは−9.2％と、大幅なマイナスになる。要するに、ボラティリティはリターンに悪影響を及ぼすということだ。

レバレッジ型ETF——期待したリターンが得られるとは限らない

ボラティリティがリターンに悪影響を及ぼすことを理解していないと、投資家は突然、不快な目に遭うこともある。レバレッジ型ETF（上場投資信託）を買う多くの投資家がよい例だ。一般的に、2倍のレバレッジ型ETFを買う投資家は、相場が上昇すれば、レバレッジをかけていない同種のETFよりも2倍稼げると思い込んでいる（ほとんどのレバレッジ型ETFのレバレッジは2倍だが、3倍のETFもある。

この節でレバレッジ型ETFについて触れるときは、すべて2倍と仮定する。レバレッジ型ETFの欠点は、3倍になると一層強まる）。しかし、この種のETFをある程度長く保有すると、相場が上昇したときのリターンは2倍に達せず、下落したときには損失が2倍以上になる。同様のことは、レバレッジをかけた空売り型ETFにも当てはまる（空売り型ETF［レバレッジを効かせないものも効かせるものも］は、インバース型ETFとも呼ばれる）。相場が下落しても利益は上昇分の2倍に満たないことが多く、相場が上昇すると2倍以上の損失が出がちだ。

レバレッジ型ETFを買った場合と、通常の指数連動型ETFで2倍のレバレッジを効かせた場合とのリスクは似ているように見えるが、両者のパフォーマンスは驚くほど大きく異なることもある。多くの投資家はこの現実を理解していない。この重要な点がよく分かるように、最も注目される株価指数であるS&P500のETFに焦点を合わせよう。**図5.1**を見ると、S&P500指数のETF（SPY）で2倍のレバレッジを効かせた投資は、2007〜2011年に－4％だった。一方、2倍のレバレッジ型ETFであるウルトラS&P500ETF（SSO）のほうは、同じ期間に－41％になっている。つまり、レバレッジ型の指数ETFを買った投資家は、レバレッジをかけない指数を50％の証拠金で買った投資家よりも37％も損をしたのだ。両者が取っているリスク額は等しいように見えるのにもかかわらずである。

さらに驚くべきことは、ウルトラショートS&P500ETF（SDS）に投資した場合だ。相場が全体として下げていれば、このETFでは利益が得られると思ったかもしれない。しかし、**図5.2**で示すように、レバレッジ型でかつ空売り型のETF（SDS）は、指数連動型ETF（SSO）でレバレッジをかけた場合よりもさらに損失が大きく、－58％になっている。指数の空売りでレバレッジを2倍にした場合は＋4％の利益だったので、62％もマイナスだったことになる。

第1部 市場とリターンとリスク

図5.1　レバレッジを2倍にしたS&P500ETFとウルトラS&P500ETF
　　　　（2007/01/01からの変化率）

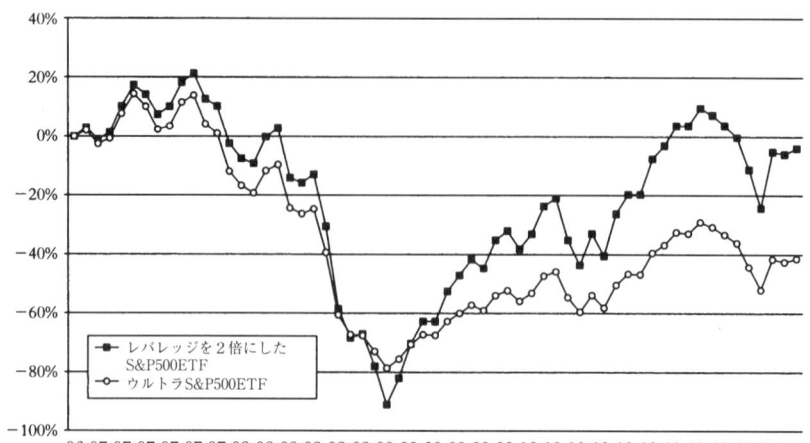

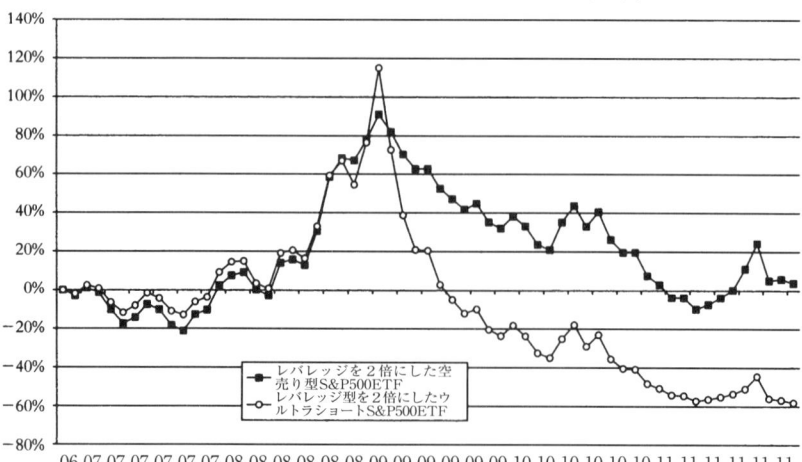

図5.2　レバレッジを2倍にした空売り型S&P500ETFとウルトラショートS&P500ETF（2007/01/01からの変化率）

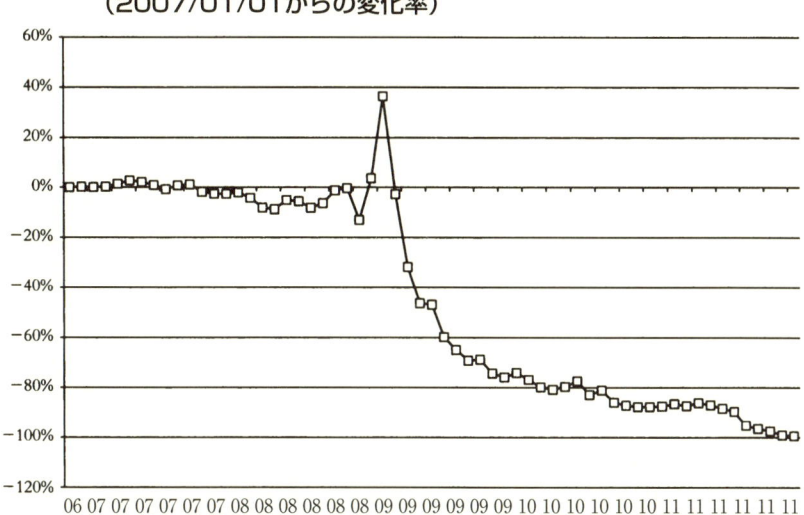

図5.3　ウルトラS&P500ETFとウルトラショートS&P500ETFの合計（2007/01/01からの変化率）

　最後に、レバレッジ型ETFのうちで、指数連動型と空売り型のETFをどちらも同額買った（つまり、SSOとSDSを同額買った）投資家を考えよう。この2つを組み合わせた投資は買いと空売りでほぼ相殺し合うはずだから、ニュートラルのポジションのように思えるが、現実はまったく異なる。この投資ではそれぞれのETFに投資した金額と比べて、99％の損失になっただろう！（この投資の組み合わせと、2倍のレバレッジ型ETFのそれぞれとを直接に比べられるように、**図5.3**の変化率では、2つのポジションを個別に比較して合計した比率を示している）

　表5.3は、S&P500指数ETF（SPY）の買いポジションと空売りのポジションと、同じ指数のレバレッジ型ETFへの投資——ウルトラS&P500ETF（SSO）とウルトラショートS&P500ETF（SDS）——とを比べた結果である。レバレッジ型ETFに投資をしていても、こ

表5.3　S&P500指数に対する1万ドルの代替投資による損益（2007〜2011年）

投資選択肢	損益
S&P500ETFを1万ドル買い	−390ドル
S&P500ETFを2万ドル買い、1万ドルに2倍のレバレッジ	−780ドル
ウルトラS&P500ETFを1万ドル買い	−4140ドル
S&P500ETFを1万ドル空売り	390ドル
S&P500ETFを2万ドル空売り、1万ドルに2倍のレバレッジ	780ドル
ウルトラショートS&P500ETFを1万ドル買い	−5800ドル
SSOとSDSを1万ドルずつ買い	−9940ドル

れらの取引がどういう動きをするかをよく知らない多くの人にとって、**図5.1〜図5.3**や**表5.3**の結果はおそらく驚きだろう。

　これはどういうことなのだろうか。レバレッジ型ETFは目標とするレバレッジを維持するために、毎日、リバランスされる。そのため、どの1日でも、2倍のレバレッジ型ETFのリターンは対象とする市場の変化のほぼ2倍になる。だが、このETFのパフォーマンスはターゲットとする変化から得られるはずのパフォーマンスからは大きく外れていくこともある。要するに、レバレッジ型ETFは毎日リバランスし直すために、リターンだけでなくボラティリティも2倍になるように動いていく。対象市場に2倍の投資をするよりも、レバレッジ型ETFのほうがパフォーマンスが劣るのは、ボラティリティがリターンに悪影響を及ぼすからだ。市場に強いトレンドが形成されている時期には、レバレッジ型ETFのほうが一時的にパフォーマンスが良くなることもある。例えば、2008年後半から2009年前半に相場は急落したが、レバレッジが2倍の指数連動ETF（SSO）による損失は、指数の下落分の2倍に満たなかった（**図5.1**を参照）。しかし、ほとんどの場合、レバレッジ型ETFのパフォーマンスはやがてかなり劣

っていくだろう。

　レバレッジ型の指数連動ETF（SSO）のリターンを原市場のリターン（SPY）の2倍と比べると、ボラティリティの影響度がはっきり分かる。これは前者の場合、最終リターンが毎日のボラティリティを2倍にしたリターンの流れに基づいているからだ。例えば、市場が2期続けて10％上昇すれば、期末のリターンは21％になる（1.1×1.1＝1.21）。レバレッジが2倍の指数連動ETFの目標リターンはこの2倍の42％である。だが、このETFの各期のリターンは20％なので、期末のリターンは44％（1.2×1.2）になったはずだ。この例では、毎日のリターンのボラティリティを2倍にしたほうが、レバレッジをかけないリターンの2倍よりも良い結果となった。しかし、ほとんどの場合、ボラティリティが高いほうがやがてマイナスの影響を受ける。

　相場が一定方向に動き続けるかぎり、その方向に関係なくレバレッジ型ETFのほうがリターンが良くなるが、相場の方向が変わると悪くなる。**表5.4**と**表5.5**の2期間の例は、レバレッジ型ETFの指数連動型と空売り型の一般的パターンを示している。

　レバレッジ型ETF（2倍）と目標リターン（レバレッジを効かせた指数連動ETFと市場リターンの2倍、レバレッジを使った空売りETFと市場の空売りによるリターンの2倍）の次の関係に注意してほしい。

- 同じ方向に値動きが続く場合、レバレッジ型ETFのほうが利益が大きいか、損が少ない。
- 逆方向に値動きが変わる場合、レバレッジ型ETFのほうが利益が小さいか、損が大きい。
- レバレッジ型の空売りETFのほうが、レバレッジ型の買い持ちETFよりも目標リターンから大きく外れる。
- リターンがどういう順に並ぶかは、最終損益には影響を及ぼさない。

表5.4　市場リターンの2倍とレバレッジ型の指数連動ETF

	第1期のリターン	第2期のリターン	期末のリターン	市場リターンの2倍（目標リターン）	レバレッジ型ETFと市場リターンの2倍との差
市場	+10%	+10%	+21%	+42%	
レバレッジ型の指数連動ETF	+20%	+20%	+44%	—	+2%
市場	−10%	−10%	−19%	−38%	
レバレッジ型の指数連動ETF	−20%	−20%	−36%	—	+2%
市場	+10%	−10%	−1%	−2%	
レバレッジ型の指数連動ETF	+20%	−20%	−4%	—	−2%
市場	−10%	+10%	−1%	−2%	
レバレッジ型の指数連動ETF	−20%	+20%	−4%	—	−2%

第5章　リスク以外にも関係するボラティリティ、レバレッジ型ETFの場合

表5.5　指数の空売りによるリターンの2倍とレバレッジ型の空売りETF

	第1期のリターン	第2期のリターン	期末のリターン	指数の空売りのリターンの2倍（目標リターン）	レバレッジ型ETFと、指数の2倍の空売りでのリターンの差
市場	+10%	+10%	+21%	−42%	
レバレッジ型の空売りETF	−20%	−20%	−36%	—	+6%
市場	−10%	−10%	−19%	+38%	
レバレッジ型の空売りETF	+20%	+20%	+44%	—	+6%
市場	+10%	−10%	−1%	+2%	
レバレッジ型の空売りETF	−20%	+20%	−4%	—	−6%
市場	−10%	+10%	−1%	+2%	
レバレッジ型の空売りETF	+20%	−20%	−4%	—	−6%

157

重要なのは、リターンが同じ方向で続くか、逆方向に変わるかだけだ。

　非常に強いトレンドが形成されている市場（つまり、一方向への変化が優勢な市場）では、市場のリターンを2倍した場合よりも、レバレッジ型ETFのほうが利益が大きいか、損失が小さくなりがちである。しかし、トレンドがあっても調整がときどきある相場を含めて、方向性がまちまちの相場では、レバレッジ型ETFのほうが通常は利益が少ないか、損が大きくなる。かなり長期になると、対象市場が上昇していても、レバレッジ型の指数連動ETFでは最終的に損が出ることすらある。また、対象市場が下落しているのに、レバレッジ型の空売りETFで最終的に損が出ることさえある。レバレッジ型ETFのリターンがマイナス側にそれていくという特性は、保有期間が長くなるほど目立ってくる。

　レバレッジ型ETFは、原指数のETFに同じレバレッジをかけて保有した場合とパフォーマンスが等しいか、それを上回ることも一時的にはある。だが、この証券は仕組み上、ボラティリティに影響されやすいため、リターンはたいていマイナス側にそれていく。投資家や中期トレーダーはレバレッジ型ETFを買わないほうがよい。エクスポージャー（リスクにさらしているポジションの割合）を増やしたければ、レバレッジをかけていないETFで2倍のポジションを取れるようにしたほうが、普通はずっと結果が良くなる。レバレッジ型ETFを買う主な動機がレバレッジにあるのなら、次の方法のどれかを使うことを検討したほうがよい。

● レバレッジをかけていないETFを、信用取引で2倍のポジションにする（信用取引でレバレッジ型ETFを買うつもりなら、レバレッジをかけていないETFを信用取引で買って、エクスポージャーを増やしたほうがよい）。

- 対応する先物の金融商品がある市場では、先物を使う。そのほうが、証拠金が少なくて済む。
- ディープ・イン・ザ・マネーのオプションを買う。デルタが1.0に比較的近い（つまり、市場と近い値動きをする）からだ。

　ディープ・イン・ザ・マネーのオプションを買えば、現市場でポジションを取るよりもかなり少ないお金で済む（ディープ・イン・ザ・マネーのオプションはほとんど本質的価値だけから成る［つまり、その価格に時間価値はほとんどない］。そのため、これらのオプションがタイムディケイで失うものは比較的少ない。この手法を説明した良い記事は、ダン・キャプリンガー著、「ア・ベター・ウエー・トゥー・ダブル・ユア・リターンズ（A Better Way to Double Your Returns）」、2011年1月8日、http://www.fool.com/ である）。

　短期トレードか空売りをするためにレバレッジ型ETFを利用する場合を除いて、この種のETFはたいてい投資家にとってうまみがないので、一般的には避けたほうがよい。

投資における誤解

投資における誤解15　ボラティリティはリスクを見るときにのみ重要である。
現実　ボラティリティが高ければ、リターンにもマイナスの影響を及ぼすだろう。ボラティリティが大きくなるほど、どの時期の平均月次リターンでも、累積リターンが小さくなるのだ。

投資における誤解16　2倍のレバレッジ型ETFを買えば、エク

スポージャーが増えて、ほぼ原資産の２倍のリターンが得られるだろう。

現実 レバレッジ型ETFでほぼ意図されたリターンになるのは、１日分の値動きに対してだけだ。長期的には、ボラティリティがより高い状態が続くほど、レバレッジ型ETFは目標リターンからそれていく。トレンドが順調に形成されている相場（つまり、メジャートレンドの調整がほとんどなく、あっても浅い）でないかぎり、上昇と下落を繰り返すとリターンはプラスにもマイナスにもなり得る。とは言え、レバレッジ型ETFは目標リターン（原市場のリターンの２倍）を下回ることが多いだろう。相場がちゃぶつくほど、またETFを長く保有するほど、レバレッジ型ETFのパフォーマンスは落ちていくだろう。レバレッジ型のインバース（空売り）ETFは、さらに目標から外れる傾向がある。レバレッジ型ETFを長期にわたって保有すると、リターンは目標リターンを大幅に下回ることもある。現市場が思惑どおりの強い動きをしていても、かなりの損失を被ることすらある。

投資の知恵

ボラティリティは通常、リスクを検討するときにしか重視されない（リスク尺度としては欠点がある）が、リターンの面でも重要な意味がある。ボラティリティはリターンを減らす原因になるからだ。ボラティリティが高くなるほど、どの時期の平均月次リターンを取っても、累積リターンは小さくなっていくだろう。

ボラティリティがリターンに悪影響を及ぼすからという理由で、分散投資を勧められることはあまりないが、これも理由にしてよい。投

資対象をひとつに絞るよりも、分散投資をして、それぞれから得られる平均期待リターンを同じにしたほうがよい。そうすればリスクが低くなる（よく理解されている根拠）だけでなく、ポートフォリオの分散によるボラティリティの低下で、複利でのリターンが高まるからだ。実際、ポートフォリオ内でリターンが平均以上の証券よりも、分散されたポートフォリオのほうが、複利でのリターンが高くなることは珍しくない。これは、平均を著しく上回る投資対象を選べるという自信がないかぎり、リスクを減らすのは言うまでもなく、リターン向上のためだけにでも、ポートフォリオを分散したほうがよいということだ。第3章で、過去に最もパフォーマンスが良かったセクターやファンドは、（リスクが非常に高いことに加えて）累積リターンが平均以下になると述べたが、その理由のひとつは、ボラティリティが複利でのリターンに悪影響を及ぼすからだ。もっと一般的なメッセージは、リスクを減らすためだけでなく、リターンを増やすためにも、投資家はボラティリティを下げる方法を探したほうがよいということになる。

　ボラティリティはレバレッジ型ETFのリターンに対して実際に影響を及ぼす。この章で述べたように、複利がマイナスに働くために、レバレッジ型ETFは原市場で信用取引をしてレバレッジを同じにするよりも、はるかにパフォーマンスが劣ることもある。そのため、空売りの代わりとしてか短期トレードを除いて、レバレッジ型ETFは買わないほうがよい（正確に言うと、強いトレンドがすぐに形成されそうだという確信があれば、レバレッジ型ETFは適切だろう。しかし、その場合でさえ、投資家がそこまでトレンドに確信を持っているのなら、レバレッジ型ETFを買うよりも、同じ考えをオプションの買いで実行するほうが望ましいだろう）。

第6章

運用実績の落とし穴
Track Record Pitfalls

　運用実績を調べて得られることもあれば、誤解をさせられることもある。
　運用実績を利用して予測をするときの大きな落とし穴には、次のものがある。

1．隠れたリスク
2．無関係なデータ
3．マネジャーの手腕ではなく、リスクをとったおかげで向上したパフォーマンス
4．比較できないものを比較する誤り
5．あまり意味のない、長期の運用実績

隠れたリスク

　運用実績が誤解を招く主な要因は、そこに現れていないものにある。あるファンドが時に大きなリスクにさらされる戦略を取っているのに、運用実績で示された期間中にそうした出来事が起きていない場合、運用実績にはファンド固有のリスクが反映されていない可能性がある。その場合、運用実績はその戦略の代表的な例にはなっていないし、お

図6.1　Tボンド先物のつなぎ足チャート

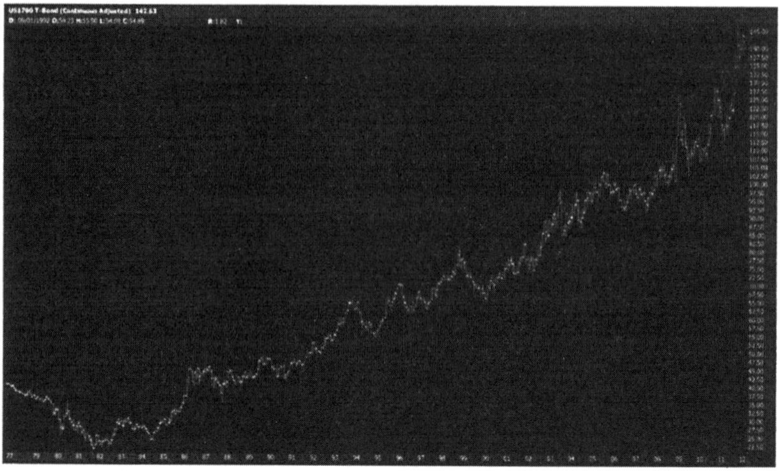

注＝先物のつなぎ足チャートは期間を通して先物を保有し続けていた場合の値動きを期先に乗り換えるときの価格差を調整しつつ示したものである
出所＝Thinkorswim for TD Ameritrade

そらく非常に誤解を招きやすくもあるだろう。これは重要なことだが、すでに第4章で詳しく述べた。

データに関連する落とし穴

　図6.1は、過去30年間の債券市場が全般的に上昇トレンドであったことを示している。一般的なポートフォリオ最適化を用いたポートフォリオで、債券の配分比率を考える場合、このデータは何を意味するだろうか？　ポートフォリオ最適化を利用すれば、（リスクの代用として使われる）ボラティリティのどういう目標水準に対しても、最も高いリターンが得られる最適な資産配分を示してくれるだろう。ポートフォリオ最適化で得られる結果は、個々の資産の過去のリターンとボラティリティ水準、それにこれらの資産間の相関係数に基づいてい

る。一般的に言って、債券の上昇トレンドがより強く、より持続するほど、最適ポートフォリオでの配分比率も高くなる。

　ポートフォリオ最適化では、過去の運用実績が将来の資産配分を決める際の適切な指針になる、という仮定が暗黙にある。この仮定にどの程度の妥当性があるのだろうか？　特に債券について、過去30年のデータは今後の配分を決めるうえで、どういう意味を持つのだろうか？　債券市場で長期の強気相場が形成されたのは、1980年から22年にわたって商品価格が下げ続けただけでなく、インフレ率も同時に低下し続けたためだった。商品価格は2002年に底入れしたが、インフレは2008年の景気の落ち込みとその後の影響のために、抑えられたままだった。強気の債券市場（あるいは、金利の長期的な下落と言ってもよいが）と軌を一にして、インフレ率が低下した。1979、1980年には2桁だったが、2008年以降には2％を下回るまでになった。

　しかし、債券の将来の見通しは過去のトレンドとは非常に異なるように見える。30年債の利回りは1981年の15％近くから3％まで下落していて、これ以上の下げはどういう仮定をしても極めて限定的だ。これまでの金利の下落（債券価格の上昇）は、将来の金利の動向を示していないだけでなく、将来の指標にはなり得ない。金利が今後30年で、3％から−12％へと動くという期待はできない。しかし、金利の長期的な下落が反転しそうだと考える理由ならある。商品価格は急成長を続ける発展途上国での需要の急増に伴って、すでに新たな長期上昇トレンドに変わっている。これまでのところ、高い失業率のため、商品価格の上昇にもかかわらず、インフレは抑えられたままだ。しかし、雇用が回復するにつれて、インフレ率も上昇に向かいそうだ。加えて、膨らみつつある財政赤字に対する懸念と同時に、金融緩和策の影響がようやく現れてきたために、インフレと金利水準が長期にわたって上昇（つまり、債券価格が下落）し始めるかもしれない。

　皮肉にも、まさに過去の強気相場を作ってきた要素が将来の弱気相

場を示唆している。債券の長期に及ぶ強気相場によって、長期金利は非常に高い水準から非常に低い水準まで下落してきたので、金利低下によるキャピタルゲインが得られる余地はほとんどない。それどころか、金利は今や上昇に転じる可能性が高いので、キャピタルロスを被る可能性が高まるだろう。そのうえ、金利が長期にわたって下落し続けたということは、受取利息が著しく減ったことを意味する。この文脈では、過去30年という極端に長期にわたる債券価格の上昇は、ポートフォリオで債券の配分を増やす根拠にならないどころか、今後の債券価格が下落する根拠になっている。

過去の運用実績に意味があるのは、将来の見通しを得るのに役立つ場合だけだ。だが、そう思えないときは多いし、債券の長期的な値動きのように、過去の動きをむしろ反転の指標とみなせるときもときどきある。過去の運用実績に基づいて投資判断を下すときは、過去のリターンが将来の指針になるとみなすべき理由があるかどうかをまず自問しなければならない。

過去の良いパフォーマンスが望ましくないとき

パフォーマンスが良くても、必ずしもプラスというわけではない。パフォーマンスが優れていたのは、マネジャーの手腕によるのではなく、大きなリスクを進んで引き受けた結果という場合もある。1998、1999年に、株式のロングショート戦略で第一級のパフォーマンスを達成したマネジャーを考えてみよう。ハイテク株、特にインターネット株を大幅に買い越していたマネジャーなら、運用成績は目覚ましかったに違いない。この期間は、ハイリスクのポートフォリオであるほど――つまり、買い越し幅が大きいほど、またインターネット株に集中投資しているほど――、パフォーマンスは良かった。極端に割高で、ファンダメンタルズから見ると紙くず同然の株式を買ったマネジャー

たちが報われた。これらの株式がさらに上昇したからだ。賢明な投資方針に従って、投機の熱狂から遠ざかっていたマネジャーたちのパフォーマンスは、ひどく悪かった。2000年前半に、直近のパフォーマンスを基準に株式ヘッジファンドのマネジャーを選んだ投資家は、手腕が最も優れたマネジャーではなく、リスクが最も高いポートフォリオを抱えていたマネジャーを選んだことだろう。1998、1999年に最高のパフォーマンスを達成した人の多くは、2000年3月にインターネットバブルが崩壊し、全ハイテクセクターが2002年まで急落していた時期に最悪の成績になった。

　2003～2007年にクレジット商品の保有戦略を用いたヘッジファンドは、マネジャーの手腕ではなく、高いリスクをとったおかげで優れた成績を残したもうひとつの例である。高利回り債への投資を専門としていて、大幅に買い越しに偏ったヘッジファンドは、買った債券の利回りと借り入れ費用の差から利益を得る。レバレッジをかければ、この差から得られる利益を増やすことができる。レバレッジを使えば受取利息による純リターンは常に増えるが、キャピタルゲインもキャピタルロスも、利回り格差の動き次第で一層大きくなるかもしれない。2003～2007年半ばには、高利回り債の利回り格差は着実に縮小した。これはキャピタルゲインによって純リターンが増えたことを意味する。レバレッジを高くすると、受取利息も、利回り格差の縮小によるキャピタルゲインも増えるので、レバレッジとエクスポージャー（リスクにさらしているポジションの割合）を最大にしたマネジャーは最も利益を上げた。レバレッジを上げるとリスクがどれだけ拡大するかは不明だった。利回り格差が急拡大したときに、大幅に買い越していた場合のリスクがあらわになった事例はまだなかったからだ。2007年半ばに、直近3～5年でリターンが最も良かったクレジット系ヘッジファンドを選んだ投資家は結局、マネジャーの優れた手腕ではなく、最も信用リスクをとっていたファンドを選んだ可能性が高い（もちろん、

クレジット投資を行うマネジャーの多くは2003〜2007年に、過度の信用リスクをとらずに利益を上げた。ここで言いたいことは、ほかの多くのマネジャーがこの期間中に主として大きな信用リスクをとったことで、優れたリターンを達成したということだ。投資家はこの2つの違いを区別するために、平均以上のリターンをもたらした要因を知っておく必要があるのだ)。買い越し幅を最大にしていたファンドはその後の2年で悲惨な結果になっただろう。利回り格差が急拡大したので、高いレバレッジでキャピタルロスが膨らんだからだ。

　過去の優れたパフォーマンスはマネジャーの手腕というプラスの特徴ではなく、大きなリスクをとったというマイナスの特徴の反映であることがときどきあり、それが投資の落とし穴になる。リスクが大きくても、市場環境が非常に良好であり続けるかぎり、それが表面化することはないだろう。それどころか、この状況はパフォーマンス向上の一因になる。また、過大なリスクをとって最も報われる極端な値動き（例えば、インターネットバブルや信用市場のバブル）は、相場の大きな転換点になる可能性が高い。この意味で、過去のデータは将来を示唆していないだけでなく、非常に誤解を招く恐れがある。投資家は過去の運用実績が良かった理由を理解して、その同じ要素が今後のパフォーマンスにも重要なのかを必ず判断する必要がある。2000年前半にインターネット株を大量に買っていたマネジャーの運用実績は素晴らしかったかもしれないが、その理由が分かっていた投資家なら、リスクにも気づいていただろう。ポール・ルービンが述べたように、「強気相場のおかげにすぎないことを、並外れた才能のおかげだとけっして勘違いしないように」気を付けるべきだ。

比較できないものの落とし穴

　同じ戦略を取る2つのファンドがあるときに、私たちは最大ドロー

ダウンを主なリスク尺度と考えているとしよう。

1．**ファンドA**　最大ドローダウンが25％
2．**ファンドB**　最大ドローダウンが10％

　どちらのファンドが高リスクだろうか？　読者のなかには、つまらない質問だと思う人もいるかもしれない。ファンドBのほうが低リスクなのは分かりきっている、と思うからだ。しかし、そうとは限らない。実は、この質問に答えるには、情報が不足しているのだ。では、私たちがほかにも少し情報を持っているとしよう。

1．**ファンドA**　7年の運用実績で最大ドローダウンが25％
2．**ファンドB**　3年の運用実績で最大ドローダウンが10％

　ドローダウンが小さいファンドは運用期間も短いので、どちらのファンドのほうがリスクが高いか判断できない。それでは、ファンドAの過去3年（ファンドBと同じ期間）の最大ドローダウンが、Bの10％と比較して、5％と言われたらどうだろう？　そうなると、ファンドAのほうが低リスクに思われる。要するに、ファンドBがファンドAと同じ期間、トレードを行っていたら、最大ドローダウンがどこまで大きくなったかは分からないということだ。ファンドAの25％よりもずっと大きかった可能性もあるのだ。
　比較をするときには、期間を合わせなければ意味がない。この例のように、最大ドローダウンで比べるのなら、各ファンドの各々の運用開始日からではなく、遅いほうの開始日に合わせて測る必要がある。どの統計を見るときにも、この同じ指針が当てはまる。
　ここでは、株式を買い越している2つのヘッジファンドの、複利での年平均リターンを比較していると仮定しよう。ファンドAは1995年、

ファンドBは2000年から運用を開始したとする。リターンを開始年から測って比べると、ファンドAのほうがはるかに有利になるだろう。その期間には非常に強気な相場だった数年間が含まれるが、ファンドBにはその期間が含まれていないからだ。この例では、運用が長いファンドのほうが有利だが、逆の場合もある。例えば、1999年に立ち上げた新興国市場ファンドは1997年半ばに運用を始めたファンドよりもずっと有利だった。1997年と1998年に新興国市場全体を覆った大きな弱気相場が、運用実績に含まれないからだ。ここでも、後から運用を始めたファンドの開始日よりも前のデータをすべて無視すれば、偏った比較は避けられる。

　もっと一般的な原則では、ファンド間の比較は以下のように、同じような特徴同士で行うべきだ。

- ●**期間**　これまでの例で示したように、2つのファンドの開始年が異なるときは、パフォーマンスの統計が重なり合う期間でのみ比較をすべきだ。
- ●**戦略スタイル**　パフォーマンスは運用する市場に大きく依存するので、戦略が異なるファンドを比べても無意味である。株式の買いを中心とするヘッジファンドと債券アービトラージ戦略を取るファンドとを比較する場合、株式市場が全般に上昇トレンドのときに比較をすれば、株式マネジャーに有利になるし、株価が期間中のほとんどで下落していれば逆の結果になるだろう。
- ●**市場**　パフォーマンスはマネジャーの手腕よりも、そのときの市場環境を示していることが多い。たとえ2人のマネジャーが同じ戦略カテゴリーに分類されるとしても、異なる市場でトレードを行っているのなら、その比較は非常に誤解を招く可能性もある。例えば、マネジャーが2人ともトレンドフォロー戦略に従うCTA（商品投資顧問業者）でも、一方は商品市場でのみトレードを行い、もう一

方はFX（外国為替）市場でトレードを行っているとする。このときに、一方のセクターではかなりの時期にトレンドが形成されていて、もう一方の市場ではちゃぶついた値動き（非常に不利な環境）が続いていたとする。その場合、両者の比較はマネジャーの手腕の違いよりも、セクターにどの程度のトレンドがあったかを示しているだろう。

より長期の運用実績のほうが不適切なこともある

一般的に、ファンドの運用実績は短いよりも長いほうが意味があると考えられている。これは一見すると常識的なようだが、必ずしも正しくはない。次に述べる理由から、長い運用実績のほうが適切でないこともある。

●**戦略とポートフォリオの変化**　例えば、小型株で最大のリターンを出しているロングショート戦略の株式マネジャーは、運用資産が増えるにつれて、より大型の株での運用を強いられて、小型株への配分は減らすか完全にやめざるを得なくなるかもしれない。より大型の株でしか運用できなくなると、マネジャーのエッジ（優位性）は減り、結果としてパフォーマンスが落ちるかもしれない。したがって、初めのころのデータは現在の投資スタイルでのリターンを示していない場合もあり、将来のパフォーマンスを過大に示すこともある。

●**戦略の有効性の低下**　かつてファンドに成功をもたらした戦略も、市場に構造変化が起きたり、似た戦略を用いるほかのファンドとの競争が激しくなったりして、有効性を失うかもしれない。初期のリターンは戦略と非常に合う市場環境だった時期のもので、今後そうした時期は来ないかもしれない。そのため、最近のリターンに比

べると、初期のリターンはあまりにも高い可能性がある。この現象の好例は、トレンドフォロー戦略を取り、長期の運用実績を持つCTAのパフォーマンスに見られる。1970年代、80年代、そして90年代初期に、トレンドフォロー型のマネジャーの年平均リターンは高いことが多かった。しかし、多くのマネジャーが同様の戦略を用い始めたので、その戦略のリターン・リスク比率は大幅に落ちた。一般的に、この戦略のマネジャーで、数十年前まで記録をたどれる人は、早い時期のリターンは平均よりもはるかに高いだろう。早い時期は優れたパフォーマンスだったが、後の時期は平凡かもっと悪いという、両極端の運用実績を見かけることは珍しくない。早い時期の運用実績が現在とは異なる状況で達成されたもので、今後そのような状況が繰り返されそうになければ、その運用実績を含めると、その戦略は将来に得られそうなリターンよりもはるかに魅力的に見えてしまう。

●**ポートフォリオマネジャーの交代**　運用歴が長いファンドはポートフォリオマネジャーが交代する可能性が高い。ファンドを立ち上げて成功に導いたポートフォリオマネジャーは、やがてチームリーダーの立場に立って、ポートフォリオを直接に運用する権限の一部あるいはすべてを新たに雇ったマネジャーに譲るかもしれない。場合によっては、最初のマネジャーは半ば、あるいは完全に引退することさえ考えられる。また、ポートフォリオマネジャーが大手の組織に属している場合なら、初めのマネジャーが辞めて次の人に代わっても、ファンド名は同じままということもある。ポートフォリオの運用に重要な変更がある場合は、運用実績の初期の部分は無関係で、誤解を生むことすらあるのだ。

これらの要素のせいで、運用実績が短いよりも長いほうが、実は不適切ということも起こり得る。

投資における誤解

投資における誤解17 将来の投資を決める際に、過去のリターンを使うことは適切である。

現実 債券市場の例で述べたように、将来の市場環境が過去のリターンを生み出した環境と著しく変わりそうだと見るべき理由があるなら、過去のリターンを使うと判断を誤りかねない。また、特定の戦略がかつてほど有効でなくなったと見るべき理由があるなら、この場合も過去のリターンは誤解を招くだろう。

投資における誤解18 資産のドローダウンが適度で、高いリターンが過去に得られていたら、それはいつでも評価できる。

現実 高いリターンはマネジャーの手腕によって得られたものではなく、市場環境が良好なときに過度にリスクをとったためということもときどきある。もともと、リターンにとってマイナスの出来事がたまにしか起きないものであり、ファンドの運用期間にそうした出来事に遭っていなければ、運用実績を見てもリスクは分からないかもしれない。過去のリターンが将来にどういう意味を持つかを理解するには、リターンの源泉を知ることが重要である。

投資における誤解19 定量的評価で、運用開始以来のリターン・リスク比率が高いマネジャーは、低いマネジャーよりも優れている。

現実 よくあることだが、運用の開始時期がさまざまな場合、重なり合っていない時期の相場がパフォーマンスの違いに一番の影

響を与えている可能性がある。マネジャー同士の比較は、それぞれが運用を始めた時期からではなく、重なり合っている期間のみで行うべきだ。また、似た戦略を用いて、似た市場でトレードを行っている場合にしか、マネジャー間の比較に意味はない。

投資における誤解20 運用実績は長いほど、信頼性が高まる。
現実 戦略やポートフォリオの運用責任者に大きな変化があれば――これらは記録が長期になるほど生じやすい変化である――、運用実績が長くても無意味だ。

投資の知恵

　投資を決めるときには、必ず運用実績を検討する必要があるが、いつも決まった使い方で表面的な解釈をしていると、結論を大きく誤りかねない。投資家が問うべき重要な点は、過去の運用実績から示唆されることが将来にも当てはまるかどうかだ。同じことが言えない場合もある。例えば、たまたま強気相場の時期に株式で運用をしていたヘッジファンドの運用実績からは、弱気相場は言うまでもなく、強気と弱気が交錯する相場でどういう手腕を発揮するかはうかがいしれない。また、運用実績が良いのは、マネジャーの手腕のおかげではなく、恵まれた相場でリスクを過大にとったためという場合もある。過去の運用実績が将来のリターンにどれほどの意味を持つかを調べるには、過去の利益が何によって得られたのかと、どれだけのリスクをとってそれが達成されたのかを知る必要がある。

第7章

試算（プロフォルマ）による運用成績の意味と無意味
Sense and Nonsense about Pro Forma Statistics

　試算（プロフォルマ）という言葉はほとんど逆の意味で使われているという点で、非常に残念で混乱の元になる用語だ。実際のリターンとは異なり、試算結果は実際のリターンが利用できないか修正が必要だと考えられるときに、代表的な例とみなされたリターンに基づいて計算される。しかし、試算によるリターンは、代表的な例ではなく誤解を招くものから、実際のリターンと称するものよりも現実をよく反映しているものまで、さまざまだ。

　試算による数字の誤解を招く使い方の例として、新しく立ち上げられたファンド・オブ・ファンズを考えてみよう。あるファンド・オブ・ファンズが、ポートフォリオに組み込む予定のファンドの実際の運用実績に基づいて、過去にどれくらいの実績を残せたかを示したとする。その試算結果は実際の運用実績に基づいているので、将来のリターンを示唆していると投資家が思い込んでも無理はない。問題は、将来にどのファンドが優れたパフォーマンスを達成するかを事前に知ることはできないのに、過去にパフォーマンスが良かったファンドだけしか、試算に使われないという点だ。そもそも、試算を開始した時期にまったく同じポートフォリオが選ばれたとは考えにくいし、ほぼ同様のポートフォリオが選ばれていて、その後もずっとファンドの入れ替えがなかったと仮定すべき理由もない。そういうわけで、試算結果はこれ

から組み込む予定のファンドが過去に実際に出したリターンを基に計算されてはいるが、ポートフォリオの構成そのものが仮定の話なので、結果には大きな偏りがあるだろう。

　試算によるデータが誤解を生むほかの例は、分散投資されたポートフォリオで運用したあと、そのなかのひとつのセクターだけに特化したプログラムを新しく作って運用する場合だ。このように一部を抜き出したポートフォリオは、ポートフォリオ全体から特にリターンが良かったセクターを基に作られたと考えて間違いないだろう。ここでも、試算結果は実際のリターンに基づいていて、信頼性がありそうに思える。しかし、そのリターンは大きなポートフォリオからえり好みした一部を表しているのだということを、投資家は見落としがちだ。ポートフォリオには必ずパフォーマンスがほかよりも良い部分（例えば、パフォーマンスが良いセクターなど）があるものだ。しかし、新しい単独のプログラムに選ばれた部分が、将来も好調であり続けると考えるべき理由などない。

　試算結果は必ず誤解を生むから、無視すべきだと結論づけたくなるし、実際にそうしている投資家も多い。しかし、こうした決めつけもまた間違っている。試算結果は実際の結果と称するものよりも、現実をよく表すこともあるからだ。例えば、あるマネジャーが手数料を取らない自己勘定取引で用いていたのと同じ戦略のファンドを立ち上げたとしよう。この場合、投資家に請求される手数料を反映していないので、たとえ将来のリターンが過去と等しいと仮定しても、過去の実際のリターンは将来のパフォーマンスよりも過大になっている。明らかに、結果を正確に表しているのは、運用実績のリターンから、投資家が新しいファンドで請求されるはずの手数料分を差し引いたほうだ。この場合には試算結果を使っても問題ないだけでなく、そちらのほうが間違いなく実際のリターンよりも意味がある。

　これらの対照的な例から明らかなように、試算結果には誤解を招く

ものもあれば、実際の結果よりも現実に近いリターンを表すものもある。すべての試算結果をごちゃ混ぜにすること自体が誤解の元になるのだ。

どんな試算結果でも、問うべき重要なことが２点ある。

１．試算結果は後知恵を利用していないか？
２．試算結果は実際の結果よりも現実的か？

この問いに答えると、試算したリターンが適切かどうか判断できる。最初の例——新しく立ち上げたファンド・オブ・ファンズが、ポートフォリオに組み込む予定のファンドの、過去の運用実績に基づいて試算する例——では、マネジャーはポートフォリオのファンドを後知恵を利用して選んでいる。どんなファンド・オブ・ファンズのマネジャーでも、過去の運用実績がお粗末なファンドでポートフォリオを組んだりしないだろう。したがって、ポートフォリオに組み込むときよりも以前のファンドのデータを使うと、それが過去の実績であっても、ポートフォリオの将来のパフォーマンスを誤解させる元になる。同様に、大きなポートフォリオからリターンが良いものを選んで、新しいファンドを作る例でも、後知恵を使って選んでいる。対照的に、後知恵によるゆがみがファンドのリターンに入らないように調整する場合——例えば、運用実績には反映されていないが、新しいファンドの投資家が請求される手数料を反映させるための調整——であれば、試算によるリターンは実際のリターンと称するものよりも正確で現実的なこともある。

> ## 投資における誤解
>
> **投資における誤解21** 試算結果は実際のパフォーマンスをほぼ適切に表している。
> **現実** その見方は正しいこともあるが、後知恵を利用した試算結果ならひどく誤解を生むこともある。
>
> **投資における誤解22** 試算によるデータは非常にゆがんでいて、けっして実際のパフォーマンスの代わりに使うべきではない。
> **現実** この見方は正しいことも多いが、試算によるリターンのほうが過去の実際のリターンよりも適切なパフォーマンスを投資家に示している場合もある。例えば、過去のリターンに手数料が含まれていない場合だ。一般的に、投資家が実際に払う手数料に近くなるように過去の手数料分だけを調整して、あとになってしか分からない知識を都合良く利用することはないときに、試算に基づくリターンは実際のリターンよりも望ましいと言える。

投資の知恵

　正反対と言えるほどの状況で、試算結果という言葉が使われるせいで、多くの混乱が生じている。この言葉は使うべきでないときに使われるだけでなく、まったく適切な使い方のときに無視される。カギは試算結果に後知恵を使う——結果に大きく影響することを行っている——かどうかだ。

第8章

過去のパフォーマンスの評価法
How to Evaluate Past Performance

リターンだけでは無意味な理由

　今、インターネットでロンドンのホテルを予約しているところだとする。同じホテルの部屋が、2つの異なるウェブサイトに異なる価格（どちらも税込み）で登録されているのが分かった。

- サイトA　320
- サイトB　250

　さて、どちらが得だろうか？　答えは分かりきっていると思うかもしれないが、そうとも言えない。あるとき、投資カンファレンスで聴衆にこの質問をしたら、「朝食込みかどうかの違いでしょう」と1人が叫んだ。「そうだとすると、ひどく高い朝食なんでしょうね」と、私は答えた。しかし、少なくとも彼はいいところを突いていた。私の問いには必要な情報が欠けていたのだ。私は宿泊費がどの通貨で表示されているかを言わなかった。仮に320の価格がドルで、250のほうがポンドならどうだろう？　すべてが変わらないだろうか？
　ここで、あなたはおそらく、「普通に考えられる人間なら、通貨単位を無視して2つの価格を比べたりするはずなどない。いったい、何

が言いたいんだ？」と、思っているに違いない。私の言いたいことは、リターンだけに焦点を合わせて投資対象を選ぶときに、投資家は常にこの種の過ちを犯しているということだ。リスクを考慮しないでリターンを比べるのは、通貨単位を無視して海外のホテルを比べるのと同じくらい無意味なのだ。リスクはリターンを測る単位だからだ（第6章で詳しく述べたように、高いリターンは将来のパフォーマンスにとってマイナスの指標になることも時にはあるが、ここではその問題はないものと考える。そして、パフォーマンスは最近のものだけではなく、もっと長期のものを使って比較したし、パフォーマンスに差があるのはマネジャーの腕の違いにある、と投資家が判断する根拠があると仮定する）。

　表8.1の2人のマネジャーについて考えてみよう。どちらのマネジャーのパフォーマンスが優れているだろうか？　ここでは、第4章で取り上げた隠れたリスクはないものと仮定する。そのため、標準偏差はリスクの適切な尺度である。また、マネジャーは質的に変わりないと仮定する。

　多くの投資家は、「高いリターンを得られる可能性があるなら、高いリスクを受け入れよう」と考えて、Bマネジャーを選ぶだろう。しかし、この判断は合理的だろうか？　表8.2では、Aマネジャーの投資に3倍のレバレッジをかけるという、第3の選択肢を加えた（先物、FX、オプションなどの証拠金を用いる戦略では、名目投資額のほんのわずかな割合を証拠金として差し入れれば済む。これらの例では、投資家はしばしば想定資産での運用――つまり、名目水準よりも少ない現金での投資――を行うことができる。例えば、投資家が30万ドルの現金を口座に入れて投資をすれば、90万ドルの投資としてトレードが行われることもある。この場合、想定資産を利用しない運用と比べて、暗黙のうちに現金による投資に3倍のレバレッジをかけていることになる。厳密に言えば、想定資産を利用する運用は投資額よりも運

表8.1　2人のマネジャーの比較

	リターン	リスク（標準偏差）	リターン・リスク比率
Aマネジャー	10	5	2:1
Bマネジャー	25	25	1:1

表8.2　2人のマネジャーを再び比較

	リターン	リスク（標準偏差）	リターン・リスク比率
Aマネジャー	10	5	2:1
Bマネジャー	25	25	1:1
Aマネジャー（3倍）	30	15	2:1

用資産が増えるが、借り入れをしているわけではないので、実際にはレバレッジを使ってはいない。ここでは、想定資産での運用をしていると仮定する。運用資産のすべてを用意しなければならない戦略では、リターンのうちでレバレッジをかけた部分は、借り入れコスト分だけマイナスになる）。レバレッジをかけたAマネジャーの投資は、今やBマネジャーよりもリターンは高く、リスクは低くなった。こうなると、リスクを引き受ける気がある投資家でさえ、レバレッジをかけて望ましい水準までリターンを大きくした、Aマネジャーのほうを好むはずだ。

　リスクは穴に例えられるし——穴が深いほどリスクが大きい——、リターンは積み上げられた砂に例えられる。レバレッジはスコップであり、それを使って、リスクの穴からリターンの山まで砂の一部を移すこともできる。そうすれば、リスクを受け入れる見返りにリターンが増える。この交換はリスク水準が許容限度よりも小さければ、好まれるかもしれない。例えを続けると、レバレッジを減らして（つまり、現金にして）、砂をリターンの山からリスクの穴に移して、リターン

図8.1　2通りのリターン

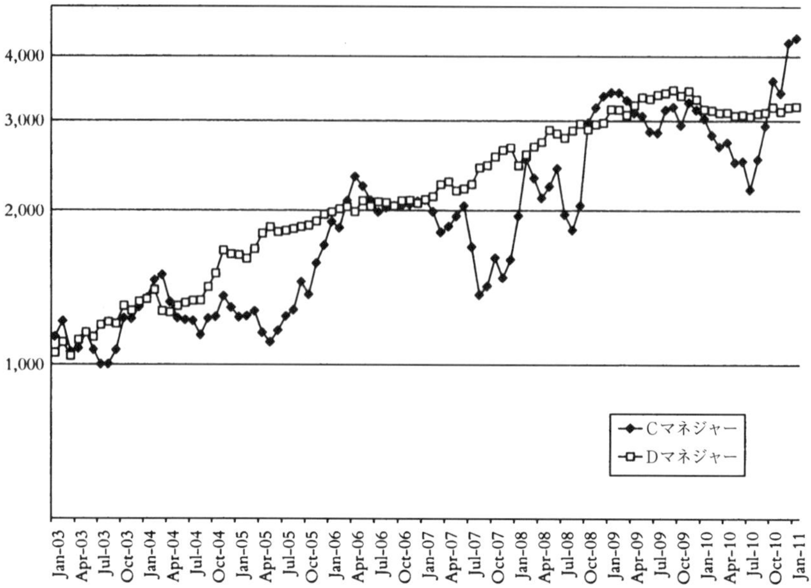

が小さくなることを受け入れる代わりに、リスクを減らすことも可能だ。この意味で、リスクとリターンはレバレッジを通して完全に交換が可能だ。

この考えを説明する実例として、**図8.1**では２人の実際のマネジャーを比較した。過去のパフォーマンスは将来のパフォーマンスを示すと仮定すると、少なくとも相対的にだが、どちらのマネジャーのほうに投資したほうがよいだろうか？　この問題には明確な答えが出せないように見える。Cマネジャーのリターンのほうが明らかに良いが、Dマネジャーは運用期間中のドローダウンがはるかに小さいことで分かるように、リスクがかなり低い。どちらのマネジャーが、将来のパフォーマンスが良いかは決めがたそうに思えるが、それは表面的な話にすぎない。**図8.2**では２人を再び比べたが、今回はDマネジャーのエクスポージャーを２倍にした（２人のマネジャーは先物のトレード

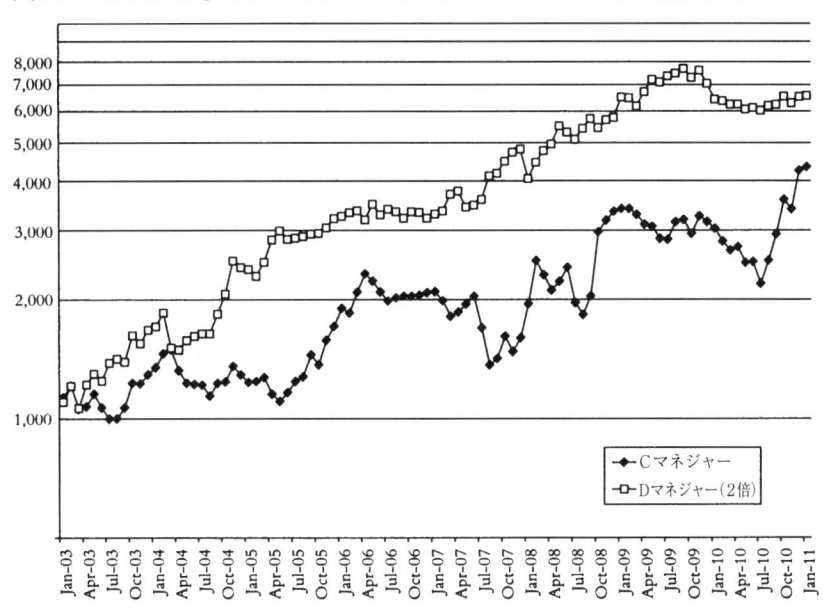

図8.2　リスクが小さいマネジャーのエクスポージャーを２倍にする

を行うCTA［商品投資顧問業者］なので、想定資産での運用、つまり、借り入れをしないでレバレッジを上げることによって、エクスポージャーを増やした可能性がある。**図8.1**のリターンは受取利息を差し引いたものだ。こうすれば、想定資産での運用か、借り入れによってレバレッジをかけたかにかかわらず、エクスポージャーを２倍にしたときに、リターンのすべてがほぼ2.0倍に近くなる。エクスポージャーを増やした分に対する受取利息はないので、リターンに受取利息を含めると、エクスポージャーを２倍にしてもリターンは完全には２倍にならない）。今度は、Dマネジャーのほうがリターンでもリスクでも優れていることは明らかである。期末のNAV（純資産価値）ははるかに高いのに、ドローダウンはエクスポージャーを２倍にしているにもかかわらず、明らかに小さい。**図8.1**では、Cマネジャーのほうが期末のリターンは高かったが、Dマネジャーに２倍の投資をしていた

ら、低リスクを維持しつつ高いリターンを達成できただろう。教訓は、リターンは不完全な尺度であり、重要なのはリターン・リスク比率であるということだ。

　レバレッジを道具として使えないとしたら、どうだろう？　例えば、投資家は**図8.1**のＣかＤのマネジャーを選べるが、Ｄマネジャーのエクスポージャーを実際に増やすには障害があるとしたら、どうだろうか？　今や、リターンとリスクは密接不可分になり、投資家はハイリスクでハイリターンのＣマネジャーか、ローリスクでローリターンのＤマネジャーのどちらかを選ぶしかない。リスクを許容できる投資家なら、いつでもＣマネジャーのほうが良いと思うかもしれない。「最終リターンで勝てるかぎり、Ｃマネジャーのほうがハイリスクかどうかなんて気にしない」と、その投資家は言うかもしれない。この考え方の欠点は、Ｃマネジャーへの投資を悪い時期に始めたら──よくやりがちなことだ──、たとえ投資を続けても実際には利益を得るのではなく、かなりの損失を被るかもしれないという点だ。途中で解約をしていたら、なおさらだ。投資期間中にボラティリティ（変動率）が高くなるほど、純資産が落ち込んだときに投資を断念しがちになるので、Ｄマネジャーよりもリターンが高くなることはけっしてないだろう。要するに、現実の投資家は投資が最終的に損失から回復するかどうかなど分かりようがない。したがって、たとえＣマネジャーのほうがＤマネジャーよりも最終的には高いリターンを実現できるとしても、多くの投資家はそのときまで持ちこたえられないだろう（持ちこたえた人でさえ、純資産が増えている時期に投資を始めて、最終的に含み益を減らすか吹き飛ばしてしまう可能性もある）。ボラティリティが大きくなるほど、損失を出したまま投資を解約する投資家の比率も上がるのだ。

　以上から明らかなように、パフォーマンスを適切に比較するためには、リターンだけではなく、リスク調整済みのリターンを使う必要が

ある。次節では、リスク調整済みリターン尺度について検討する。

リスク調整済みリターン尺度

この節で取り上げるパフォーマンス尺度の公式は、付録Bに収録されている。

シャープレシオ

シャープレシオはリスク調整済みリターン尺度のなかで、最も広く使われている。シャープレシオは、平均超過リターンを標準偏差で割った値と定義される。超過リターンとは、無リスクリターン（例えば、Ｔビルの金利）を上回るリターンのことだ。例えば、平均リターンが年率８％で、Ｔビルの金利が３％ならば、超過リターンは５％になる。標準偏差はリターンの変動の尺度だ（詳しくは、第４章の「リスク尺度としてのボラティリティ」の節を参照）。要するにシャープレシオとは、リターンのボラティリティで標準化された平均超過リターンのことである。

シャープレシオには基本的な問題が２つある。

1. **このリターン尺度は複利のリターンではなく、平均リターンに基づいて計算される**　しかし、投資家が手にするリターンは複利によるリターンであり、平均リターンではない。リターンの流れのボラティリティが高くなるほど、平均リターンは実際の（すなわち、複利での）リターンから外れるだろう。例えば、２年間の投資で１年は50％の利益、もう１年は50％の損失だったら、平均リターンは０％になるが、投資家の実際のリターンは25％の損失になる（150％×50％＝75％）。しかし、複利での平均年率リターンである－13.4

％なら、現実を反映している（86.6％×86.6％＝75％）。

2．**シャープレシオはボラティリティが上方で生じているか下方で生じているかを区別しない**　シャープレシオに組み込まれているリスク尺度――標準偏差――は、ほとんどの投資家のリスクに対する見方を反映していない。投資家が気にかけるのはボラティリティではなく、損失なのだ。彼らは下方へのボラティリティは嫌うが、上方へのボラティリティは好んでいる。私はマネジャーが1カ月で上げる利益があまりにも大きすぎる、と不平を言う投資家に会ったことがない。しかし、標準偏差とそれを利用するシャープレシオは、ボラティリティが上方で生じたか下方で生じたかを区別しない。シャープレシオのこの特徴のせいで、ファンドのランキングはほとんどの投資家の認識や好みと矛盾する結果になることもある（公平を期すために言っておくと、上方へのボラティリティが高いと、下方へのボラティリティも高くなることもある。その場合には、シャープレシオは適切な尺度になるだろう。しかし、シャープレシオは損失を出すリスクを抑えつつ、ときどき生じる大きな利益を確保しようとする戦略、つまり、歪度が右に大きい戦略を評価する際には、特に誤解を招きやすい）。

図8.3は、2人の仮想上のマネジャーを比較したもので、グラフで示した期間中のリターンは同じだが、その特徴は非常に異なる。では、どちらのマネジャーがハイリスクに見えるだろうか？　先を読み進める前に、答えを決めてほしい。

おそらく、あなたはAマネジャーのほうを選んだだろう。Aマネジャーには、20％を超えるドローダウンが3回あり、最大のものは28％に達している。対照的に、Bマネジャーのほうは最大でも11％と、ほどほどの下落だ。それでも、シャープレシオのリスクを測る要素である標準偏差は、Bマネジャーのほうが30％も高い。その結果、Aマネ

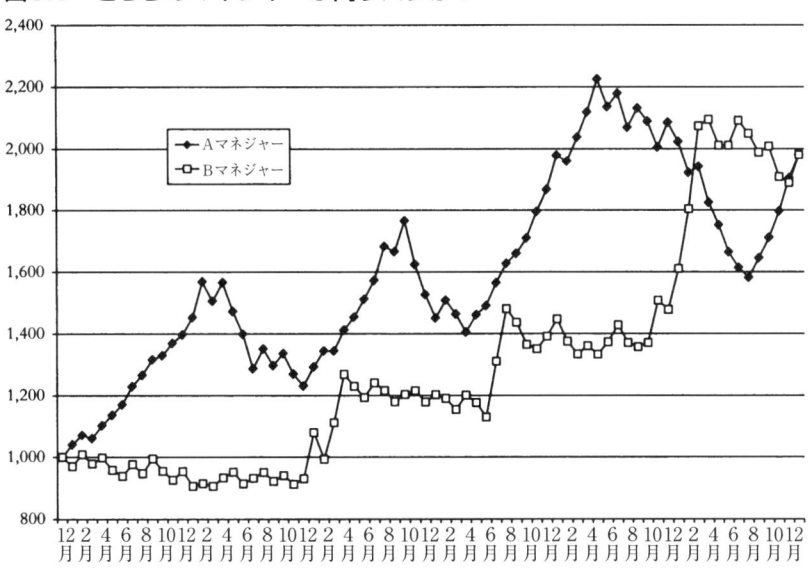

図8.3 どちらのマネジャーが高リスクか？

ジャーもBマネジャーも同じ累積リターンで、Aマネジャーのほうが純資産のドローダウンがはるかに大きいのに、シャープレシオはAマネジャーのほうがかなり良く、0.71対0.58である（無リスク金利は2％と仮定する）。どうして、こういうことが起きるのだろうか？　Bマネジャーには非常に大きな利益が出た月が何回かあるので、標準偏差が著しく大きくなり、結果としてシャープレシオが悪くなったのだ。ほとんどの投資家は明らかにBマネジャーのようなリターンの特徴を好むが、シャープレシオはまったく逆になっている。

シャープレシオの順位と投資家の好みにずれが生じることもあるため、この欠点に対処しようという試みがなされ、代わりのリターン・リスク尺度が作られてきた。シャープレシオに代わる、これらの尺度のいくつかを検討する前に、シャープレシオの値がマイナスの場合に

どういう意味があるのかを見ておこう。

　マネジャーのリターンが無リスクリターンを下回ると、シャープレシオの値がマイナスになるのは当然のことだが、マイナスのシャープレシオにはまったく意味がない。シャープレシオがプラスの間は、標準偏差で測定されたボラティリティ（マイナスの指標）が大きくなるほど、シャープレシオは理屈どおりに低くなる。しかし、シャープレシオの値がマイナスになると、ボラティリティが大きくなるほど、シャープレシオの値は逆に高くなってしまう。つまり、マイナスのリターンを大きな数字で割るほど、マイナス幅が小さくなってしまうのだ。したがって、シャープレシオの値がマイナスのリターンと比較をしても、理屈に合わない結果しか得られない可能性がある。**表8.3**はこの一例だ。Bマネジャーには無リスクリターンの2倍の損失（－10％対－5％）があり、ボラティリティはAマネジャーの4倍になっている。リターンでもボラティリティでも、BマネジャーのほうがAマネジャーよりもはるかに悪いにもかかわらず、Bマネジャーのシャープレシオのほうが高い、つまり、少しはましな値になっている。こういう非常識な結果が生じるのは、シャープレシオの値がマイナスだと、ボラティリティが大きくなるほどシャープレシオの値が高くなる（ましなほうに動く）ためだ。シャープレシオの値がマイナスのときはどうすべきか？　無視することだ（シャープレシオに基づくマネジャーのリストでランキングを作るときのように、特定の値を使うしかないときは、どうすればよいだろう？　その場合は2つのランキング基準を使う——超過リターンがプラスのときにはシャープレシオに基づき、マイナスのときには超過リターンに基づいてランキングを作る——ほうがずっと合理的だ）。それはどんなときでも無意味で、しばしば誤解の元になるだけだからだ。

表8.3　シャープレシオの値がマイナスの、2人のマネジャーの比較

	年平均リターン	無リスクリターン	超過リターン	年率換算した標準偏差	シャープレシオ
Aマネジャー	−3%	2%	−5%	5%	−1.0
Bマネジャー	−8%	2%	−10%	20%	−0.5

ソルティノレシオ

　ソルティノレシオはシャープレシオの説明で取り上げた2つの問題点に焦点を当てている。第1に、平均リターンではなく、複利でのリターンを使って、どの期間でも実際のリターンを表わせるようにしている。第2に、最も重要なことだが、ソルティノレシオは下方偏差を使ってリスクを定義する。シャープレシオで使った標準偏差は上方偏差も下方偏差も含むが、こちらは指定された最小許容リターンよりも下方の偏差しか見ない。具体的には、ソルティノレシオは、最小許容リターンを上回る複利でのリターンを下方偏差で割った値と定義される。ソルティノレシオで使う最小許容リターンはどの水準に決めてもよいが、通常は次の3つの定義のうちのどれかが使われる。

1. **ゼロ**　偏差はすべてのマイナスリターンで計算する。
2. **無リスクリターン**　偏差は無リスクリターン以下のすべてのリターンで計算する。
3. **平均リターン**　偏差は分析したリターンのうち、平均以下の全リターンで計算する。この式は標準偏差に最も近いが、リターンの下半分の偏差しか見ない。

　シャープレシオよりもソルティノレシオの値のほうが高いことが、

リターンが正の歪度を持つ——つまり、損失が出る下方よりも利益になる上方への偏差のほうが大きい傾向がある——証拠だと言われることがよくある。しかし、この種の比較は間違っている。ソルティノレシオとシャープレシオは比較できないのだ。公式の性質上、ソルティノレシオのほうが必ず高くなる。最悪の損失が最高の利益よりも大きくなりがちなマネジャーですらそうなるのだ。ソルティノレシオが上に偏る理由は、偏差の計算ではリターンの一部——最小許容リターンを下回るリターン——しか使わないが、下方偏差の計算ではその偏差をすべてのリターン数で割るからだ。上方偏差と下方偏差を区別するので、ソルティノレシオはおそらくシャープレシオよりも投資家の好みに近いだろう。その意味で、マネジャーを比較するのに、より良いツールかもしれない。しかし、ソルティノレシオはほかのソルティノレシオとだけ比べるべきで、けっしてシャープレシオと比べるべきではない。

SDRシャープレシオ

ウィリアム・T・ジエンバ（ウィリアム・T・ジエンバ著「SDR［シンメトリック・ダウンサイド・リスク］シャープレシオ」、ジャーナル・オブ・ポートフォリオ・マネージメント誌［2005年秋号、108〜121ページ］）が考案したSDRシャープレシオは、意図と構成の点でソルティノレシオに似ているが、ソルティノレシオはシャープレシオよりも上方に偏りがちなので、その傾向を取り除く調整をしている点が重要だ。SDRシャープレシオは、複利でのリターンから無リスクリターンを引いた値を下方偏差で割った値と定義される。この下方偏差はソルティノレシオの下方偏差と同様の計算をするが、重要な違いがひとつある。指定したベンチマークを下回るリターンだけで偏差の計算をするので、2.0の乗数を使って補正をする（ジエンバは下方偏差を定義

するとき、最小許容リターンではなく、ベンチマークという用語を使った。ベンチマークに中央値を使えば、下方偏差の計算にリターンの半分だけが用いられる。そのため、2.0の乗数を使えばぴったりと補正できる。ベンチマークにほかの値、例えば、ゼロ、無リスクリターン、平均リターンを使えば、ベンチマークを下回る数は必ずしもぴったり半分にはならないので、2.0の乗数ではおおよその調整になる）。下方偏差の計算で使うベンチマークはどの水準に決めてもよいが、ソルティノレシオの最小許容リターンで挙げた3つ——ゼロ、無リスクリターン、平均リターン——がここでもよく使われる（ジェンバは論文で、ベンチマークの値にゼロを使っている）。ソルティノレシオと異なり、平均リターンをベンチマークにしたSDRシャープレシオは、シャープレシオと直接に比べることができる（厳密に言うと、リターンが対称的な分布をしているとき、SDRシャープレシオのほうがわずかに低くなる傾向がある。シャープレシオは平均リターンを使うが、SDRシャープレシオは複利でのリターンを使う。これは、複利でのリターンのほうが常に平均リターンよりも低いからだ。しかし、マネジャーの平均リターンが無リスクリターンよりも大きい場合、下方偏差の計算でベンチマークにゼロか無リスクリターンを使えば、リターンが対称的な分布をしているとき、シャープレシオよりもSDRシャープレシオのほうが高くなる傾向がある。これには2つの理由がある。①ベンチマークを下回るリターン数は半分よりもおそらく少ないので2倍では完全な補正にならないだろう、②無リスクリターン、それに特にゼロよりも下方の偏差は、平均からの偏差よりも小さいだろう。これら2つの要素によって、分母である下方偏差は標準偏差よりも小さくなる。このため、シャープレシオよりもSDRシャープレシオの値のほうが高くなる）。

　投資家は下方偏差をリスクと見るが、上方偏差はリスクと見ない。その大きな違いを考慮している点で、SDRシャープレシオとベンチマ

ークに使う標準的な定義のどれでも、シャープレシオよりも好ましい。SDRシャープレシオはソルティノレシオとほとんど同じ計算をするが（SDRシャープレシオとシャープレシオを公平に比較できるようにするためには、2.0の乗数を必ず入れる必要がある。ほかにSDRシャープレシオがソルティノレシオと異なるところは、複利でのリターンから引くものが最小許容リターン［これは無リスクリターンの場合も、そうでない場合もある］ではなく、無リスクリターンに限るという点だけだ）、広く使われているシャープレシオと直接に比較できるという大きな利点があるので、ソルティノレシオよりも好ましい。また、あるマネジャーのSDRシャープレシオとシャープレシオを比較すれば、投資家はそのリターンがプラス側に偏っているか、マイナス側に偏っているかも分かる。

GPR

GPR（ゲイン・トゥ・ペイン・レシオ）は、月間総リターン（つまり、月間純損益）を月間総損失の絶対値で割った値である（GPRは長年にわたって私が使ってきた、パフォーマンスを測る統計である。私よりも前にこの統計が使われていた例を、私は知らない。だが、この用語自体はリターン・リスクの尺度やリターン・ドローダウンの尺度を指す一般用語としてときどき使われることもある。GPRはPF［プロフィットファクター］と似ている。こちらは通常、トレーディングシステムを評価するために用いられている。PFは、勝ちトレードの総利益を負けトレードの総損失の絶対値で割った値と定義される。PFはトレードを見るが、GPRは月間などの期間リターンを見る。月間で見たPFを「P÷L」と置くと、GPRは「（P−L）÷L」となる。ここから、PFを月間リターンに当てはめると、PFはGPR＋1に等しく、GPRと同じパフォーマンス順位が得られることを簡単に示すことがで

きる。計量的な分析になじみがあり、オメガ関数を知っている読者のために言っておくと、リターンのしきい値をゼロと置いたときのオメガ関数も、GPR＋1に等しい）。このパフォーマンス尺度で、純利益を得るために被った累積損失に対して、純利益がどれだけの比率だったかが示される。例えば、GPRが1.0ならば、投資家は平均して、自分の得る純利益に等しい額の月間損失を被るということを意味する。GPRはすべての損失をその大きさに比例してマイナス評価をするが、上方のボラティリティはGPRのリターン部分にしか影響しないので、プラス評価だけになる。

　シャープレシオやSDRシャープレシオ、ソルティノレシオとの主な違いは、2％の損失を5回出した場合でも、10％の損失を1回出した場合でも、GPRでは区別をしないという点だ。前に述べたほかのレシオでは、1回の大きな損失のほうがはるかに強く影響する。こうした違いが生じるのは、ほかのレシオで使われる標準偏差や下方偏差の計算では参照リターン（無リスクリターン、平均リターン、ゼロなど）からの偏差を2乗する必要があるからだ。例えば、参照リターンが0％ならば、2乗して出した偏差は、10％の損失を1回出したときのほうが2％の損失を5回出したときよりも5倍大きい（10×10＝100、5×2×2＝20）。一方、GPRの計算では、どちらの場合でも10％が分母に加算されるだけだ。一定の損失が数カ月で出ようと1カ月で出ようと気にしない投資家ならば、SDRシャープレシオやソルティノレシオよりもGPRのほうが適切な尺度だろう。しかし、たとえ損失の合計が同じでも、1回の損失が大きいほうが悪いと思う投資家は、逆を好むだろう。

　GPRは普通、月次データで計算するが、ほかの時間枠でも計算できる。日次データが入手できれば、サンプル数が大量に得られるため、GPRは統計的に非常に意味の大きい尺度になる。時間枠を長く取るほど、GPRの値は高くなる。短い時間枠では目立つ損失の多くも、長い

時間枠ではなだらかになるからだ。私の経験では、日次GPRの値は平均して同じマネジャーの月次GPRの約6分の1になる傾向がある。月次データについては、大まかに言ってGPRが1.0よりも大きければ良く、1.5を上回ると非常に良い。日次データでは、対応する値は約0.17と0.25だ。

ほかのレシオと比べたGPRの利点は、リターンがマイナスの場合でもランキングに矛盾が出ないというところだ。つまり、マイナスの値が小さいGPRのほうが大きいGPRよりも常に良い。ほかのレシオではこれは必ずしも当てはまらない。GPRがゼロの場合、すべての利益の合計とすべての損失の合計が等しいことを意味する。理論的に最も小さいGPRの値は－1.0で、一度も利益を出した月がないときの値である。GPRが－1.0に近づくほど、総損失に対する総利益の比率は小さくなる（総損失に対する総利益の比率は、GPR＋1に等しい。そのため、例えばGPRが－0.25ならば、総損失に対する総利益の比率は0.75になる）。

テールレシオ

投資家にとって重要な問題は、マネジャーの極端なリターンが上方で大きくなりがちか、下方で大きくなりがちかという点だ。小さな利益を頻繁に出すが、ときどき大きな損失を出すマネジャー（負の歪度を持つマネジャー）は、小さな損失を頻繁に出すが、ときどき大きな利益を出すマネジャー（正の歪度を持つマネジャー）よりもリスクが高く、望ましくない。歪度――対称的な正規分布よりも長いテール（極端なイベント）が、リターンの分布の右方（プラス）か左方（マイナス）にどの程度あるか――を測る統計はあるが、プラス・マイナスの符号を除けば、特定の値がどういう意味を持つかを直観的に理解するのは難しい。

テールレシオを使えば、極端なリターンがプラス側に偏りがちかマイナス側に偏りがちかを、直観的に分かりやすい値で測ることができる。テールレシオではひとつの変数が必要である。計算に用いる上方と下方のしきい値とするパーセント点だ。例えばしきい値を10と決めたら、テールレシオは上位10％の全リターンの平均を下位10％の全リターンの平均で割った値となる。リターンが正規分布をしていれば、この場合のテールレシオは1.0になるだろう。値が1.0よりも著しく小さければ、最大損失のほうが最大利益よりも大きくなりがちであることを示す。一方、1.0よりも著しく大きければ、逆の傾向を示す。例えば、テールレシオが0.5であれば、下位10％の平均損失が上位10％の平均利益の2倍だということを意味し、非常にリスクの高いマネジャーであることを示す。

MARレシオとカルマーレシオ

　MARレシオは、複利での年率リターンを最大ドローダウンで割った比率である。カルマーレシオは過去3年のデータだけで計算するという点を除けば、MARレシオとまったく同じである。この2つのレシオは過去の最悪の状況に基づくという点で役に立つが、リスク尺度の除数がひとつのイベントだけに基づくために、統計的有意性に欠ける。また、運用実績の全期間に基づいてMARレシオを計算すると、長く運用をしているマネジャーは非常に不利になる。記録が長くなるほど、最大ドローダウンが大きくなる可能性が高まるからだ（この偏りはカルマーレシオにはない。定義上、過去3年だけのデータで計算するからだ）。第6章で詳しく述べたように、マネジャーの比較は、共通する期間に限るべきだ。これはMARレシオを使うときには、特に重要である。

RRR

　複利での平均年率リターンをドローダウンで割った尺度という点で、RRR（リターン・リトレースメント・レシオ）は、MARレシオとカルマーレシオに似ている。主な違いはひとつの最大ドローダウンに基づくのではなく、RRRではリターンをAMR（最大ドローダウンの平均）で割るところだ。AMRは各月の最大ドローダウンから計算する。各月の最大ドローダウンは、次の２つの値の大きいほうとする。

１．当月の既存投資家が被る恐れがあった最大ドローダウン（直近のNAVのピークから当月末のNAVまでの下落率）。
２．当月末に投資を始めた人が被る恐れがあった最大ドローダウン（当月末のNAVからその後のNAVの谷までの下落率）。

　各月の最大ドローダウンを決めるために２つの測定基準を使う理由は、どちらの条件を使っても、運用実績のある時期にドローダウンが小さめに出るからだ。最初の条件では、運用の初期にドローダウンが必ず小さくなる。大きなドローダウンが生じる機会がないからだ。同様にあとの条件でも似た理由で、運用の後期にドローダウンが小さくなることは避けがたい。両方の条件に基づいて大きいほうの値を使えば、各月で本当に最悪だった値が分かる。最大ドローダウンの平均とは、これらの月次最大ドローダウンすべての平均のことである。RRRはひとつの統計（運用実績の全期間での最大ドローダウン）ではなく、複数のデータ点（各月にひとつ）に基づいているため、MARレシオとカルマーレシオよりも統計的にはるかに有用である。

表8.4　リスク調整済みリターン尺度の比較

	Aマネジャー	Bマネジャー	Aに対するBの比率
シャープレシオ	0.71	0.58	82%
ソルティノレシオ（ゼロ）	1.27	1.44	113%
ソルティノレシオ（無リスクリターン）	1.03	1.15	112%
ソルティノレシオ（平均リターン）	0.87	0.94	107%
SDRシャープレシオ（ゼロ）	0.75	0.85	113%
SDRシャープレシオ（無リスクリターン）	0.73	0.81	112%
SDRシャープレシオ（平均リターン）	0.62	0.66	107%
GPR（ゲイン・トゥ・ペイン・レシオ）	0.70	0.71	101%
テールレシオ（10%）	1.13	2.86	253%
テールレシオ（5%）	1.10	2.72	247%
MARレシオ	0.41	1.09	265%
カルマーレシオ	0.33	1.70	515%
RRR（リターン・リトレースメント・レシオ）	0.77	1.67	218%

リスク調整済みリターン尺度を比べる

　表8.4は図8.3で取り上げた2人のマネジャーを、これまでに説明してきたリスク調整済みリターン尺度で比べたものだ。面白いことに、シャープレシオは最も広く使われているリターン・リスク尺度だが、ほかのすべての尺度とは正反対の結果になっている。シャープレシオでは、Aマネジャーのほうがずっとリターン・リスク比率が良い。しかし、ほかの尺度はどれもBマネジャーのほうが優れているし、大差がついているものも多い。思い出してほしいが、2人とも累積リターンは同じだったので、唯一の違いは最終リターンを達成するまでのリスクの高さだけだ。標準偏差をリスク測定に使うシャープレシオでは、Bマネジャーのほうがすべての月で測ったボラティリティが大きいので、リスクが高いと判定される。しかし、このマネジャーのボラティリティは、ほとんどが上方で生じている。ほとんどの投資家はこれを短所ではなく、ひとつの特質とみなすだろう。Aマネジャーのほうが

全体的に低ボラティリティだが、下方でのボラティリティはBマネジャーよりも著しく大きい。これはリスクに対するほとんどの投資家の直観と合っている。シャープレシオはボラティリティが下方で生じても上方で生じても区別しないが、ほかのリスク調整済みリターン尺度では区別をするからだ。

シャープレシオを除いて、ほかのリスク調整済みリターン尺度はすべて、下方でのボラティリティしかマイナスに評価しないが、その方法はそれぞれ異なる。

- **ソルティノレシオとSDRシャープレシオ**　これらのレシオは指定された水準（例えば、ゼロ）以下のリターンをマイナスに評価するだけでなく、下方偏差が大きくなるにつれて、それ以上の比重で評価する。したがって、たとえ下方偏差の合計が同じでも、小さな偏差が何回か繰り返される場合よりも、大きな偏差が1回生じる場合のほうが、レシオの値は低くなる。これらのレシオは純損失になった月の順序には影響を受けない。10％の損失が2回大きく離れて生じた場合と、続けて生じた場合とでは、後のほうが純資産のドローダウンは大きくなるが、これらのレシオでは同様に扱われる。
- **GPR**　GPRは下方偏差をその大きさに応じてマイナスに評価する。ソルティノレシオやSDRシャープレシオとは異なって、1回の大きな偏差と、複数の小さな偏差から成る同じ大きさの偏差はまったく区別しない。このため、AマネジャーとBマネジャーをGPRで比べるとほとんど等しいが、ソルティノレシオとSDRシャープレシオではAマネジャーのほうがはるかに悪くなる。両者の損失の合計はほとんど同じだが、Aマネジャーのほうが1回の損失額が大きくて、損失を被った回数は少ないからだ。GPRは損失がどういう順序で生じても変わらない。この点ではソルティノレシオやSDRシャープレシオと似ていて、損失が続くか短期間に繰り返しても、マ

イナス評価が大きくなることはない。
- ●**テールレシオ** テールレシオは極端に大きな利益と損失に、特に焦点を合わせる。テールレシオは、最大損失が最大利益を上回る傾向があるマネジャーを明らかにするときに、非常に効果を発揮するだろう。Bマネジャーは非常に大きな利益をときどき出すが、最大損失はそれほど大きくない。そのため、逆のパターンを示すAマネジャーよりもテールレシオは極めて良くなる。
- ●**MARレシオとカルマーレシオ** これまで述べてきたすべてのパフォーマンス尺度とは対照的に、この2つのレシオはリターンの現れる順序にかなり影響される。総額が同じでも、損失が散らばって出るときよりも集中して出るときのほうが、影響が非常に大きくなる。ただし、これらの尺度は1回の最大ドローダウンにしか焦点を合わせない。そのため、最大ドローダウンを資産のピークから谷までと定義したとき、その期間外で生じた損失はこれらのレシオに少しも影響しない。最大ドローダウンはBマネジャーよりもAマネジャーのほうがはるかに大きいので、これらのレシオでは両マネジャーの差が際立つ。
- ●**RRR** RRRはすべての下方偏差をマイナスに評価するだけでなく、続けて出たか短期間に繰り返して出た損失もマイナスに評価するという点で、唯一のリターン・リスク尺度である。MARレシオとカルマーレシオは最大ドローダウンにおける損失しか反映しないが、RRRではすべての損失を計算に入れる。

表8.5はリスク調整済みリターン尺度のそれぞれの特徴をまとめて比較したものだ。

どのリターン・リスク尺度が最も優れているか？

どのリターン・リスク尺度を使うべきかはある程度まで、投資家がどの特徴を好むかで決まる。これらのパフォーマンス尺度の主な長所と短所をまとめると、次のようになる。

- **シャープレシオ** シャープレシオは最も広く使われているリスク調整済みの測定基準だが、利益である上方偏差をマイナスに評価するため、リスクに関するほとんどの人の直観に最も反する。
- **ソルティノレシオ** このレシオはリスク尺度にすべてのボラティリティではなく、下方のみに焦点を合わせることによって、シャープレシオの主な欠点を修正している。さらに、シャープレシオは単純平均したリターンを使うが、ソルティノレシオは全期間での実際のリターンに見合うように、複利でのリターンを使う。このレシオには短所がひとつある。シャープレシオよりも高い値に偏るため、そのレシオと直接に比べられない点だ。
- **SDRシャープレシオ** このレシオはソルティノレシオと同じ修正をしているだけでなく、シャープレシオとの比較が直接できるように調整されているという点が長所だ。ソルティノレシオと同様に、SDRシャープレシオも単純平均でのリターンではなく、複利でのリターンを使う。SDRシャープレシオはソルティノレシオの値とほぼ同じ順位になるだけでなく、同じマネジャーのシャープレシオと比較できるという長所もあるので、どの投資家にとってもより望ましいと思われる。両方を使う意味はない。
- **GPR** GPRはソルティノレシオやSDRシャープレシオと同様に、損失のみをマイナスに評価する（ソルティノレシオとSDRシャープレシオで、最小許容限度のリターンないしベンチマークとして一般的に選ばれるのは０％である）。ソルティノレシオとSDRシャー

表8.5 リスク調整済みのパフォーマンス尺度

特徴	シャープレシオ	SDRシャープレシオ	ソルティノレシオ	GPR	テールレシオ	MARレシオとカルマーレシオ	RRR
上方ボラティリティの影響を受ける	X						
下方ボラティリティのみに影響される		X	X	X	X	X	X
すべての下方ボラティリティを反映	X	X	X	X			X
大きな損失ほどマイナス評価	X	X	X		X		
短期間に出る損失に影響される						X	X
極端なリターンだけに焦点を合わせる					X		
純損失の大きさと順位が一貫している				X	X		

プレシオは大きな損失ほどマイナス評価の度合いが高まるが、GPRでは損失に比例した評価をする。2％の損失が1カ月に5回ある場合と10％の損失が1回ある場合を同じと見る投資家なら、GPRを好むかもしれない。だが、1カ月に10％の損失が1回あるほうが悪いと考える投資家は、SDRシャープレシオを好むかもしれない。

- **テールレシオ** 定義上、テールレシオは全リターンのごく一部（20％以下）しか見ないので、単独で使われることを意図したリスク調整済みリターン尺度ではない。しかし、極端なリターンに焦点を当てているため、ほかの尺度を補うものとして非常に役に立つ。
- **MARレシオとカルマーレシオ** この2つのレシオは、十分に近くで生じた損失を同じドローダウンの一部と見て、マイナスに評価する。RRRを除いて、ほかのレシオは損失が連続して出ても、それに影響を受けない。この2つのレシオの欠点は、ひとつのイベント

（最大ドローダウン）だけでリスクが定義されるために統計的有意性で劣り、必ずしも運用実績を適切に表さないところだ。

●**RRR** このレシオは下方偏差に基づくだけでなく、損失の集中にも影響を受ける。1回の最大ドローダウンに基づくMARレシオやカルマーレシオと異なり、月数と同じだけある損失数を元に、すべてのドローダウンが反映されるところに大きな利点がある。MARレシオとカルマーレシオは最悪の状況を反映した尺度として、補完的に使える場合もあるが、リターン・ドローダウン尺度としてはRRRのほうが好ましい。

チャートで見るパフォーマンス評価

ほとんどの人はリターンでもリスクでも、相対的パフォーマンスを直観的にとらえるには、統計数字よりもこの節で取り上げるチャートを使うほうが分かりやすいと思うだろう。

NAVのチャート

図8.3に示したようなNAV（純資産価値）のチャートは、運用実績を評価するうえでとても役に立つ。このNAVのチャートは1000ドルの投資額が複利でどう増えていったかを示している。例えば、NAVが2000ドルなら、最初の投資額はその時点で2倍になっていることを示す。このチャートを見れば、リターンとリスクの両面から過去のパフォーマンスが直観的に理解できる。実際、投資家がひとつのパフォーマンス尺度しか調べないのならば、NAVのチャートがおそらく最も有益だろう。

ただし、長期的なNAVのチャートを通常の目盛りで見ると、推論を誤るかもしれない。図8.4を見て、先を読み進む前に次の3つの質

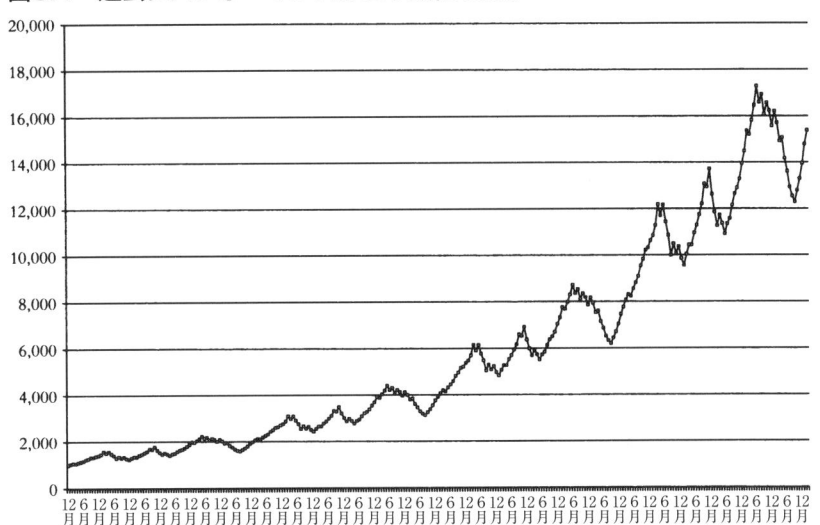

図8.4 過去にパフォーマンスはどう変化したか？

問に答えてほしい。

1．運用実績の前半と後半のどちらが、リターンが大きかったか？
2．前半と後半のどちらが、リスクが大きかったか？
3．リターン・リスク尺度で見たパフォーマンスは、前半と後半のどちらが良かったか？

これら3つの質問のどれかに、前半と答えた人は間違っている。また、質問のどれかに後半を選んだ人も間違っている。前半と後半はぴったり同じなのだ。実は、この運用実績を4等分すると、それぞれが同じになる。**図8.4**は**図8.3**のＡマネジャーのリターンをコピーして、その後に同じものを3回張り付けて、同じリターンのパターンを4回繰り返したものだ。だが、**図8.4**を眺めると、リターンもボラティリ

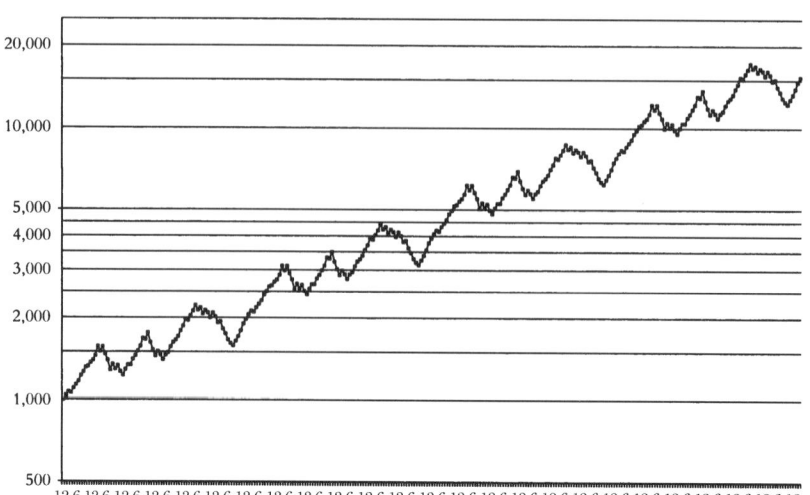

図8.5 対数目盛り——同率の値動きが等しく見える

ティも時がたつにつれて急上昇しているように思える。しかし、実際にはそうではないのだ。錯覚が起きるのは、通常の目盛りでNAVのチャートを示した結果にすぎない。通常の目盛りでは、NAVが1万6000から1000下落したときと、2000から1000下落したときが同じに見える。しかし、この2つの下落率はまったく異なる。前者の下落は6％と適度だが、後者の下落は50％と非常に大きい。NAVの変動幅が大きいと、通常目盛りのチャートではゆがみが拡大される。これは長期チャートではよく深刻な問題になる。

NAVチャートは対数目盛りで示すのが理想的だ。対数目盛りのチャートでは、一定額の値動き（例えば、1000単位）で増えていくと、水準が上がるにつれて増える量が減っていく。その結果、縦軸で同率の値動きが等しく見えるようになる。**図8.5**は**図8.4**と同じNAVを対

数目盛りで示したものだ。今度は変化が同率であれば、どの水準であっても等しく見えるので、チャートが同じパターンを繰り返しているのがはっきり分かる。教訓は対数目盛りが常にNAVチャートの正しい表示法であり、NAVの変動が大きいとき（長期のチャートで起きやすい）には、特に重要である。この章の初めのほうの**図8.1**と**図8.2**でも、期間全体でボラティリティが正確に比較できるように、対数目盛りを使っている。

ローリングウィンドウ式リターンチャート

ローリングウィンドウ式リターンチャートとは、各月末までのリターンを合計して指定期間における総リターンを示したチャートだ。例えば、12カ月のローリングウィンドウ式チャートであれば、各月末までのリターンの直近12カ月分を合計して、12カ月の総リターンを示す（運用実績の12カ月目から始めて、1カ月ずつあとにずらしていく）。ローリングウィンドウ式リターンチャートは指定期間の投資結果を一見して分かるように要約したもので、次のような疑問に答える。あるマネジャーに12カ月、投資していたとすると、結果はどういう範囲にあったか？　24カ月だったらどうか？　12カ月の投資期間で最大損失はどうだったか？　また、24カ月ならどうだったか？

12カ月のローリングウィンドウ式チャートであれば、12月は年間リターンを示す。重要な違いは、このチャートではほかの月でも同様に、直近1年間のリターンを示していることだ。このチャートでは、12月がその年で最悪のリターンになる可能性は12分の1しかない。どの月でもその月を最終月とする12カ月のリターンを示すので、年間リターンでは見逃されそうな最悪のイベントも含まれるし、1年間、保有した場合のパフォーマンスが現実にかなり忠実に示される。このチャートはほかの期間を使っても計算できる（24カ月、36カ月など）。

第1部 市場とリターンとリスク

図8.6 リターンの差は少ないが、リターンの安定性は大きく異なる

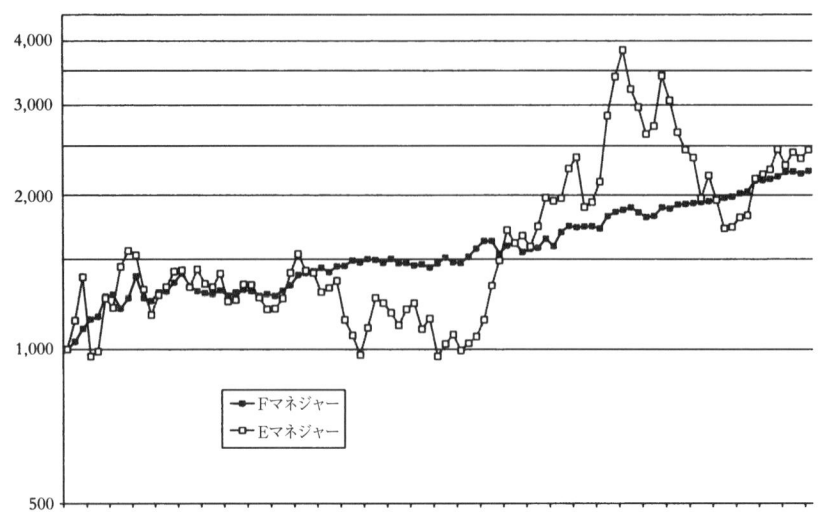

図8.7 12カ月のローリングウィンドウ式チャート——Eマネジャー

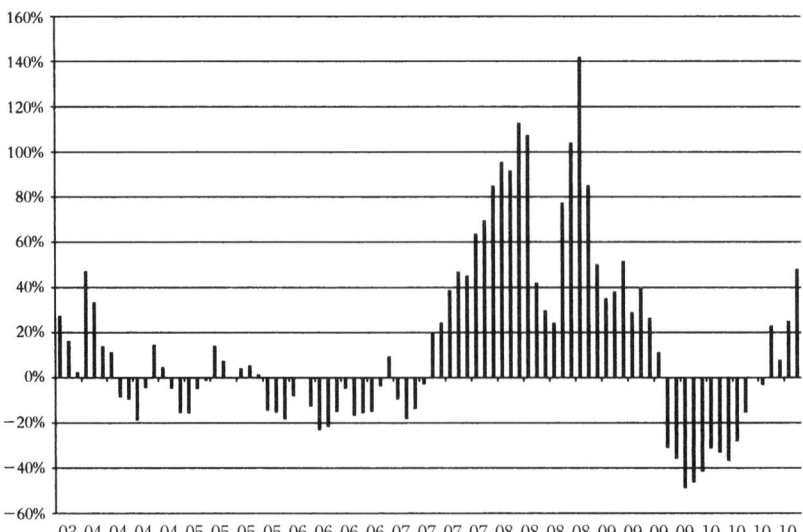

第8章　過去のパフォーマンスの評価法

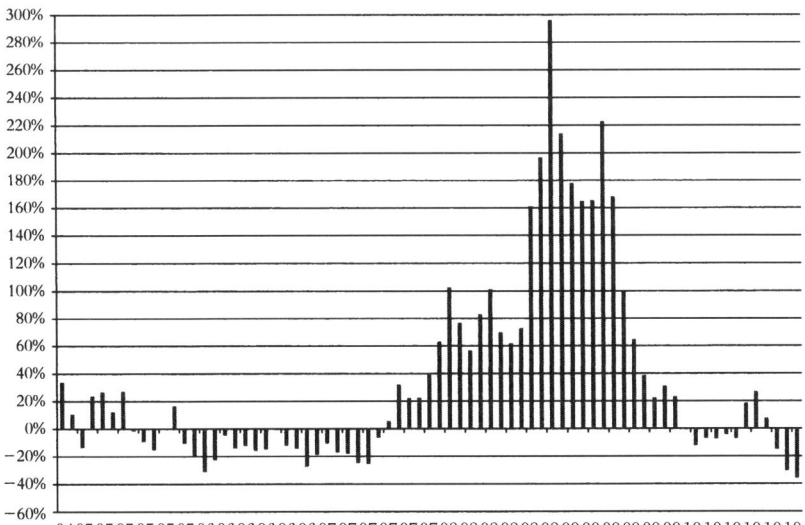

図8.8　12カ月のローリングウィンドウ式チャート――Ｆマネジャー

図8.9　24カ月のローリングウィンドウ式チャート――Ｅマネジャー

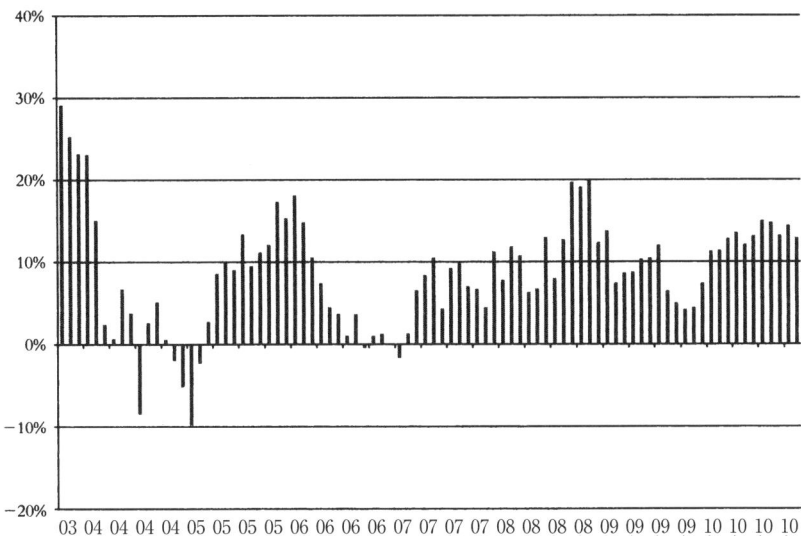

207

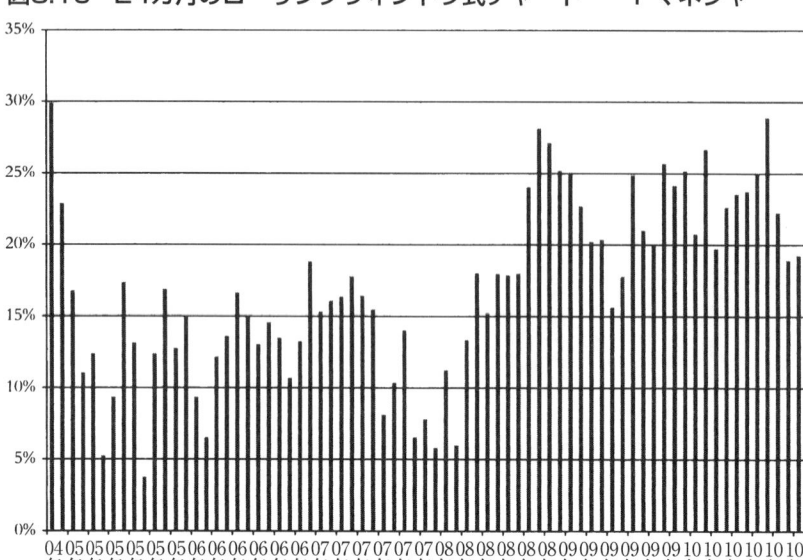

図8.10　24カ月のローリングウィンドウ式チャート――Fマネジャー

　図を利用した分析道具の一例として、ローリングウィンドウ式リターンチャートの使い方を説明するために、**図8.6**で取り上げた2人のマネジャーを比較しよう。彼らの最終的なリターンはわずかしか違わない（Eマネジャーの複利での年間リターンのほうが1.3％高い）が、リターンの安定性となると大幅に異なる。**図8.7**で分かるように、Eマネジャーの12カ月のリターンは、－49％というひどい損失から＋142％という目覚ましい利益まで、変動が極めて激しい。対照的に、Fマネジャーの12カ月のリターンは－10％から＋29％までと、変動幅ははるかに小さい（**図8.8**を参照）。少なくともFマネジャーへの投資を12カ月間続ける忍耐力があった投資家は、投資の初期に数カ月だけ純損失を被るだけで済んだだろう。しかし、それだけの忍耐力があっても、Eマネジャーに投資していたら報われなかっただろう。彼は全期間の4分の1以上で、－15％を超える純損失を出していて、－40

％を超える月も数カ月ある。24カ月の保有期間でEマネジャーに投資をしていた場合でも、全期間の5分の1近くで－15％を超える純損失を出していただろう（図8.9を参照）。対照的に、24カ月の保有期間でFマネジャーに投資をしていた場合、最悪でも＋4％のリターンだった（図8.10を参照）。

損失が出てもどれくらいの期間なら保有し続けられそうかを考えて、最悪の結果がどれほどの頻度と大きさで現れそうかを推定したければ、ローリングウィンドウ式リターンチャートを使って、自分が損失に耐えられる期間に見合った投資対象を選ぶ助けにすればよい。例えば、12カ月以上も含み損を抱えていたくないと思う投資家なら、パフォーマンスの統計がどれほど良くても、12カ月でのリターンにかなり高い損失率が含まれるマネジャーを避けるべきだ。

このチャートはリターン以外の統計を見るためにも使える。例えば、年率に換算したボラティリティのチャート（日次データを使って、数カ月単位でずらす）は、リスクが高まりそうな兆候を見つけるために、マネジャーとポートフォリオの両方を監視する道具として使える。

アンダーウォーター・カーブ・チャートと2DUCチャート

アンダーウォーター・カーブ・チャートとは、直近のNAVのピークに投資を始めたと仮定した場合、どの投資家でも各月末に被る可能性があった最大累積損失率を示す。NAVチャートの谷も最大ドローダウン（MARレシオとカルマーレシオで使われるリスク尺度）を示す。しかし、アンダーウォーターチャートを見るほうが、はるかに詳しい情報が得られる。それは、このチャートが全運用期間で被り得る最大ドローダウンだけでなく、毎月末現在で被り得る最大ドローダウンも示すからだ。図8.11は図8.6で示した、リターンの安定性がま

図8.11　アンダーウォーターチャート――EマネジャーとFマネジャー

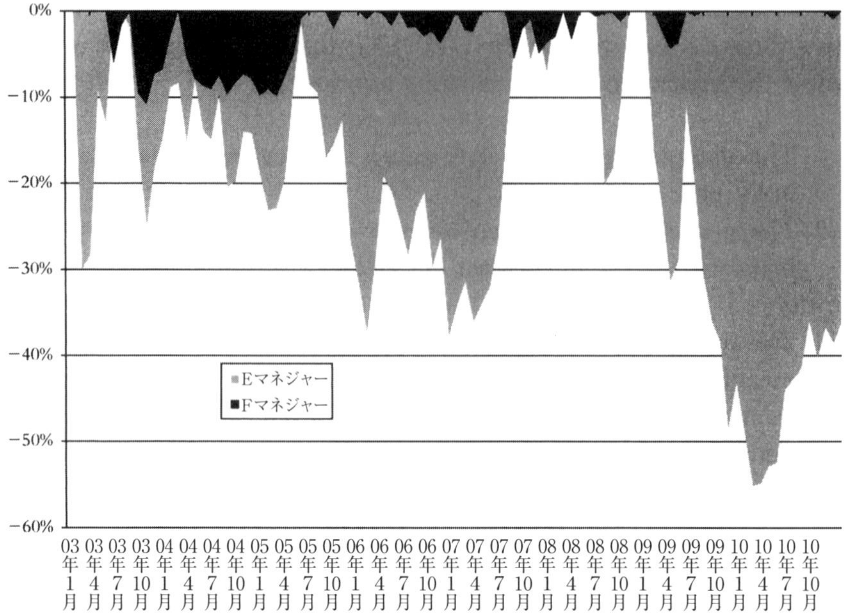

ったく対照的な２人のマネジャーのアンダーウォーターチャートである。両者の違いがこれほどあからさまに分かるチャートはないだろう。Ｆマネジャーのドローダウンは非常に浅く、比較的短期で終わっている（０％水準への上昇は新しいNAVのピークを示す）。一方、Ｅマネジャーのドローダウンは深くて長期間続いている。このチャートを使えば、ほとんどの投資家がリスクを認識するのとまったく同じように、投資の相対的リスクが一見して分かる。

アンダーウォーターチャートのひとつの欠点は、運用実績の初期には直近のNAVのピークまでの計測期間が短いせいで、リスクが何カ月も控えめに出ることだ。初期には過去の十分な期間の運用実績が存在しないため、本当に最悪の損失を適切に示す方法がない。また、このチャートは既存の投資家が被る可能性があった最大累積損失という視点から作られている。しかし、新しい投資家の最大累積損失のほう

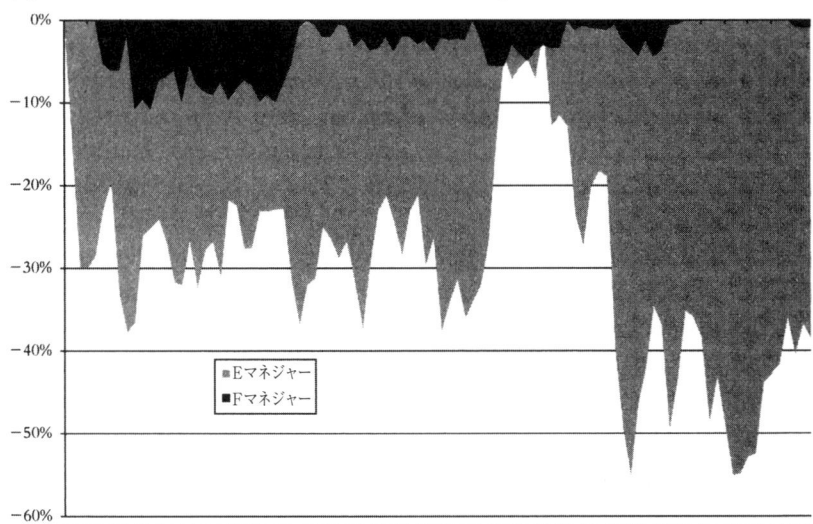

figure 8.12 2DUCチャート──Eマネジャー対Fマネジャー

がおそらく、もっと適切な尺度だろう。この不十分な点を解決するひとつの方法は、各月に新たに投資を始める投資家が被るかもしれない最大損失も考慮することだ。そして、NAVがその後に最低になったときに手仕舞うと仮定する。これで、2DUC（2方向アンダーウォーターカーブ）チャートを作れば、各月について、次の2つのうちで大きいほうの損失を使うことができる。

1．直近のNAVのピークから投資を始めた既存投資家の累積赤字
2．月末から投資を始めて、その後のNAVの谷で手仕舞った投資家の累積赤字

　実は、2DUCチャートのすべてのデータ点の平均は、RRRで使ったリスク尺度（最大ドローダウンの平均）と同じになる。Eマネジャー

の損失は2DUCチャート（**図8.12**）で見ると、各月の平均である－21～－30％とは大きく異なり、極端さが目立つ。Ｆマネジャーの損失は、アンダーウォーターチャートでも2DUCチャートでも抑えられていて、平均は－3％と、依然として非常に小さい。2DUCチャートが示唆していることは、Ｅマネジャーに投資をした場合の最悪のシナリオは、平均してＦマネジャーの10倍悪いということだ。両者の複利での平均年率リターンの差が1.3％しかないことを考えると、あまりにもリスクが大きい。パフォーマンスに基づけば、リスクに最も寛容な投資家でさえ、ＦマネジャーよりもＥマネジャーを選ぶことを正当化するのは難しいだろう。

投資における誤解

投資における誤解23 おそらく、年平均リターンが唯一最も重要なパフォーマンスの統計だ。

現実 リスクを増やせば、必ずリターンを上げることができるので、リターンだけでは意味がない。リターン・リスク比率を主なパフォーマンス尺度にすべきだ。

投資における誤解24 リスク選好的な投資家に2つの選択肢がある場合、期待されるリターン・リスク比率はより低く、リターンはより高い投資のほうが、同質の投資で逆の特徴を持つ投資よりも好ましいことが多い。

現実 リスク選好的な投資家であっても、リターン・リスク比率が高いものを選んだほうが良い。レバレッジをかけると、リターンは同じままでリスクを下げる（または、リスクは同じままでリ

ターンを上げる）ことができるからだ。

投資における誤解25　リターン・リスク尺度で最も優れているものはシャープレシオである。
現実　シャープレシオは最も広く使われているリターン・リスク尺度だが、ボラティリティが上方で大きいのか下方で大きいのかを区別しないので、この章で詳しく説明した、代わりのリターン・リスク尺度の多くのほうが、ほとんどの投資家のリスクの見方に合っている。

投資における誤解26　ソルティノレシオの値がシャープレシオの値よりも高ければ、マネジャーのリターン分布の歪度が右に大きい（下方偏差よりも上方偏差のほうが大きい可能性が高い）ことを意味する。
現実　ソルティノレシオの計算式を使うと、シャープレシオよりも値が高くなる。下方リスクに基づくリターン・リスク尺度で、シャープレシオと直接比較できるものは、ベンチマークに平均リターンを使ったSDRシャープレシオである。SDRシャープレシオがシャープレシオよりも著しく高ければ、リターンの歪度が右に大きいことを意味する。

投資における誤解27　最大ドローダウンは最も重要なリスク尺度のひとつである。
現実　最大ドローダウンの主な欠点は、ひとつのイベントにしか基づいていない点だ。AMR（最大ドローダウンの平均）などのように、すべてのデータ点に基づくドローダウン尺度のほうが最

大ドローダウンよりもはるかに適切である。このため、RRRのほうが、最大ドローダウンに基づくリターン・リスク尺度(例えば、MARレシオやカルマーレシオ)よりも好まれる。

投資における誤解28 NAVチャートで大きく下げていると、純資産のドローダウンが大きいという意味だ。
現実 従来のNAVチャートは変化率ではなく、金額の変化を正確に表す目盛りに合わせて描かれている。そのため、純資産額が膨らむにつれて、同率の下落でも大きく見えるようになる。長期チャートでは、投資を始めてから手仕舞うまでに純資産がかなりの上昇をするために、同率の値動きでも、初期よりも後期のほうが相対的に誇張される。このゆがみを避けるために、長期のNAVチャートでは対数目盛りを使う必要がある。

投資の知恵

多くの投資家はリターンを重視しすぎる。エクスポージャーを増やせば、つまり、より大きなリスクを引き受けると、常にリターンを向上させることができるので、リターン・リスク比率のほうがはるかに適切なパフォーマンス尺度である。

リターン・リスク比率が高くて、リターンは低い投資にレバレッジをかければ、これと逆の特徴を持つ投資よりも低リスクでありながら、リターンを同じほどの高さまで引き上げることができる。シャープレシオは非常によく使われるリターン・リスク尺度だ。しかし、シャープレシオは上方のボラティリティも下方のボラティリティと同様にマイナスに評価するが、それはほとんどの投資家のリスクの見方に反す

る。この章で詳しく述べたほかのリターン・リスク尺度は、リスクの代わりに損失に焦点を合わせているので、ほとんどの投資家のリスクの見方と一致している。**表8.5**でリターン・リスク尺度の特性を比べると、自分の基準に一番合う尺度を選ぶことができる。リターン・リスク比率の統計を補うために、この章で詳しく述べたパフォーマンスチャートが使える。これは直観的で分かりやすい形で、非常に多くの情報を提供してくれるので、あらゆるパフォーマンス分析の中心に置いたほうがよい。マネジャーやファンドの評価をするときには、常に以下のパフォーマンスチャートを使うように勧める。

- NAVチャート
- 12カ月と24カ月のローリングウィンドウ式リターンチャート
- 2DUCチャート

■　　■　　■

注　この章で取り上げた統計やチャート分析の一部は私自身が考案したものであるため、既存のソフトウエアではまだ利用できない。私は現在、この章で詳しく述べた統計やチャートによる分析ツールをすべて含む、オンラインのパフォーマンス評価用ソフト開発に顧問としてかかわっている。シュワッガー・アナリティクス・モジュールはゲート39メディアが開発したクラリティ・ポートフォリオ・ビューアー・システム用のモジュールとして、2013年の第2四半期に利用できる予定である。シュワッガー・アナリティクス・モジュールは、ポートフォリオもそれを構成する要素への投資（例えば、マネジャー、ファンドなどへの投資）も分析できる形になるだろう。興味がある読者は、http://www.gate39media.com/solutions/clarity-portfolio-viewer/schwager-analytics-module でより詳しい情報を得ることができる。

情報開示のために記しておくが、私はこの製品に利害関係がある。

第9章

相関係数──事実と誤解
Correlation：Facts and Fallacies

　第4章では、隠れたリスク（運用実績を見ても、はっきりと分からないイベントリスク）を見つけて評価するための重要な道具として、相関係数を取り上げた。しかし、相関係数の持つ意味については、少なからぬ誤解がある。この章では相関係数についてや、それがどういう誤解をされることが多いかについて、少し詳しく見ておきたい。

相関係数の定義

　相関係数は通常、r という文字で表され、2つの変数にどれくらいの線形関係があるかを測る。相関係数は -1.0 〜 $+1.0$ の値を取る。相関係数が $+1.0$ に近いほど、2変数の連動性が高くなる。1.0という完全な相関係数は人為的な状況でしか現れない。例えば、身長をインチで評価されたグループの人と、フィートで評価された同じグループは完全に相関する。相関係数が -1.0 に近いほど、2変数は逆の相関が高い。例えば、アメリカ北東部の冬の平均温度とその地域の灯油の使用量には、負の相関がある（変数間の相関係数がマイナス）。2つの変数の相関係数がゼロに近ければ、それらの変数にはいかなる有意な（線形の）関係もないという意味になる。相関係数は2変数がどれほど相関しているかを示すものであり、原因と結果という因果関係につ

いては何も示していない。この点を理解しておくことは重要だ。

相関係数は線形関係

　相関係数は線形関係しか反映しない。例えば、**図9.1**は仮想的な株価指数オプションの売り戦略（アウト・オブ・ザ・マネーのコールとプットの売り）のリターンと、S&Pのリターンを示したものだ。権利行使価格を下回ったまま満期日を迎えるコールや、権利行使価格を上回ったまま満期日を迎えるプットを売っていたら、受け取ったプレミアムに等しい利益が得られる。権利行使価格を十分に超えたまま満期日を迎えるオプションを売っていたら、純損失になり、大きく超えているほど損失も大きくなる。この戦略から最大のリターンが得られるのは、S&Pに変化がないときだ。S&Pが大きく動かないかぎり、この戦略は利益になるだろう。**図9.1**の例では、S&Pの月次リターンが－6％～＋6％の範囲であれば、この戦略は利益になる（**図9.1**は仮想的で簡略化された例である。実際の市場では、パターンは対称的にはならないだろう。価格が下落すると、おそらくインプライドボラティリティが高くなり、損失はさらに拡大するだろう。一方で、価格が上昇すると、おそらくインプライドボラティリティが低くなり、損失は小さくなるからだ）。値動きが＋6％を超えるか、－6％を下回ると、損失が拡大していく。**図9.1**はこの戦略とS&Pの間に、明らかに強い関係があることを示しているが、両者の相関係数は実はゼロである！

　なぜか？　相関係数は線形関係しか反映しないが、この2つの変数には線形関係がないからだ。

決定係数（r^2）

　相関係数の2乗は決定係数と呼ばれていて、r^2で示され、極めて

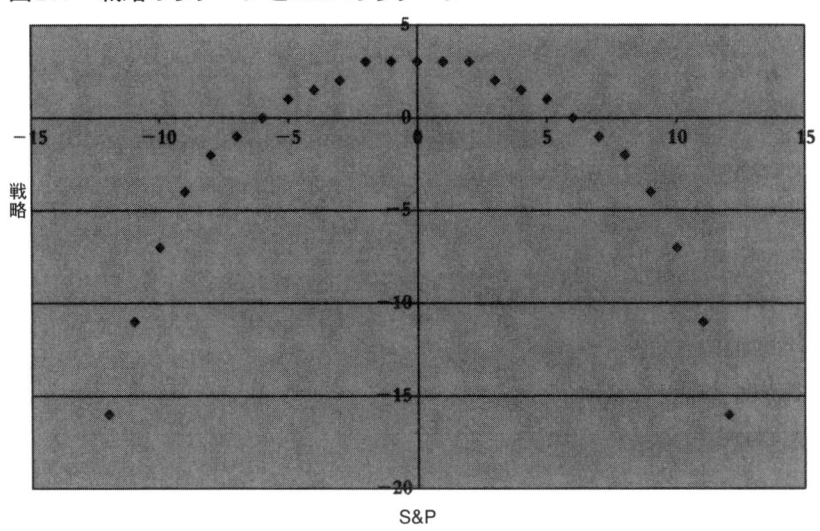

図9.1 戦略のリターンとS&Pのリターン

明確な意味を持つ。それはある変数の変動をもうひとつの変数の変動で説明できる割合を表す。例えば、あるファンドのS&Pに対する相関係数（r）が0.7であれば、それはファンドのリターンの変動の半分近く（$r^2=0.49$）がS&Pのリターンで説明できるということを意味する。いわゆるクローゼット・インデックス・ファンド——ポートフォリオをS&P指数と非常に似た構成にして、ほんの少ししか違いが出ないようにしているファンド——では、r^2は非常に高くなる傾向がある（例えば、0.9以上）。つまり、そのようなファンドでは、ファンドのほとんどすべての変動はS&Pの変動で説明できるということだ。

見せかけの（無意味な）相関関係

相関係数（r）と決定係数（r^2）は因果関係について何も語って

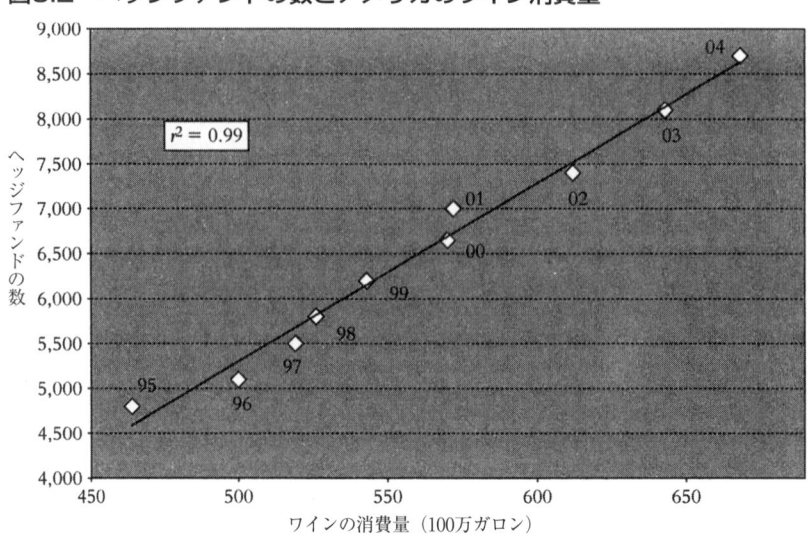

図9.2　ヘッジファンドの数とアメリカのワイン消費量

(縦軸：ヘッジファンドの数、横軸：ワインの消費量（100万ガロン）、$r^2 = 0.99$)

いない。この点を理解しておくことは重要だ。統計数字から因果関係を読み解くためには、根底の動きを理屈が通るように理解するしかない。例えば、ニューヨーク市の7月の電力使用とその地域の気温にかなりの相関があれば、気温が電力消費に影響を及ぼしているのであって、その逆ではない。しかし、無知のせいで、ニューヨーク市の夏の気温のほうが市の電力使用から影響を受けたかどうかを判断しようとして、同じ相関係数で分析をすれば、このバカげた主張を裏付けるように見えてしまう。r^2の値は2つの変数間にどの程度の相関があるかしか示さない。どんな場合でも、因果関係があるという証明には使えないのだ。

相関係数の値から因果関係を推論すると、いかに愚かな結論に至ることがあるかが**図9.2**に示されている。ヘッジファンドの数とアメリカのワイン消費量の間に驚くべき関係がありそうに見えるところに注意してほしい。実際、図に示された期間のヘッジファンドの数とアメ

リカのワイン消費量の決定係数 r^2 は著しく高く、0.99である！　私たちはこのチャートからどんな結論を導き出すことができるだろうか？

● ワインの消費量が増えたので、人々はヘッジファンドへの投資をするようになった。
● ヘッジファンドのせいで、人々は酒を飲むようになった。
● ヘッジファンド業界がワインを飲むように勧めたに違いない。
● ワイン栽培農家がヘッジファンドへの投資を勧めたに違いない。
● 上のすべて。
● 上のどれも間違い。

　実は、ワインの消費量とヘッジファンドの数とに驚くべき相関がある理由は、極めて簡単に説明できる。2つの変数はこの期間中に、共通する3番目の変数の影響を受けたのだ。それは時間である。つまり、ヘッジファンドの数とワインの消費量は同じ期間に著しい上昇傾向を見せたのだ。これらの傾向が同時に起きたせいで、関係があるように見えたのだ。この種の偶然の一致で生じる線形関係は、「見せかけの」または「無意味な」相関と呼ばれている。実は、この相関は十分に本物と言ってよい。ただ、因果関係の解釈がバカげているだけだ。
　ここで述べた例は、相関係数の意味の解釈には注意が必要だということを強調したくて、取り上げたものだ。あるファンドが指数とかなりの相関をしていれば、それは必ずしもファンドの戦略が指数に依存していることを示すのではなく、依存している可能性もあるということを示しているにすぎない。相関があるのは単に別の共通する変数のせいかもしれないし、単なる偶然の一致かもしれない。運用実績が短いほど、見かけ上の相関関係に意味がない可能性も高くなる。同様に、2つのファンドにかなりの相関があっても、必ずしも似た戦略を使っ

ているか、同じリスクにさらされているという意味にはならず、その可能性があるということを示唆しているにすぎない。多くのヘッジファンドの運用実績は非常に短いので、少なくとも見せかけの相関にある程度出合う機会はかなり高い。そのため、相関が高いということを、似たリスクにさらされる決定的な証拠と見るのではなく、そうなり得る重大な兆候と見るほうがよい。

相関関係についての誤解

　相関関係は人が思っている形では現れないことが多い。そのため、投資の選別に相関係数を使っても、意図した結果は得られないかもしれない。**図9.3**と**図9.4**は、２つの仮想上のファンドのリターンとS&Pのリターンを示している（この章で使った２つの仮想上のファンドのリターン例［ファンドA、B、C］は分かりやすい例として意図的に作ったもので、実際のファンドの代表例を示したものではない。この統計を作ったのは、相関関係の特徴に関する重要な考え方に焦点を当てるためである）。どちらのファンドがS&Pと高い相関があるように見えるだろうか（ヒント――ファンドAはS&Pが上昇するときに必ず上昇し、S&Pが下落するときには必ず下落している点に注意）？

　ちょっと、待った。先を読み進める前に、答えを決めてほしい。

　ファンドAがS&Pと相関していると思ったのなら、あなたは正しい。$r=0.41$だ。しかし、この相関は比較的弱めで、おそらくチャートを見てあなたが思ったよりもずっと小さいだろう。もっとも、本当に驚きなのは、ファンドBのほうだ。こちらはS&Pと1.0の相関がある。どうして、そんなことがあり得るのか？　S&Pが下落しているときにファンドBは一度も下落していないのに、どうして完全な相関が成り立つのだろう？

　図9.5はS&Pのリターンの低いほうから高いほうに、S&Pのリター

第9章 相関係数——事実と誤解

図9.3　ファンドAとS&P500

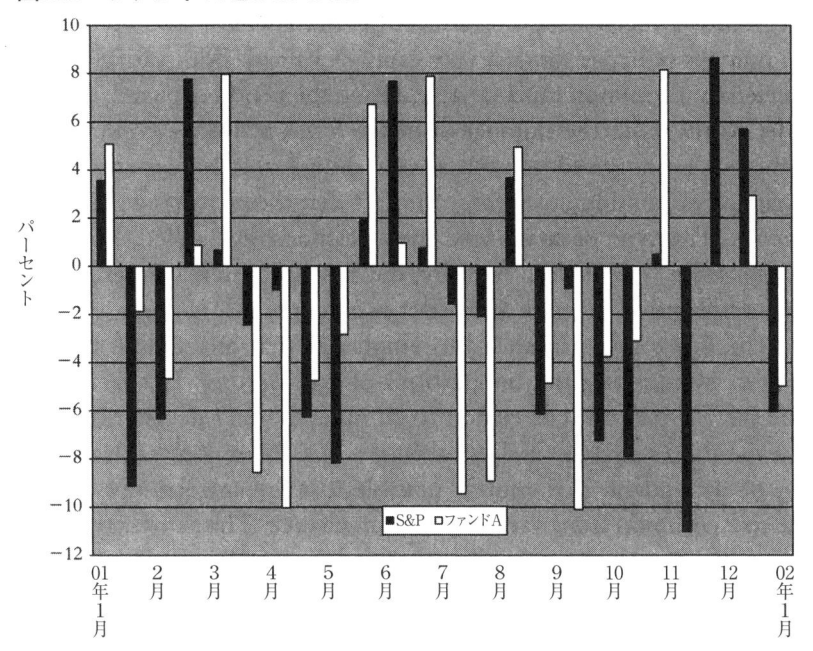

図9.4　ファンドBとS&P500

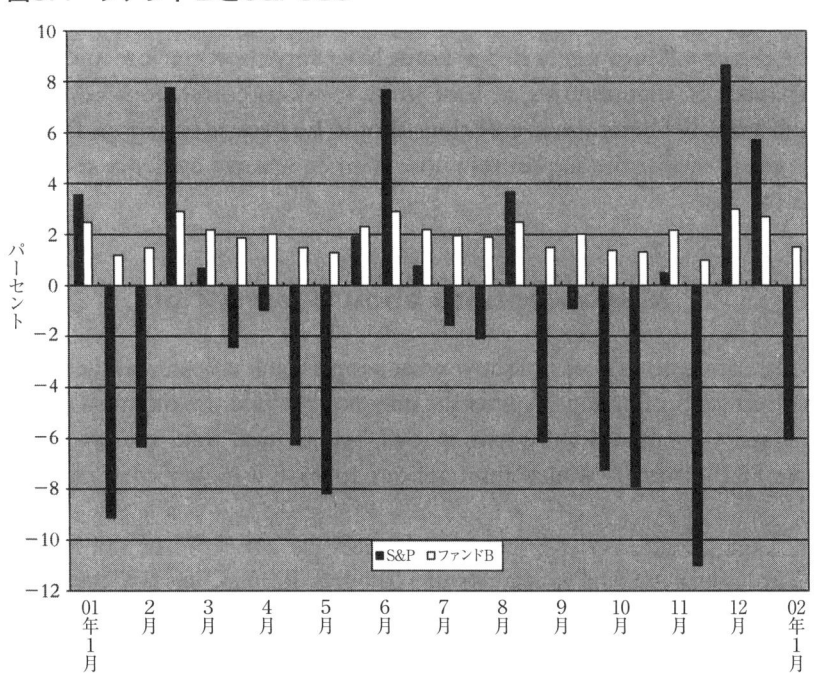

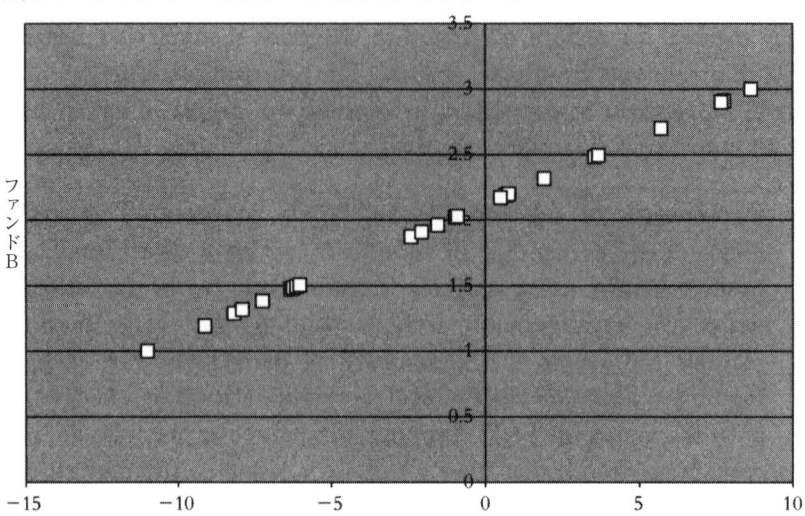

図9.5　ファンドBのリターンとS&Pのリターン

ンとファンドBのリターンを記したもので、これを見ると何が起きているかがはっきりと分かる。S&Pのリターンが上昇するにつれて、ファンドBのリターンも次第に上昇している。そのため、ファンドBはS&Pと完全に相関しているのだ。しかし、ここで注意すべきことがある。完全に相関しているということは、S&Pが下げているときにはファンドのリターンも下げるということを必ずしも意味しない。S&P（または、ほかのどの株価指数でも）との相関が高いファンドよりも、相関が適度なファンドのほうが市場の下落の影響を受けるということも十分にあり得るのだ。極端な例を出したのは、2つの仮想的なリターン（ファンドAとファンドB）を使って、この点を最も際立った形で明らかにしたかったからだ。つまり、S&Pが下落するたびにリターンが上昇するファンドよりも、共に下落するファンドのほうがS&Pとの相関が低いということもあり得るということだ。

　要するに、S&Pが下落しているときにファンドのパフォーマンス

が悪いかどうかを投資家は気に掛けるが、それは相関係数を測っていることではないのだ。相関係数はすべての月を対象に両者のリターンに線形関係があるかどうかを測るものだ。投資家はS&Pが上昇しているときに、ファンドが利益を出せるかどうかを心配することはほとんどない――もちろん、実際に利益が出てほしいと願っている――だろうが、そういう関係があっても相関係数が上がるだけの話だ。そして、皮肉なことに、投資家は相関が高くなるのは好まないのだ。以上のことから、投資に関して次の重要な結論が得られる。

投資の原則　下落相場の月が気がかりなら、それらの月に焦点を合わせなさい。

リターンがマイナスの期間に焦点を合わせる

　下落相場で自分の持ち株も下げるのではないかと心配なら、これまでに説明した理由で、株価指数との相関を見るだけでは不十分である。次の統計は株価指数からどの程度の影響を受けるかを推定するときに、相関係数を補う役に立つ。

●**市場が下落した月に上昇した月の割合**　この統計は、指数が下げた月だけを使って、ファンドのリターンがプラスになった月の割合を示す。下げ相場での勝率が高ければ、相関関係の重要度を下げることができる。例えば、**図9.6**は、ヘッジファンドのポートフォリオを構成するファンドがS&Pとどの程度の相関があるかを示している。このポートフォリオには、S&Pと高い相関があるファンドは少ししか含まれていないが、適度に相関しているファンドはいくつか含まれている。**図9.7**は、S&Pが下げた月に、この同じポートフォリオが利益を出した月の比率を示したものだ。ひとつのファンドを

図9.6　ポートフォリオのファンドとS&P500の相関関係

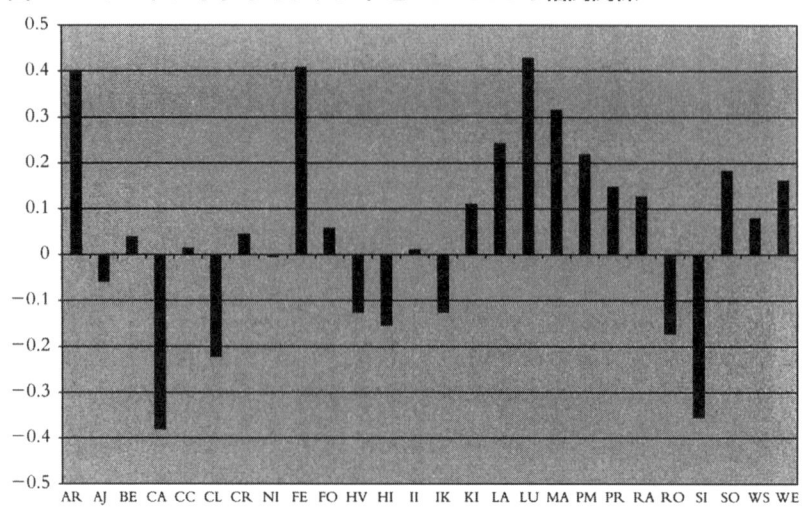

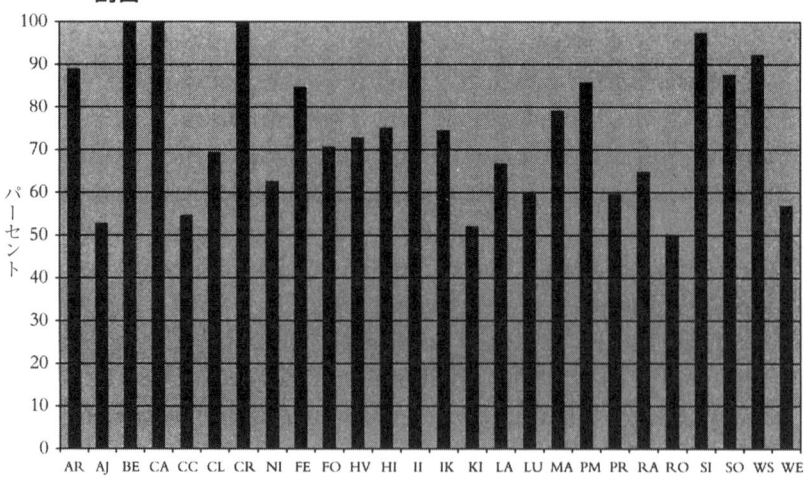

図9.7　ポートフォリオのファンド──S&Pが下落した月に上昇した月の割合

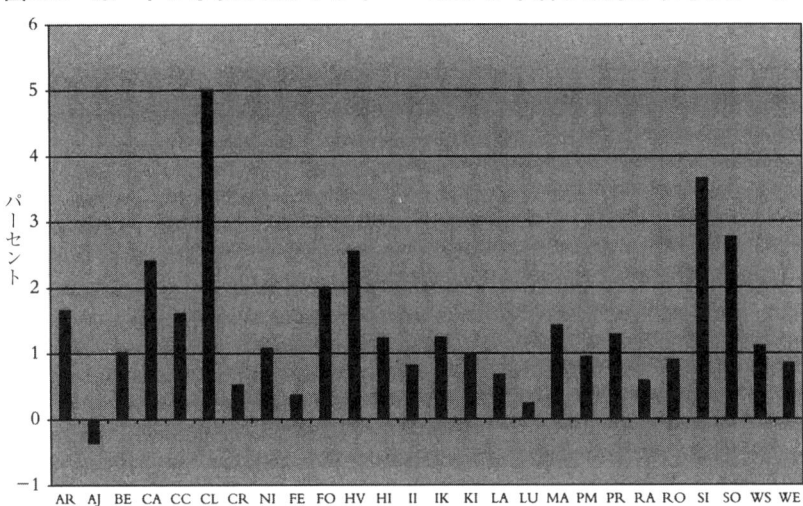

図9.8　ポートフォリオのファンド――S&Pが下落した月の平均リターン

除いて、S&Pが下げた月の50％以上の月で利益を出していた。ということは、いくつかのファンドにあった適度な相関の重要度が下がったということだ。前に説明したように、ファンドがS&Pと強く相関していても、S&Pが下げたすべての月でリターンがプラスになることはあり得る。S&Pが下げている時期のほとんどでファンドが利益を出しているのなら、低い相関はもちろんのこと、高い相関があってさえ、その相関は重要でないという意味になる。S&Pが下落した月よりも上昇した月にリターンが高くなりがちかどうかは、相関係数が実際に測っていることに近い。だが、分散投資を望む投資家はその点を心配しているのではない。彼らの心配は株式市場と似た動きをするほかのファンドが損失を出すときに、同時に損失が生じるのではないかという点だ。

●**市場が下げた月の平均リターン**　この統計を市場が下げた月にリターンが上昇した月の割合と合わせて見ると、下げ相場の時期にファ

ンドがどういうパフォーマンスを示すかについて、総合的に判断できる。また、これら2つの統計を組み合わせると、非常に広く使われている相関係数よりも、投資家の懸念の核心に迫ることができる。**図9.8**はS&Pが下落した月に、**図9.6**で取り上げたポートフォリオに含まれるファンドがどれほどの平均リターンを上げたかを示している。見てのとおり、ファンドのひとつを除くすべてで、市場の下げた月の平均リターンはプラスになっている。この点では、これらのファンドの一部とS&Pとに見られる適度な相関は、それほど懸念する必要はない。

相関係数とベータ

もうひとつ頭に入れておくべきことがある。相関係数はひとつの変数の変化に対するもうひとつの変数の相対的な重要性について、何も語らないという点だ。**図9.9**は、S&P指数に資産の1％を投資して、残り99％の資産で毎月1％の利益を稼ぐ戦略を取る仮想ファンドの例を示したものだ（これは人為的で非現実的なリターンの流れだが、相関が高いからといって価格に大きな影響があるとは限らないということの説明には役立つ）。このようなファンドは、変動のすべてがS&Pの変化で説明できるので、S&Pと完全に相関している（$r=1.0$）。この完璧な相関にもかかわらず、S&Pの変動はファンドのリターンにほとんど影響しない。S&Pが1％変化するたびに、ファンドは0.01％しか変化しないからだ。相関係数はひとつの変数（例えば、投資するかどうかを考えたファンドのリターン）の変動に対して、もうひとつの変数（例えば、S&Pのリターン）がどれほどの意味を持っているかを示さない。しかし、ベータなら、それを示してくれる。

ベータは選んだベンチマークが1％変化したときに、投資対象で予想される変化の大きさを示す。例えば、S&Pに対するファンドのベ

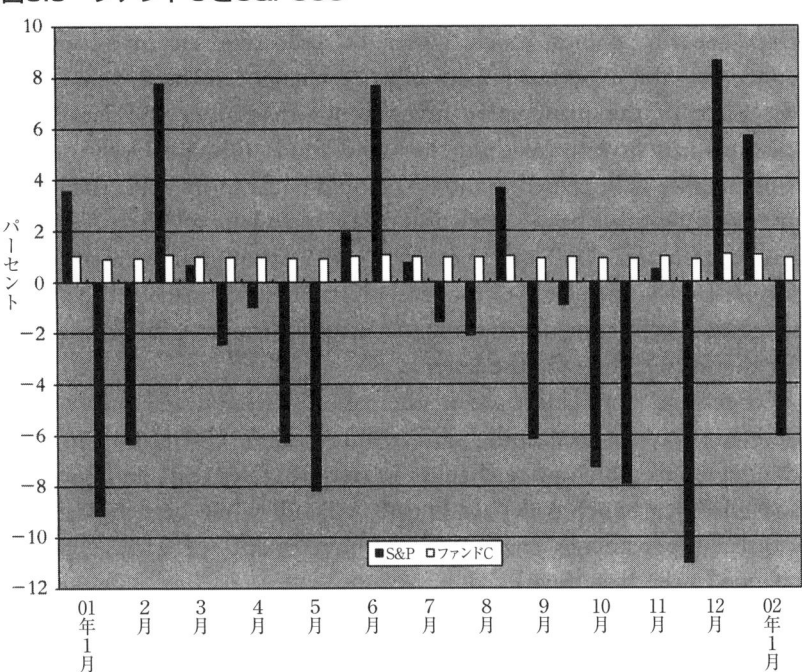

図9.9 ファンドCとS&P500

ータが2.0ならば、S&Pが1％変化するたびに、そのファンドは同じ方向に2％変化するだろうという意味だ。**図9.9**は、相関係数が最大（$r=1.0$）で、ベータは非常に小さい（ベータ＝0.01）ファンドの例を示している。実は、相関係数よりもベータのほうがはるかに投資家の真の懸念──ベンチマークの値動きがこれから投資をしようと考えている銘柄にどれくらいの影響を及ぼしそうか──を反映する。例えば、下げ相場に弱いファンドを避けたいと願う投資家は、相関係数が0.9でベータが0.1のファンドよりも、相関係数が0.6でベータが2.0のものがずっと心配になるはずだ。たとえ後者の値動きのほうが株式市場の値動きとの相関が低くても、株式市場の値動きから受ける影響は前者の20倍も大きいと予想されるからだ。

ベータと相関係数は数学的に関係していて、似た情報を異なる方法

で調べることができる。相関係数は2つの変数（例えば、投資対象とベンチマークとする指数）の値動きがどれほどの線形関係を持つかを示すのに対して、ベータはベンチマークが1％の変化をするときに、投資対象で予想される変化率を示す（数学的には、ベータは、投資対象のリターンの標準偏差をベンチマークの標準偏差で割った比率に、相関係数を掛けた値に等しい。例えば、相関係数が0.8で、投資対象の標準偏差がベンチマークの2分の1なら、ベータは0.4になる。つまり、投資対象はベンチマークが1％下げるたびに、0.4％の損失を出すと予想される）。

投資における誤解

投資における誤解29 ある戦略のリターンと市場のリターンとの相関が低ければ、両者は無関係ということを示す。

現実 この結論はたいてい当たっているだろうが、ここで推定できることは、両者には線形関係がないということだけだ。非線形関係があるという可能性は除外できない（例えば、オプションを売る戦略）。

投資における誤解30 2つの変数の相関が高ければ、因果関係があるという意味だ。

現実 2つの変数が両方とも調査期間にたまたま同時に現れたトレンドと相関していたなど、別の変数と相関していれば、相関係数は非常に高いのに、2つの変数はまったく無関係ということもある。

投資における誤解31　市場との相関が高い投資対象は、下げ相場の時期に損失を被りやすい。

現実　上げ相場との相関が高ければ（実はこれが相関係数の特徴だ）、2つの投資対象のうちで、下げ相場で損失を出しにくいもののほうが相関が高い場合もある。また、たとえ下げ相場の時期に純利益になるとしても、上げ相場よりも下げ相場の時期のリターンのほうが少なければ、市場との相関がかなり高い可能性もある。投資家が実際に気にしているのは、下げ相場での相関だけだ。下げ相場のときに、自分の投資したものも同時に下げることは望まないが、上げ相場で共に上げるのなら申し分ない。相関関係は上げ相場と下げ相場を区別しないので、市場が下げた月のパフォーマンスに特に焦点を合わせた統計で補ったほうがよい。

投資における誤解32　投資対象と市場との相関が高いほど、市場の値動きに影響を受けるだろう。

現実　市場が1％の変化をしたときに投資対象で予想される変化率（ベータ）は、市場に対する相対的なボラティリティと相関係数の両方で決まる。ボラティリティが十分に高ければ、2つの投資対象のうちで市場との相関が低いほうが、市場の値動きに強い影響を受けることもある。市場の値動きから受けそうな影響を測るためには、相関係数ではなくベータに焦点を合わせるべきだ。

投資の知恵

　株式市場やほかの保有証券が下落する時期に損失が出やすい投資対象であれば、考慮すべき重要なリスク要因になる。特にそれがポート

フォリオを分散するために選んだものなら、なおさらだ。相関係数はこのリスクを警告してくれる重要な指標だ。しかし、ある程度以上の相関があっても、このリスクが確実にあるとは言えないし、相関が低いからといって、リスクがないとも言えない。株式市場が下げるときに損失を被りがちなファンドを選ぶのではないかという不安があるなら、相関係数だけでは不十分だ。相関係数だけでリスクを測るのではなく、次の4つの統計を組み合わせて、図も使いながら幅広く判断すべきだ。

1．相関係数
2．ベータ
3．市場が下げた月に上昇した月の割合
4．市場が下げた月の平均リターン

第2部

投資対象としてのヘッジファンド
Part Two HEDGE FUNDS AS AN INVESTMENT

第10章

ヘッジファンドの起源
The Origin of Hedge Funds

　ヘッジファンドが金融業界で初めて意識されたのは、キャロル・J・ルーミスによる記事がフォーチュン誌に掲載された1966年4月のことだった。『だれよりも先を行くジョーンズ（The Jones Nobody Keeps Up With）』という題名の記事で、5年間の運用成績が最も良いファンドと10年間で最も良いファンドは同じものだということが明らかにされた。その驚くべき運用成果にもかかわらず、そのファンドはほとんど無名だった。ルーミスによって世に知られることとなったこのファンドは投資信託ではなく、リミテッドパートナーシップ（有限責任組合）という形を取っていた。アルフレッド・ウィンスロー・ジョーンズが創設したファンドは20％の成功報酬を投資家に請求して、ヘッジとレバレッジを活用していた。この変わった手数料体系と戦略を用いるファンドは、あらゆる投資信託に圧勝していた。過去5年で、最もパフォーマンスが良かった投資信託（フィデリティ・トレンド・ファンド）の累積リターンは225％だったのに対して、このファンドは325％のリターンを達成していた。過去10年では、最もパフォーマンスが良かった投資信託（ドレイファス）の累積リターンは358％だったのに対して、このファンドのリターンは670％と、2倍近くに達していた。それだけでなく、この比較はジョーンズの目覚ましいパフォーマンスを控えめにしか示していなかった。ルーミスの引用した数

字は20％の成功報酬を差し引いた後の純益だったからだ（特に明記しないかぎり、この章の記述は以下の４つの記事に基づいている。①A・W・ジョーンズ・アンド・カンパニー著『A Basic Report to the Partners on the Fully Committed Fund［ア・ベーシック・レポート・トゥー・ザ・パートナーズ・オン・ザ・フーリー・コミッティド・ファンド］』［1961年５月］。②アルフレッド・ウィンスロー・ジョーンズ著『Fashions in Forecasting［ファッションズ・イン・フォーキャスティング］』［フォーチュン誌1949年３月号］。③キャロル・J・ルーミス著『The Jones Nobody Keeps Up With［ザ・ジョーンズ・ノーバディ・キープス・アップ・ウィズ］』［フォーチュン誌1966年４月号］。④キャロル・J・ルーミス著『Hard Times Come to the Hedge Funds［ハード・タイムズ・カム・トゥー・ザ・ヘッジファンズ］』［フォーチュン誌1970年１月号］)。

　運用資産が２兆ドルに達する今日のヘッジファンド業界は、1949年にアルフレッド・ウィンスロー・ジョーンズが設立した10万ドルのゼネラルパートナーシップ（無限責任組合）に起源を持つ（利益に対して20％の成功報酬を請求される投資家に対応するために、1952年にゼネラルパートナーシップからリミテッドパートナーシップに再編された）。傑出したパフォーマンスにもかかわらず、17年後にキャロル・ルーミスの記事で世間に知られるまで、このファンドはほぼ無名のまま運営されていた。ジョーンズはだれもが認める現代ヘッジファンドの創始者だが、皮肉なことに、彼は金融業界の人間ですらなかった。彼は投資の世界に足を踏み入れるまでに、さまざまな職に就いて、回り道をしたのだが、金融にもマーケットにもかかわらなかった。

　ジョーンズは1923年にハーバード大学を卒業した。若いころはベルリン駐在の外交官として働き、その後、スペイン内戦で救援活動の監視任務に当たった。それから大学に戻り、1941年にコロンビア大学で社会学の博士号を取得した。彼の学位論文『Life, Liberty and

Property: A Story of Conflict and a Measurement of Conflicting Rights（ライフ・リバティー・アンド・プロパティー）』は、本としても出版され、後にはフォーチュン誌の記事用に自身の手で書き換えられた。その記事がきっかけとなってジャーナリズムの道に進み、フォーチュン誌とタイム誌の記者として働いた。彼の記事は広範囲に及んだが、金融に関するものはなかった。

彼がマーケットに関する記事を初めて書いたのは48歳のときで、それが後に投資の仕事を比較的遅くなって始めるきっかけとなった。彼が書いた連載記事『Fashions in Forecasting（ファッションズ・イン・フォーキャスティング）』は、基本的にテクニカル分析の新しい手法を紹介したものだった。市場はファンダメンタルズとはほとんど無関係だと思われる急落に周期的に見舞われていたが、彼はその衝撃を避ける有望な道具を紹介していると考えていた。彼が書いたように、「例えば、1946年の夏の後半に、ダウ平均は5週間で203ドルから163ドルまで下げて、ちょっとしたパニックになった。しかし、株式市場の急落にもかかわらず、景気はそれ以前も、その最中も、その後も相変わらず良かった」。

彼の考えでは、ダウ理論（大まかに言うと、ダウ理論では、下降トレンド［前の高値よりも次の高値が切り下がる流れ］で、ダウ工業株平均とダウ鉄道株平均の両方がそれぞれの前の高値を超えたときに、弱気から強気へとトレンド転換した合図と考えられた。同様の定義は上昇トレンドの転換にも当てはめられた）は当初は役に立ったが、最近の10年間はその有効性をほぼ失っていて、それは長年にわたって使われるうちに指数が有名になったためだった。彼が書いたように、「この手法の支持者があまりにも増えすぎると、彼ら自身がマーケットに影響を及ぼすようになる。すると、目ざといトレーダーたちはシグナルが点灯することを予想して売買を行う。例えば、買いシグナルが点灯すれば、上昇トレンドが続くと考えるだけのもっともな理由がない

かぎり、彼らはおそらくダウ理論の支持者が株式を買いに殺到したときを見計らって、持ち株を売るだろう」。彼はまた、この古くなりつつあるテクニカル手法はトレンドが長期化した相場にのみ適していると考えた。マーケットや投資に関して実務経験がないジョーンズが、どんな手法であれ、人気になりすぎると有効性を失うと考える洞察力があったとは素晴らしいことだ。

彼はテクニカル分析の分野にも大ぼら吹きやえせ科学がそれなりに混じっていることにすぐに気がついた。しかし、新しく開発されている手法には有望なものもあるとも考えていたようだ。彼はフォーチュン誌の連載記事のために行っていたリサーチに基づいて、投資で優位に立つことは可能であり、従来の非効率的な手法にしがみついているほとんどの市場参加者よりも成功できる可能性は高いと結論付けた。自分で行った広範囲に及ぶリサーチに触発されて、彼は４万ドルの自己資金を元手に、1949年１月に株式市場で取引を行うための共同出資会社を立ち上げた。

驚くべきことに、投資初心者の彼が選んだ手法は比類ないものだった。彼は新しいテクニカル分析の手法を調べて記事にする仕事を始めたのだから、それらの分析中でよく用いられていた手法を選んだのだろう、とだれもが思いそうだ。しかし、彼が選んだ方法では、株式の選別が最も重要な要素だったと言える。彼の戦略のカギとなる要素を説明すれば、その特徴が明らかになるだろう。

ジョーンズはそれまでの株式を買うだけの投資には欠陥があるが、そのひとつは相場に急激な調整があると、持ち株を保有し続けるのが難しいことだと感じていた。彼はリスク管理の道具に、空売りが使えるのではないかと考えた。彼は空売りを、「慎重な目的で使う投機のテクニック」と称した。彼にとって空売りの魅力は、株価の下落で利益を得られる点にあるのではなく、ヘッジ目的で使えば買った優良株を持ち続けて利益を得られる点にあった。空売りは投資家を相場の下

落からある程度、守ってくれるからだ。買いとバランスをとるために使えば、空売りは投機ではなく、リスクを減らす道具になると考えるジョーンズの理解力は、金融の初心者とはとうてい思えないもので、驚くべき洞察力だった。

空売りは彼の戦略の重要な要素だったが、多くの理由で買いよりも本質的に劣っているとも考えていた。その理由には、空売りでは長期投資による利益が得られないこと、空売りを維持するためには配当を支払う必要があること、直近よりも高い株価でしか空売りできないルールがあること、ウォール街はほとんど買い推奨にしか関心を持たないため、空売りのアイデアに関するリサーチが少ししか手に入らないことなどが挙げられていた。そういうわけで、ジョーンズは明らかに買い手側を好んだが、空売りは買いで利益を得る助けになった。彼は投資家向けのレポートで、どういう理由にしろ、空売りが「不道徳か反社会的」だという通念──けっして変わらないこと──に狙いを定めた。彼はこの見方を「錯覚」と呼んだ。彼が説明したように、「空売りを行う人は市場で有用な役割を果たしている。ある株式を売って不当な上昇を抑え、それを後で買い戻して下落を和らげるという形で、その株式の変動を適度に調整しているのだ」。

買いポジションのリスクを相殺するための空売りは、リスクを減らした状態で、空売りによるヘッジをしなかったときよりも買いポジションを大きくする武器となった。例えば、80％の買いポジションを取る代わりに、彼は130％の買いポジションと、下げると予想される株式による70％の売りポジションを取るかもしれない。すると、ネットポジションを小さくしつつ（この例では80％から60％に）、買いポジションをかなり増やすことができる。ジョーンズの手法で銘柄の選別に重きが置かれた理由は、これで明らかなはずだ。上昇相場のときに、空売り銘柄以上に上がる銘柄（あるいは下落相場のときに下げない銘柄）を選び出すことができれば、非常にうまくいくだろう。買いと空

売りのパフォーマンスの差が十分に大きければ、買い越し幅は小さいのに、ロングオンリー戦略を取るファンドよりも利益を上げることができるだろう。そして、彼は実際にこのことを実証してみせた。皮肉にも、ファンドの運営という仕事を始めようとひらめいたのは新しいテクニカル分析手法のリサーチをしていたからだが、彼の考案した手法は典型的なファンダメンタルズ中心の戦略――つまり、個別株の選別――だった。

彼はテクニカル分析を使えばエクスポージャー（資産をリスクにさらしている割合）を調整できて、パフォーマンスを上げられると考えて、ファンドを立ち上げたのかもしれない。しかし、彼が優位に立てたのは、実は上昇する銘柄と下落する銘柄を選別できたからだった。一方、相場の方向性についてはよく判断を誤った。彼はすぐにこの弱点を認めた。次の抜粋は1961年5月に投資家向けに発行された大部の回顧レポートからの引用だが、テクニカル分析を使ってタイミングを測ろうとした会社の努力が失敗に終わり、そのことに対する彼の失望が明言されているだけでなく、行間にもにじみ出ている。

> ファンドの初期には、テクニカルな動きや一般投資家のセンチメント、人気セクター、材料株、半期ごとの税金対策の売りと株価への影響、増資の圧力など、多くの要素にウエートを置きながら、銘柄を選別していた。これらのなかには、今でもある程度は適切なものがあると思っている。しかし、私たちにとって本当に重要なことは、ポジションを取るべきか検討している会社の経営陣やその問題点、今後の見通しに関して、詳しく根本から知ることだと、ますます確信を持って考えている。そうした知識を持つことが、株式を大量に忍耐強く持ち続けるために必要な唯一の知恵であり、銘柄選別で欠かせないことだ。相場の判断に関しては、大衆の感情が何らかの役割を果たす現象に対応するには難しい技術

を要するし、その結果も間違いなく一定しないということが分かっている。

同じレポートで、ジョーンズは会社の利益の源泉がヘッジの技術ではなく、銘柄の選別能力にあることもはっきり認めている。

たとえ、重要でこれまでに類がないヘッジであっても、従来の投資よりもリスクを増やさずに利益を大きくするか、利益はそのままでリスクを減らすための手段にすぎず、利益が得られる保証にはならない。そうした保証は、優れた銘柄の選別と相場の判断によってのみ得られるものだ。

ジョーンズが空売りによるヘッジとレバレッジの革新的な組み合わせを考え出したことで、株式ファンドの成功を左右する要素は相場の方向性から、パフォーマンスが相対的に良い銘柄と劣る銘柄を選別できる手腕へと移った。これまで見てきたように、特に相場でタイミングを見計らうことはファンドの成功とはほとんど無関係だったので、ジョーンズのファンドが最高のパフォーマンスを上げられたのは、ファンドマネジャーの銘柄の選別能力によるものだという何よりの証拠となった。

この銘柄の選別で力を発揮したのはだれなのか？　ジョーンズ自身でないことは間違いない。彼は株式市場では初心者であり、相場分析にそれほどの情熱はなかったという評判だった。彼の才能は銘柄ではなく、人を選ぶことに発揮された。この才能は社外のブローカーを選ぶときにも社内のポートフォリオマネジャーを選ぶときにも使われた。彼は、最高の推奨をしたブローカーたちに、注文執行ブローカーの仲介手数料の50％を譲る、という取り決めを交わしていた。この手数料が刺激となって、ブローカーたちはジョーンズや彼の共同ファンドマ

ネジャーに適切なニュースや投資のアイデアを提供しようとした。提供する情報やトレードアイデアが優れているほど、彼らはジョーンズの投資から多くの手数料を期待できた。

　ジョーンズはまた、銘柄の選別能力が高い人を会社でマネジャーとして雇った。これらの共同ファンドマネジャーたちはポートフォリオの一部にそれぞれ責任を持ち、トレードの成功に比例して成功報酬を受け取った。最も成功したマネジャーは最も多くの運用資産を割り当てられた。要するに、ジョーンズのファンドの運用体系は、ヘッジファンドの先駆けであっただけでなく、複数の運用会社に分散投資をするマルチ・マネジャー・ヘッジファンドの先駆けでもあった。

　ジョーンズのファンドの成功は大部分、彼が雇った社内マネジャーと外部ブローカーの銘柄選別能力によるものだが、その結果にインサイダー情報がどの程度の影響があったかについては議論がある。インサイダー情報で、合法と違法の線引きが不明確なことは珍しくない。この一線を明らかに越えたときもあった。1966年にメリルリンチは、ダグラス・エアクラフトが転換社債を発行するときに幹事だったために、その会社が業績見通しを市場予測である1株当たり約3.75ドルからゼロに下方修正するという情報を得た。それは株価に大打撃を与えるニュースだった。投資銀行が機密情報を明かすことは違法だが、ダグラス・エアクラフトの間もなく発表される重大なニュースはジョーンズの口座を取り扱っているブローカーに詳しく伝えられた。そして、彼はジョーンズの窓口に（それに、少なくともほかのひとつのヘッジファンドにも）、それをすぐに伝えた。ニュースの公表後は数日にわたって売り注文が殺到したが、情報を受け取っていたジョーンズのマネジャーは事前に空売りをしていた。この事件はSEC（証券取引委員会）よって調査がなされ、罰金が科せられた（このエピソードは、セバスチャン・マラビー著『ヘッジファンド——投資家たちの野望と興亡』（楽工社）、373〜374ページに詳しく書かれている）。利益になる

アドバイスをしたブローカーに成功報酬を支払えば腐敗を招く恐れがあるとすれば、違法なインサイダー情報を受け取って発見されなかった事例もありそうだ。ほかの全ファンドを圧倒したパフォーマンスの一部は優れた手腕によるものではなく、それらの情報のおかげかもしれない。

　リスク管理についてのジョーンズの先駆的な努力は、買った株式のヘッジに空売りを使うだけにとどまらなかった。彼は相対的リスクの尺度として、ベータという現代の考え方を先取りしていた。ベータとは、選んだベンチマーク（例えば、S&P500指数）の１％の変化に対する株価の変化率のことだ。例えば、ある銘柄のベータが2.00ならば、ベンチマークにした指数が１％動いたときに、同じ方向に約２％動くと予想される。一方、ベータが0.5の銘柄は似たイベントが起きても、約0.5％しか動かないと予想される。ベータは、銘柄とベンチマークである指数との相関と、指数に対する相対的なボラティリティとの両方に依存する。相関係数と相対的なボラティリティが高いほど、ベータは大きくなる。ベータがより高い銘柄のほうが、低い銘柄よりもリスクが高い。指数と比べて、変化率がより大きくなるからだ。

　ベータとは、選んだ銘柄の日次変化率と指数の日次変化率に最も合う回帰直線の傾きである。ベータが1.0の銘柄を示した**図10.1**で、垂直軸は株価の毎日の動きを、水平軸は対応する指数の毎日の動きを示す。１日は、その日の株価と指数の変化率で決まるチャート上の点で表される。これらの点に統計的に最も合う直線の傾きがベータである。例えば、45度の傾きは1.0のベータに等しく、どの日の指数の変化率も、（最適な推測値としての）株価の１日の変化率に等しいということを示す。

　ジョーンズは自分が考えたベータの原型を相対速度（relative velocity）と名付けた。株式の相対速度は、市場が主要な変動をした期間に株価が変化した比率を、指数の変化率と比べて計算された（ジ

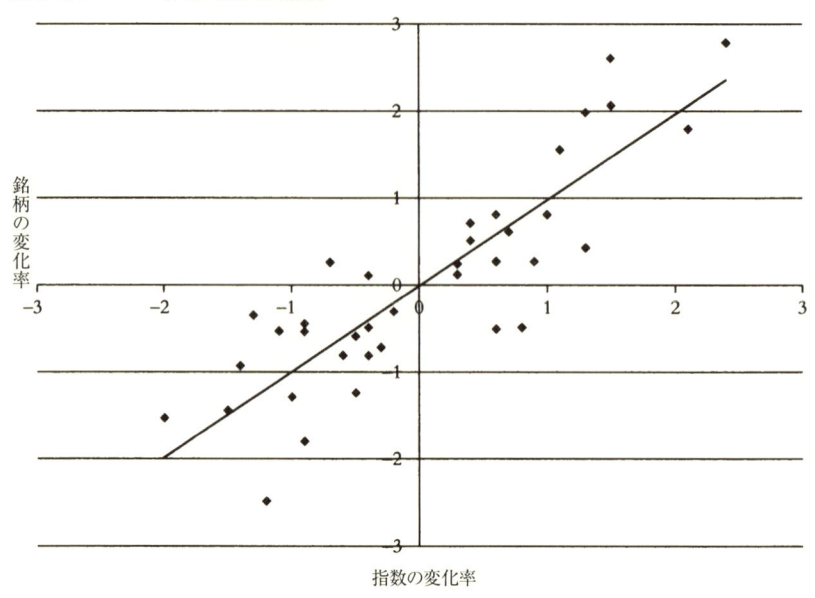

figure10.1 ベータが1.0の銘柄

縦軸:銘柄の変化率
横軸:指数の変化率

ョーンズは比較する指数にS&Pを使った)。例えば、株式の相対速度が200ならば、その変化率は指数の変化率の約2倍になりがちだということを意味した。ジョーンズは市場でのエクスポージャーを計算するときに、株式の相対速度を取り込むべきだと主張した。したがって、200の相対速度を持つ株式の5万ドルのポジションは、100の相対速度を持つ株式の10万ドルのポジションに相当する。トレードの視点から見ると、彼の相対速度という考えは、それが毎日の変化率ではなく市場の変動期間に焦点を合わせたという点で、実はベータよりも洗練された相対リスクの尺度になっている。例えば、ある株式のベータは2.0(毎日の値動きが指数の2倍になる傾向がある)だが、相対速度はわずか1.5(株価の長期的な変動は指数の約1.5倍になる傾向がある)とすると、株式の指数に対する比率を2.0よりも1.5にしたほうが、お

そらくポートフォリオのリスクを相殺できるだろう。ジョーンズの相対速度という考え方は今日では使われていないが、もう一度引っ張り出してきて、相対リスクの尺度として広く使われているベータに取って代わることができるか、検討する値打ちがあるように思われる。トレーダーも投資家も、相対リスクを測るには、実はベータよりも相対速度（ほとんど忘れられた尺度）のほうが役に立つと思う可能性はかなり高いのだから。

　ヘッジとレバレッジを組み合わせてリターン・リスク比率を引き上げたジョーンズの手法は、株式ロングショート戦略を用いる現代ヘッジファンドの特徴である。次章で詳しく説明するように、ヘッジファンドの戦略は広範囲にわたるが、株式ロングショート戦略は主要なヘッジファンドのスタイルであり、ジョーンズモデル——空売りによるヘッジと適度なレバレッジの組み合わせ——も主要な手法である。ジョーンズがファンドを立ち上げて60年以上たっても、彼の基本的戦略はいまだに最も代表的なヘッジファンドのスタイルであり、ヘッジファンドを理解するための素晴らしい出発点になる。

　彼が利用した、現代ヘッジファンドの仕組みのもうひとつの重要な要素は、マネジャーの報酬の主な要素として、資産規模に基づく管理手数料ではなく利益に基づく成功報酬に頼ったことだ。成功報酬方式を用いると、ポートフォリオの運用に最も秀でた才能がヘッジファンドに集まりやすい。ヘッジやレバレッジを道具として使った人たちは以前にもいたが、ジョーンズは現代ヘッジファンドのほとんどで不可欠な３つの特徴——ヘッジ、レバレッジ、成功報酬——をひとつのファンドで用いたおそらく最初の人物だっただろう。ジョーンズがヘッジファンドの祖と広く認められているのはこの理由のためである。そして、おそらく、その戦略と仕組みを使って並外れた成功を達成したためでもある。

　ついでだが、ジョーンズは自分のファンドを「ヘッジされたファン

ド（hedged fund）」と言った。確かにそのほうが、「ヘッジファンド」よりも正確な言い方だ。「ヘッジ（生け垣）ファンド（hedge fund）」では、造園会社に投資するファンドのように聞こえてしまう。私の推測では、「ヘッジされた」という言葉の意味が理解できなかったほとんどの人がその言葉を「ヘッジ」と聞き間違えたために、間違った名称が広がったのだと思われる。私は単純移動平均線の代わりに指数移動平均線を使ったことに関して、エド・スィコータ（コンピューターによるトレンドフォロー戦略を使った草分けの１人）が語ったことを思い出す。「当時、その言葉（エクスポネンシャル＝exponential）は使われ始めて間もなかったので、口伝えで『便宜的（エクスペディエンシャル＝expedential）システム』という言葉で広まった」（ジャック・D・シュワッガー著**『マーケットの魔術師』**（パンローリング）。私はジョーンズの場合にも、似たような発音の変化が起きたのだと思う。ジョーンズは一般に広まった言葉を軽蔑していて、友人たちに、「私は名詞を形容詞として使う『ヘッジファンド』という言い方にはぞっとする」と語っていたと伝えられている（ジョン・ブルックス著『The Go-Go Years［ザ・ゴーゴー・イヤーズ］』142ページ、マラビー著『ヘッジファンド──投資家たちの野望と興亡』［楽工社］413ページからの引用）。

第11章
ヘッジファンド入門
Hedge Funds 101

　ヘッジファンドとはいったい何なのか？　私のお気に入りの定義は、クリフ・アスネス（AQRというヘッジファンドの共同創設者の1人）によるものだ。

> ヘッジファンドとは運営にあまり制限を課されていない投資プールである。それらは（今のところ）規制がかなり緩く、極めて高い手数料を請求するが、お金を返してほしいときには必ずしも返してくれない。そして、何をしているかは普通、話してくれないだろう。いつでもお金を儲けていると思われているので、それができないと、投資家たちは解約して、最近儲けているほかのヘッジファンドのところに行く。3～4年おきに、100年に1回しか起きないはずの洪水をもたらす。たいていはスイスのジュネーブに住むお金持ちのために、コネチカット州グリニッジに住むお金持ちによって運営されている（クリフォード・アスネス著「An Alternative Future：Part 2［アン・オールターナティブ・フューチャー、パート2］」、ジャーナル・オブ・ポートフォリオ・マネージメント誌、2004年秋号8～23ページ）

　この定義はまさに真実であるために、あるいは少なくともほとんど

のヘッジファンドマネジャーが認める以上に真実であるために、ユーモアがある。

　ヘッジファンドは非常に多様なので、完全に正確な定義は作れない。ほとんどの定義は投資対象の構成内容ではなく、ヘッジファンドの仕組みと手数料体系に焦点を合わせている。おそらく、ヘッジファンドについて基本的な理解をするための最も良い方法は、その主な特徴を、買い建てしかしない投資信託のごく普通の仕組みと比較することだろう。

ヘッジファンドと投資信託の違い

以下は投資信託とヘッジファンドの重要な違いを示したものだ。

●**市場の方向性への依存度**　投資信託はほぼ100％が買い建てのため、そのパフォーマンスは市場の方向性でほとんど決まる。投資信託では、ポートフォリオマネジャーの投資判断が及ぼす影響度は、市場の方向性と比べると、通常は微々たるものである。対照的に、多くのヘッジファンドのパフォーマンスは市場の方向性よりも、ポートフォリオマネジャーの投資判断に左右される。市場方向との相関がかなり大きいヘッジファンドでさえ、パフォーマンスのかなりの部分は個々のポートフォリオマネジャーの投資判断で決まるだろう。

●**固定的なエクスポージャーと機動的なエクスポージャー**　投資信託が100％に近い買い建てを維持し続けるのに対して、ほとんどのヘッジファンドは将来のトレンドに関する予測だけでなく、現在のトレード機会についてもマネジャーが判断をして、エクスポージャーを変えるだろう。

●**同質的か多様か**　投資信託は非常に均一で、主に株か債券の買い建て（または、両方の組み合わせ）から成る。それに対して、ヘッジ

ファンドの戦略は幅広い。この多様性は、空売りとレバレッジという道具が使えること以外に、投資できる金融商品が幅広いためである。次節では、ヘッジファンド戦略の主なカテゴリーの概要を示すことにする。

● **複数ファンドから成るポートフォリオによる分散化** ほとんどの投資信託は株式市場か債券市場との相関が高いので、投資信託で分散したポートフォリオを作ることはほとんど不可能である。しかし、ヘッジファンドには異なる戦略が数多くあるので、かなり分散したポートフォリオを作ることができる。投資信託と比べて、ファンド・オブ・ヘッジファンズのほうが資産のドローダウンを和らげられるが、その主な理由はポートフォリオをかなり分散できることにある。

● **空売り** 空売りはほとんどのヘッジファンドにおいて、必要不可欠な要素である。空売りを組み込めば、マネジャーはもはや上昇相場に必ずしも限られることなく、利益を上げられるようになる（もっとも、マネジャーが望むなら、上昇相場だけで利益を得ようとするかもしれないが）。買い建てだけしかしない投資信託では、リターンは銘柄の選別能力よりも市場の方向性に大きく影響される。それに比べて、株式ヘッジファンド、特にネットエクスポージャーが小さいファンドはどういう銘柄を選ぶかで、リターンが大きく変わってしまう。ヘッジファンドの市場に対するネットエクスポージャーは大幅な買い越しから大幅な売り越しにまで及び、その間にもさまざまな幅がある。マネジャーのなかには、ネットエクスポージャーを彼らの手法に合わせて一定の範囲内で維持する（例えば、買い越し、市場に中立、売り越し）者もいれば、相場観や個々の証券で見つけたトレード機会に合わせて、ネットエクスポージャーを時とともに機動的に調整する者もいる。

● **レバレッジ** 空売りをすると、ネットエクスポージャーが小さくなって、リターンは減少する。この影響を打ち消す道具として、ヘッ

ジファンドは普通、レバレッジを利用する。例えば、マーケットニュートラル戦略を取るファンドはエクスポージャーがゼロに近いので、リターンが抑えられる。それで、リターンを高める道具としてレバレッジを使う。例えば、あるマーケットニュートラル戦略を取るファンドのボラティリティが市場の4分の1であれば、3倍のレバレッジをかけても、まだ市場よりもボラティリティが低い。

●**相対リターンか絶対リターンのどちらを目指すか** 投資信託には通常、ベンチマーク（例えば、S&P500）を上回るという相対的なリターン目標がある。ベンチマークの指数が1年で23％下落しているときに、20％下落した投資信託は、「優れたパフォーマンス」だったと言えるし、実際にそう言うだろう。対照的に、ヘッジファンドは市場のパフォーマンスにかかわらず利益を出す、という絶対リターンの目標がある。ヘッジファンドマネジャーは相場の下落時に売り越すという選択肢があったし、そうすれば利益を上げることもできたので、損失を下落相場のせいにすることはできない。

●**成功報酬** 投資信託の手数料は運用資産額に基づく。これに対して、ヘッジファンドは管理手数料（一定水準の年率）とパフォーマンスに応じた成功報酬（ハイウォーターマークを超える利益の一定割合）を合わせた額を受け取る（ほとんどのヘッジファンドの文書には、前回に成功報酬が支払われたときのNAV［純資産価値］のピーク［ハイウォーターマーク］を上回ったときに、その利益部分についてだけ成功報酬を請求すると明記されているだろう。この制限は、マネジャーが同じ利益に対して、報酬を2回支払われないようにするために必要である。例えば、NAVが2000のときに、マネジャーが成功報酬を受け取り、次の2期間にNAVが1800まで落ちたあと、2100まで上昇したとしよう。この場合、第2期の終わりの成功報酬は300の利益のうち、3分の1［前回のNAVのピークを上回った部分］についてしか請求されない。ハイウォーターマーク条

項が文書に明記されていないヘッジファンドは避けたほうがよい）。一般的に、ほとんどの管理手数料はヘッジファンドの運営費で消えるだろう。したがって、運用会社の収益は成功報酬に大きく依存する。ヘッジファンドの手数料は投資信託の手数料よりもはるかに高いが、パフォーマンスに基づく手数料体系を取ると、マネジャーと投資家の利害が一致し、ヘッジファンドには最も優れた才能が集まるだろう。もちろん、報酬が高ければ、平凡で未熟なマネジャーたちも数多く集まってくるだろう。だが、重要なことは、最高のマネジャーが見つかるのはたいてい投資信託ではなく、ヘッジファンドであるということだ（この一般論にはときどき、ピーター・リンチのような驚くべき例外が現れる）。

●**ポートフォリオマネジャーの動機**　投資信託のマネジャーがベンチマークとは相当に異なるポートフォリオを組んでパフォーマンスを上げようとした結果、ベンチマークを大幅に凌いでも、それほどの報酬は得られないだろう。だが、同じほど大きくパフォーマンスを下げたらクビになるだろう。だから、投資信託のマネジャーは波風を立てないように動機づけられている。対照的に、ヘッジファンドマネジャーには成功に基づく手数料体系があるため、勝つことへの強い動機づけがある。さらに、ヘッジファンドの多くのマネジャーは自分のファンドに個人資産のかなりの割合を投資しているので、マネジャーと投資家の利害も一致する。

●**最低投資額**　ヘッジファンドの最低投資額はかなり大きく、一般的に100万ドル以上が必要である。最低投資額が大きいということは、ほとんどの個人投資家は単一のヘッジファンドに直接に投資できないということを意味する。ましてや、ヘッジファンドを組み合わせて自分のポートフォリオを組むことなど論外だ。ほとんどの人にとって、ヘッジファンドに投資できる唯一の方法はファンド・オブ・ヘッジファンズを通すことだ。そうすれば、最低投資額は通常、か

なり少なくて済み、1回の資金配分でヘッジファンドマネジャーたちから成るひとつのポートフォリオに投資できる。

●**投資家の条件**　投資信託は公募である。アメリカの投資家が投資できるヘッジファンドは一般的にリミテッドパートナーシップ（有限責任組合）の形態を取っていて、有資格投資家（100万ドル以上の純資産か過去2年間の収入が20万ドル以上ある者）、または適格投資家（500万ドル以上の純資産がある者）しか受け入れない。有資格投資家を受け入れるヘッジファンドは、投資家数が99人までに制限されている。より条件が厳しい適格投資家しか対象としていないヘッジファンドは499人までの投資家を受け入れることが許されている。

●**流動性リスク**　投資信託への投資は毎日解約できる。ヘッジファンドははるかに現金化がしにくく、解約にはいくつもの制限や障害がある。

　■**解約頻度**　ほとんどのヘッジファンドの解約頻度は、毎月から毎年までの幅がある。また、解約を数年おきに制限するヘッジファンドもある。

　■**解約の通告**　ほとんどのヘッジファンドは、解約の30～90日前に通告する必要がある。

　■**ロックアップ**　多くのヘッジファンドはロックアップ期間を設けているので、投資家は最初の一定期間（例えば、1年か2年）は解約できないか、中途解約時にかなりの違約金を支払う必要がある。

　■**ゲート条項**　解約の請求が殺到したヘッジファンドは、1解約期間に全投資家が解約できる最大額を制限するゲート条項を発動することができる。投資家が解約したいと考えている額が総額でゲート条項の限界（例えば、10％）を上回れば、投資家は比例配分される額だけを受け取り、残りはその後の解約期間ま

で延期される。ゲート条項が発動されると、投資家に全額が支払われるまで、2～3年かかることは珍しくない。

■**サイドポケット**　流動性が低い資産を抱えたマネジャーは、許容できる価格でポジションを手仕舞って解約に応じることができない場合、サイドポケットと呼ばれる別口座にそれらの資産を移すかもしれない。サイドポケットに移されると、解約を請求している投資家にはサイドポケット以外のファンド部分からしか支払われない。マネジャーがサイドポケットに移した資産を完全に手仕舞い終えるまで、何年もかかることは珍しくない。

ヘッジファンドのタイプ

　ヘッジファンドの戦略は広範囲に及び、それらをどのように分類すべきかについても意見はまったく一致しない。戦略カテゴリーの数でさえ、ヘッジファンドのデータ提供会社によって大きく異なる。ヘッジファンドはほぼすべての金融商品をさまざまに組み合わせてトレードできるため、それらをどの戦略スタイルに分類するかは一層難しくなる。また、多くのマネジャーがいくつかの分類に重なる戦略を使う一方で、どの分類にも当てはまらないヘッジファンドもある。

　最も基本的で一般的なヘッジファンド戦略は株式ヘッジファンドであり、買いも空売りも行われる。典型的な株式ヘッジファンドは第10章で述べた、古典的なジョーンズモデルに似ている。**図11.1**は株式ヘッジファンドのエクスポージャーが標準的な投資信託のエクスポージャーといかに異なるかを示す。投資信託は通常の解約に備えるか、近いうちに株式を買うために現金を保有しているが、その保有比率は小さいので、説明を単純化するために無視している。投資信託は基本的に資金の100％を買い建てし、空売りは0％である。これはエクスポージャーのグロス（買い建てと空売りの合計）と、ネット（買いか

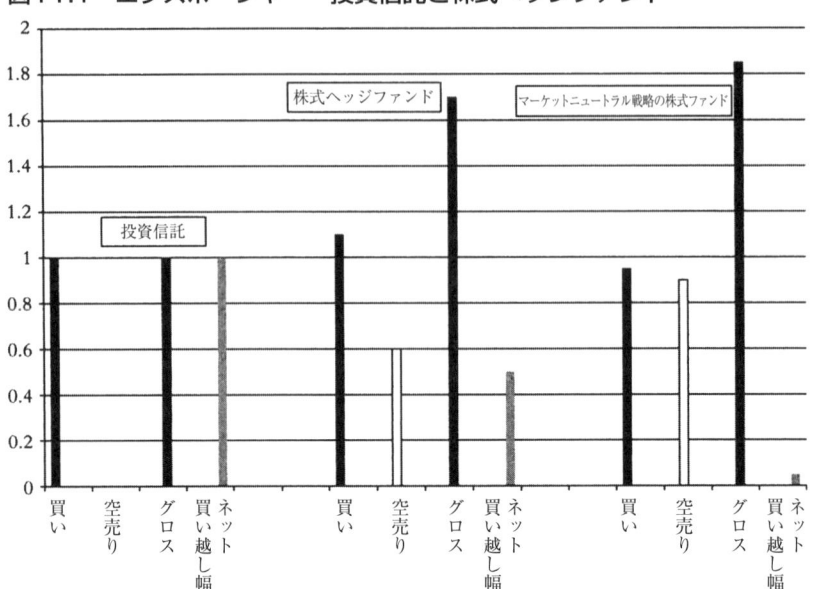

図11.1　エクスポージャー　投資信託と株式ヘッジファンド

ら空売りを引いた比率）がぴったり同じということだ。**図11.1**の例では、株式ヘッジファンドは買い建てが110％で、空売りが60％である。グロスエクスポージャーは投資信託よりもはるかに大きい（170％対100％）が、ネットエクスポージャーははるかに小さい（50％対100％）。この比較は非常に重要なポイントを示している。ほとんどの株式ヘッジファンドのグロスエクスポージャーは100％を大幅に超えているが、ネットエクスポージャーが小さいために、リスクは通常、投資信託よりもずっと小さいのだ。

図11.1に示したファンドと同様に、ほとんどの株式ヘッジファンドは普通、空売りよりも買いのほうが大きい（つまり、買い越し）。グロスエクスポージャーもネットエクスポージャーも、株式ヘッジファンドによって大きく異なるし、同じファンドでも時期によって大きく変えることがある。ネットエクスポージャーを適度な範囲内（例えば、20％から60％までの買い越し）にとどめるヘッジファンドもあ

れば、大幅に変えるヘッジファンドもある。後者は非常に強気相場だと見れば100％近くまで（あるいはそれ以上にさえ）買いを増やすし、弱気相場と見れば売り越しに転じる。株式ヘッジファンドのパフォーマンスは、マネジャーの売買タイミングの手腕（利益が出るように、ネットエクスポージャーを変える能力）と、銘柄の選別能力によって決まるだろう。

　図11.1には株式マーケットニュートラル戦略を取るファンドも示している。これは株式ヘッジファンドに近い。この戦略を取るファンドでは、買いと空売りがほぼ等しいが、必ずしもぴったり同じというわけではなく、ネットエクスポージャーをゼロに近づけるということだ。この種のヘッジファンドはパフォーマンスを決める要素から市場を完全に取り除く。そして、銘柄を選ぶ手腕──空売りに選んだ銘柄よりも大きく上げるか、下げ幅が小さい銘柄を選んで買う能力──だけでパフォーマンスが決まる。買いポジションよりも売りポジションのほうがボラティリティ（変動率）が高いのが普通なので、マーケットニュートラル戦略を取るほとんどのファンドは金額ではなく、ベータを調整して、ポートフォリオを中立化するだろう。例えば、売りポジションのベータ（市場の変化率に対して予想される銘柄の変化率）が、買いポジションのベータの1.25倍であれば、中立にしようと試みるためにだけでも、買いを25％大きくする必要があるだろう。

　株式ヘッジファンドのなかには、ロングオンリー戦略（買い建てのみ）しか用いないか、一貫してロングバイアス（買い越し）を維持するものもある。ロングオンリー戦略のヘッジファンドというのは、ちょっと矛盾した名称だ。これらのファンドは名称と体系（例えば、法的な構成、成功報酬、解約条項など）という点では確かに、「ヘッジ」を目指すファンドだが、投資構成や戦略という点では投資信託に近い。おそらく、ロングオンリー戦略のヘッジファンドと投資信託との戦略の違いは、前者は指数とは（できれば、利益が出る方向で）異なるよ

うに努めるが、後者はたいていベンチマークの指数からあまり外れないように心がけるところだ。投資家が株式投資信託よりもはるかに高い手数料を払い、それらと銘柄の構成は似ているのに、ずっと悪い条件を受け入れることを正当化するには、株式のロングオンリー戦略を取るマネジャーのほうが優れた手腕を持っているという、かなり強い確信が必要だ。ヘッジファンドのデータベースによっては、ロングバイアス戦略の株式ヘッジファンドを別のカテゴリーに区分するところもある。ロングオンリー戦略の株式ヘッジファンドも明らかにロングバイアスだが、最低でも何割の買い越しであればロングバイアス戦略に区分するのかについて、具体的な定義はない。株式ヘッジファンドとロングバイアス戦略の株式ヘッジファンドとの境界線はあいまいで、データベースによって定義が異なる可能性もある。

　ショートバイアス戦略の株式ヘッジファンドは、ヘッジのためだけに空売りをするものと、常に売り越しの状態を維持するものがある。株式市場は長期的には上昇トレンドであることが多いので、この種のヘッジファンドが単独で良い運用実績を残すのは難しいし、強気相場が長く続くとパフォーマンスが極端に落ちることもある。このため、このカテゴリーに入るヘッジファンドの多くは失敗しがちで、ヘッジファンドのなかで占める比率も小さい。しかし、洗練された投資家はこれらのファンドに単独で投資するのではなく、ポートフォリオを分散するための強力な道具と見ている。空売りを利用するファンドやショートバイアス戦略のファンドは通常、株式市場とヘッジファンド全体が最も損失を出しているときに、最も利益を上げる。ほかのファンドが最も良いときには、おそらく最悪になる。この点で、ショートバイアス戦略のファンドをポートフォリオに含めると、強気相場での思いがけない利益をあきらめる代わりに、最も弱気相場の時期の損失を減らして、パフォーマンスのむらをなくせるだろう。このため、たとえファンド自体では利益が出ずに純損失になる場合があっても、ポー

トフォリオにこの戦略のファンドを入れると、ポートフォリオのリターン・リスク比率を高められそうだ。投資家のなかにはショートバイアス戦略のファンドを柔軟に使って、株式相場の下落リスクが通常よりも高くなったと判断したときにポートフォリオに入れて、下落の懸念が薄れたら解約する人もいる。

セクターファンドとは、株式ヘッジファンド（レバレッジをかけて、買いと空売りを行う）によく似たヘッジファンド戦略だが、ハイテクやヘルスケアといった具合に、あるセクターに特化している点がはっきりと異なる。セクターファンドは分散投資で得られる利点や幅広い投資機会を犠牲にするが、これは単一セクターに焦点を合わせるマネジャーのほうが、幅広いセクターに投資をする株式ヘッジファンドのマネジャーよりも深い専門知識を持ち、投資判断もより正確になるだろうという期待があるからだ。ファンド・オブ・ファンズのマネジャーは株式に基づく戦略を複数の株式ヘッジファンドに割り当てるよりも、複数のセクターファンドに（主要セクターごとに1人のマネジャーを選んで）割り当てるほうを好む。

これまでに述べた株式ロングショート戦略（株式ヘッジファンド、マーケットニュートラル、ロングバイアス、ショートバイアス、セクターファンド）以外にも、ヘッジファンド戦略のカテゴリーにはさまざまなものがある。主なものは次のとおりだ。

●**合併アービトラージ**　合併では、買収会社は被買収会社の株式の代金を現金で支払うか、自社の株式と一定比率で交換するだろう。合併が発表されると、被買収会社の株式は窓を空けて上昇するだろうが、現金による買収価格よりも割安な株価か、株式交換による買収ならば買収会社の株式との交換比率に比べて割安な株価で取引されるだろう。実際に合併が行われるかどうかは不確実な面もあるので、株価はその分だけ割り引かれるからだ。合併アービトラージ戦略を

取るファンドは、現金による買収ならば被買収会社の株式を買い、株式交換による場合ならば適切な比率で被買収会社の株式を買って買収会社の株を売ることで利益を得ようとするだろう。発表された合併の大多数は実際に成立するので、それらのトレードのほとんどで利益が出るだろう。この戦略のリスクは、案件が流れたときに生じる損失が裁定取引による利益の何倍にもなる可能性があるという点だ。この戦略を用いるマネジャーは、合併が成功する案件を選ぶ専門知識や手腕を求められる。また、彼らは発表された合併が失敗に終わると考えると、合併アービトラージとは逆のトレードをして利益を得ようとすることが時にある。

●**転換社債アービトラージ** CB（転換社債）は確定利付き社債だが、満期前に一定数の株式に転換できるというオプションが組み込まれている。株価が上昇すると、社債を転換したときの利益も増えるため、転換社債の価格も上がる。要するに、転換社債は社債とコールオプションを組み合わせた投資だ。転換社債に含まれるオプション部分の価値にゆがみがあれば、トレード機会が生まれる。最も典型的なトレードでは転換社債を買い、そこに含まれる株式の買い持ち相当分をヘッジするために、適切な株数の株を空売りする。このポジションはその後、株式のエクスポージャーを中立に維持するために、株価の変化に応じて機動的にヘッジをしながら、リスクを管理する必要がある。これはデルタヘッジと呼ばれる。この戦略による利益は、受取利息、転換社債の価格のゆがみを利用したトレードでの利益、空売りの買い戻しによる利益を合わせたものだ。この戦略の主なリスクは、ほぼすべてのCBヘッジファンドが転換社債を買い越しているという点から生じる。2008年に起きたように、質への逃避を願う心理が市場に広がって、一斉に手仕舞う必要に迫られたら、需給バランスが大きく崩れて、マネジャーはひどく割安な価格でポジションを手仕舞うしかなくなるだろう。

●**スタティスティカルアービトラージ**　スタティスティカルアービトラージの基礎となる前提は、売買注文に短期的なアンバランスが生じると、一時的に価格がゆがむため、短期でのトレード機会が生まれるという考えだ。スタティスティカルアービトラージは平均回帰戦略であり、統計モデルを使って関連する株式間の相対的な価格差に短期的なズレが生じたときに、割安な銘柄を買って割高な銘柄を売ろうとする。この戦略の起源はペアトレードと呼ばれる、スタティスティカルアービトラージの一分野にある。ペアトレードでは、密接に関連した株価（例えば、フォードとゼネラルモーターズ）の比率を追跡して、数学モデルから見て、一方の株式が（上げ幅が大きいか、下げ幅が小さいために）割高と判断されたら、その銘柄を売り、もう一方の銘柄を買ってヘッジをする。ペアトレードは初めのうちは成功していたが、あまりにも多くのプロップトレーダーやヘッジファンドが似た戦略を用いたので、エッジ（優位性）を失った。今日のスタティスティカルアービトラージのモデルはこれよりもはるかに複雑で、相対的な値動きと相関関係に基づいて、市場中立性を多元的に維持する（例えば、市場、セクターなど）という制約を受けながら、何百あるいは何千もの銘柄を同時にトレードする。この戦略の中心にあるのは通常、平均回帰だが、スタティスティカルアービトラージのモデルはモメンタムやパターン認識など、相関がないか逆相関さえしているほかの戦略も取り入れる場合がある。この戦略は秒単位から日単位までの間で、極めて頻繁にトレードを繰り返す。

●**債券アービトラージ**　この戦略は異なる金利商品間に価格のゆがみが認められたときに利益を上げようとする。ポジションは全般的な金利水準の変化に対して中立を維持するが、イールドカーブの傾きの変化（短期、中期、長期の金利間で予想される利回り格差の変化）のリスクをとっている。債券アービトラージの一例を挙げよう。5

年物の金利が、短期や長期の金利よりも低いと見れば、ポートフォリオマネジャーは２年物Ｔノートの買い、５年物Ｔノートの空売り、10年物Ｔノートの買いという３トレードを行い、イールドカーブの平行移動に対しては中立になるようにポジションを維持するかもしれない。利益を狙う相対的な価格のゆがみは小さいのが普通なので、債券アービトラージは通常、かなりのレバレッジをかける必要がある。したがって、このトレードで値動きが大きく逆行する可能性はあまりないとはいえ、かなりのレバレッジをかけがちなせいで、大きな損失をときどき被ることがある。

●**クレジットアービトラージ**　この戦略では、さまざまなクレジット商品（例えば、社債、銀行ローン、CDS［クレジット・デフォルト・スワップ］、債務担保証券）を買ったり空売りしたりできる。最も基本的な形では、この戦略は株式ヘッジ戦略のクレジット版と言える。マネジャーは価格が上昇（金利は下落）すると予想される社債を買って、価格が下落（金利は上昇）すると思われる社債を売るが、通常は買い越しているだろう。株式ヘッジの場合と同じように、この戦略のネットエクスポージャーは、マネジャーによって大きく異なる。買いと売りをほぼ一致させて本当にアービトラージ戦略を取るマネジャーもいるが、クレジット商品をトレードするほとんどのヘッジファンドは通常、かなりの買い越し幅を維持するだろう。一般的な手法では、LIBOR（ロンドン銀行間取引金利）に上乗せされた金利で資金を借りて、社債などの債務証券を買い、その資産で得る金利とのサヤを抜く。利回り格差が横ばいか縮小するかぎり、この手法は下方へのボラティリティは限られていて、大きな利益を得られるだろう。しかし、利回り格差が大幅に広がれば、レバレッジをかけて、買い越しのポジションを通じてクレジットリスクをとっているため、かなりの損失を被るリスクがある。クレジット商品の買い越し幅は、過去の下方へのボラティリティを示す以上に、ク

レジットアービトラージ戦略を取るマネジャーのリスクを非常によく示す指標である。

- **キャピタル・ストラクチャー・アービトラージ** キャピタル・ストラクチャー・アービトラージ（企業の資本構成のゆがみを利用した裁定取引戦略）に特化したヘッジファンドは、同じ会社の異なる証券を相互に比較して、価格がゆがんでいると思われる状況を探す。この戦略の例としては、株式と逆のポジションをその会社の社債で取ったり、劣後債と逆のポジションを上位債で取ったりするなどがある。

- **ディストレスト（破綻証券）** 多くの機関投資家は、一定の等級以下の債務証券の保有を禁じる投資ガイドラインに従う必要がある。倒産の恐れがあるか、すでに倒産した会社の債券が格下げされて売却を強いられると、その債券は会社の再生時に期待される価値以下にまで価格が下がるかもしれない。そうなると、会社の再生シナリオをいくつも考えて、それらが実現する確率や債券の割安度を評価できる専門知識があるヘッジファンドに、これらの債券を買う機会が生まれる。この戦略を取るファンドはある程度の空売りを行う場合もあるが、主としてロングオンリー戦略を取る。このファンドが保有する資産は、主に債務に基づく証券（例えば、債券、銀行ローン、債権）であるが、倒産後に再生された会社の株式を保有することもある。

- **イベントドリブン** この戦略カテゴリーに入るヘッジファンドは、重要なイベント（例えば合併、企業買収、スピンオフ、リストラ、倒産）に影響を受ける会社の株や債務のトレードに焦点を合わせる。イベントドリブン戦略を用いるファンドの投資分野は合併と倒産以外の企業イベントに関連したトレードに加えて、前に述べたヘッジファンド戦略の2つ——合併アービトラージとディストレスト——が取り上げるものと同じトレードも含まれる。

●**新興国市場**　このカテゴリーに入るファンドの共通のテーマは、新興国市場でのトレードだ。このカテゴリーには、株式ヘッジファンド、クレジット商品、ディストレスト、それに各種のアービトラージなど、多くの異なる戦略が含まれる。歴史的には、新興国市場のほうが先進国市場よりもボラティリティが高かった。この特徴はたいてい、これらの市場にかかわるヘッジファンドにも引き継がれている。

●**グローバルマクロ**　この戦略カテゴリーのマネジャーは、株式、債券、FXを含めて、世界の主要市場の今後のトレンドを正確に予測することで利益を得ようとする。トレードは定義上、相場の方向性に賭けるものだが、買いか空売りの一方だけに偏ることを本質とする戦略ではない。グローバルマクロのファンド自体には、証券を買い越す傾向はない。証券を買い越すか売り越すかは、その時点の市場に対するマネジャーの判断による。トレードは単一市場でトレンドが続くという期待を反映したもの（例えば、アメリカ国債の買い）か、市場の相対的な強さに対する期待を反映したもの（例えば、アメリカ国債の買いとドイツ国債の空売り）になるだろう。この戦略を用いるマネジャーには、トレードをマクロ水準の金融商品（例えば、先物やETF［上場投資信託］）に限定する人もいれば、ある市場の個別証券を含める人もいる（例えば、株式市場が強気だと判断すれば、最も上昇しそうな株式銘柄を選別するなど）。グローバルマクロのファンドの成功は、世界の主要市場がどういうトレンドを形成しそうかを正確に分析して、トレードのタイミングをうまく計るマネジャーの能力いかんにかかっている。

●**マネージドフューチャーズとFX（CTA）**　このグループのマネジャーはすべてのトレードを先物市場かFX市場、あるいはその両方で行う。彼らは通常、CTA（商品投資顧問業者）と呼ばれている。これは商品投資顧問業者の頭文字を取ったもので、CFTC（商品先

物取引委員会）に登録され、NFA（米国先物協会）の会員である資産運用マネジャーの公式名称である。しかし、この名称は少なくとも2点で誤解を与える。第1に、CTAは投資に直接責任を負うファンドあるいは一任業者であり、名前が示すような顧問ではない。第2に、CTAは名前から受ける印象とは異なり、必ずしも商品だけをトレードしているわけではない。彼らの圧倒的多数は、株価指数や債券、FXなどの金融セクターの先物も、少なくともひとつはトレードをしている。そして皮肉なことだが、彼らの多くは商品をまったくトレードせずに、金融先物だけをトレードしている。大半のCTA、特にあらゆる資産を運用する大半のCTAはシステマティックなトレンドフォロー手法を用いる。この戦略は、上昇トレンドと判断されたときに買いシグナルを、下降トレンドと判断されたときには売りシグナルが点灯するシステムを使う。フォロー（追いかける）という単語が示すように、これらのシステムではトレンドがすでに形成されたあとに仕掛ける。システマティックなトレンドフォロー手法の利点は、長期にわたって持続するトレンドをとらえられる可能性が高いというところだ。それができれば、非常に大きな利益が得られるかもしれない。主な欠点は、あるレンジで相場が大きく上下に変動するパターンを取るときには、多くのシグナルがダマシになって累積損失が膨らむ点だ。もうひとつの欠点は、これらのシステムでは、手仕舞いやドテン売買のシグナルが点灯する前に、せっかく得た含み益を大きく減らしがちな点だ。含み益を大幅に減らさないようにシステムを修正すると、たいていはトレンドが続いているのに手仕舞いのシグナルが早々と点灯しがちになるだろう。マネージドフューチャーズやCTAはシステマティックなトレンドフォローと同じ意味にとらえられているが、この見方は間違っている。システマティックな手法ではなく、裁量手法を用いるCTAは数多くいる。また、多くのCTAはトレンドフォローとは無関係の

戦略を用いる。代替の運用手法の一部には次のようなものがある。
- 逆張り手法（または平均回帰）
- パターン認識
- ファンダメンタルズに基づくシステマティックな手法（値動きではなく、ファンダメンタルズのデータを変数に使うシステム）
- ファンダメンタルズに基づく裁量手法
- スプレッド取引（ある限月の買いと、同じ市場または関連市場で、別の限月の売りの両建て取引）
- マルチシステム（例えば、トレンドフォロー、逆張り、パターン認識のシステムの組み合わせ）

　マネージドフューチャーズはヘッジファンドのカテゴリーではなく、別の資産クラスに分類されることが多い。こうした分類がなされる理由のひとつは、アメリカの顧客向けに先物市場でトレードを行うマネジャーは登録義務があり、厳しい規制を受けるが、ヘッジファンドはそのどちらにも当てはまらないからだ。もうひとつの理由は、多くのCTAがファンドという形態を取らずに、マネージドアカウント（第16章で説明）を通じてしか資金運用を行わないからだ。しかし、ヘッジファンドマネジャーとCTAの境界線は長年の間にあいまいになってきている。先物市場とFX市場だけでトレードを行うグローバルマクロ戦略のマネジャーとCTAには違いが見られない。ほとんどのCTAがシステマティックなトレンドフォロー手法を取り、ほとんどのグローバルマクロ戦略のファンド（先物とFXしかトレードをしないものも含む）が主に裁量でトレードを行うというのは事実だ。しかし、裁量手法を用いるCTAもいれば、システマティックな手法を用いるグローバルマクロ戦略のファンドもある。この点から見ると、別の資産クラスとして分類するのは不自然に思われる。グローバルマクロ戦略のマネジャーとCTAという分類ではなく、むしろシステマティック手法のマクロと裁量手法

のマクロ（両グループにCTAもグローバルマクロのヘッジファンドも含まれる）などのように、戦略に合わせて分類するほうが理にかなっている。

- **ファンド・オブ・ヘッジファンズ**　名前が示すように、このファンドはほかのヘッジファンドに資金を配分する。ほとんどのファンド・オブ・ファンズはポートフォリオの分散化を高めるために、さまざまなヘッジファンド戦略に幅広く資金を配分しようと心がける。しかし、特定の戦略グループに投資をしたいと望む投資家のために、戦略ごとにポートフォリオを組む（例えば、ロングショート、クレジット、マネージドフューチャーズなど）ファンド・オブ・ファンズもある。ファンド・オブ・ファンズはマネジャーの選択、デューディリジェンス（投資対象の精査）、ポートフォリオの構成、マネジャーの監視など、慎重なヘッジファンド投資に関連するサービスを投資家に提供する。しかし、これらのサービスを受けるためには、マネジャーたちから請求される手数料以外にも追加手数料がかかる。

ここで取り上げたリストはけっして網羅的ではない。また、ヘッジファンドのデータベースはそれぞれ異なるので、それらの分類とも必ずしも合わない。しかし、ヘッジファンドに投資をすると、多様な戦略を利用できるし、異なるヘッジファンド戦略をひとつのポートフォリオにまとめると、かなりの分散化ができることがこのリストから分かるばずだ。これは伝統的な投資だけでは達成できない。

株式との相関関係

株式との相関はヘッジファンドの戦略によって大きく異なる。例えば、一方の端にあるロングオンリー戦略は株式と非常に相関が高く、もう一方の端にあるショートセリング戦略は株式と逆相関になるだろ

う。グローバルマクロ戦略に特化したマネージドフューチャーズは株式とはまったく相関がなく、長期的にはほぼ相関はゼロになる傾向がある。ほとんどのヘッジファンドの戦略はほとんどの期間で、株式に対して適度にプラスの相関しかない。しかし、重要な例外がひとつある。質への逃避が起きて、ポジション解消の動きが広がっているときには、市場とヘッジファンド戦略のほとんどが（マネージドフューチャーズのように非常に流動性が高い戦略を除く）、かなりの損失を同時に被るだろう。そうしたイベントの典型例は、2008年後半に世界中の市場を襲った金融恐慌だ。そうしたイベントの時期は、「相関係数が１になる」（１（1.0）は可能な最も高い相関係数で、２つの変数が完全に相関していることを示す。この表現は文字どおりの意味ではなく、市場の相関が非常に高くなっているということを意味した、意図的な誇張表現である）と言われる。

第12章

ヘッジファンドへの投資——外見と実際
Hedge Fund Investing : Perception and Reality

慎重な投資とはどういうものだろう？　**図12.1**は投資期間が22年の２つの投資を、期間の初めをそろえて示したものだ。この２つの折れ線は長期にわたって何回か抜きつ抜かれつしながら、動いている。2011年末現在、実線で表された投資のほうが複利での平均年率リターンがやや高く、全期間で8.2％だった。一方、点線で表された投資は7.4％だった。もっとも、わずか３カ月前には、長期にわたるリターンはほぼ等しかった。さて、あなたはどちらをより慎重な投資と考えるだろうか？　先を読む前に選んでほしい。

おそらく、あなたは点線のほうを選んだだろう。おめでとう。あなたは今、ヘッジファンド指数のほうが慎重だと判断して、暗に株価指数のほうがリスクが高いと判断したのだ。実線はS&P500トータルリターン指数（配当を含む指数）で、点線はHFR（ヘッジ・ファンド・リサーチ）ファンド・オブ・ファンズ指数である（個別ファンドに基づくヘッジファンド指数は第14章で説明するように大きく偏るので、個別ファンドの総合指数ではなく、ファンド・オブ・ファンズ指数を使って、ヘッジファンドのパフォーマンスを示している）。読者が客観的に判断できるように、意図的に銘柄名を表示しなかったのだ。

両指数で最も対照的なところはドローダウンの大きさである。S&P500トータルリターン指数には大幅な下落が２回ある。2007年11

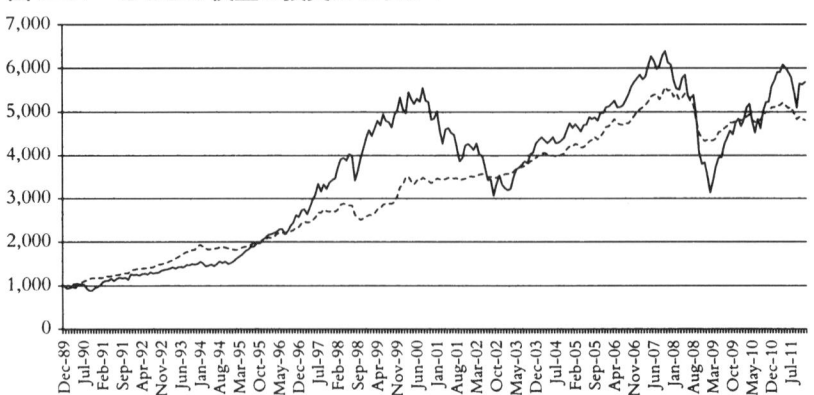

図12.1　どちらが慎重な投資だろうか？

月から2009年2月までの51％の下落と、2000年9月から2002年9月までの45％の下落だ。対照的に、HFRファンド・オブ・ファンズ指数が大幅に下落したのは1回だけだった。2007年11月から2009年2月までの22％の下落だ。したがって、ヘッジファンドに平均的に分散投資をした投資家が被った最悪の下落は、投資信託に投資した場合（S&P500を代用）の2番目に大きかった下落の半分以下だった。

　分散化されたヘッジファンドへの投資（例えば、ファンド・オブ・ファンズ）のほうが、分散化された株式への投資（例えば、株価指数ETF［上場投資信託］や投資信託）よりもリスクが小さいということは、単に最大ドローダウンがより小さいというだけの問題ではない。図12.1に示されるように、HFRファンド・オブ・ファンズ指数は常にS&P500よりもなめらかに動いていた。示された期間におけるHFRファンド・オブ・ファンズ指数の標準偏差（ボラティリティの最も一般的な尺度）は、年率6％未満だった。これはS&P500の15％を超える標準偏差よりもはるかに小さい。したがって、どんな尺度――最大ドローダウン、標準偏差、NAV（純資産価値）チャートのなめらか

さ——で見ても、ヘッジファンドのほうが株式よりもリスクがかなり小さかった。

　ヘッジファンドの平均リターンはわずかに低かった。**図12.1**で示された22年間に、HFRファンド・オブ・ファンズ指数の複利での平均年率リターンは7.4％で、S&P500トータルリターン指数にわずか0.8％及ばなかった。

　ヘッジファンドに対する世間一般の見方は、事実とは正反対だ。一般には、リスクを大きくとる気があるなら、ヘッジファンドに投資すれば大きなリターンが得られると考えられている。しかし、現実にはファンド・オブ・ファンズを使ったヘッジファンドに投資をしてもリターンはそれほど大きくない。だが、リスクは通常の株式投資よりもずっと小さいのだ。問うべきことは、「あなたの祖母にヘッジファンドへの投資を勧められますか？」ではなく、「あなたの祖母に投資信託を勧められますか？」のはずだ。

ヘッジファンドに投資する根拠

　図12.1に示されているように、世間の認識とは逆に、投資クラスとしてのヘッジファンドは、株式を買うだけの従来型の投資よりもボラティリティもドローダウンもかなり小さい。だが、この理由は何だろうか？　この疑問に答えると、ヘッジファンドに投資する意義も分かる。

　すべての投資家が基本的に理解しておくべきことは、ヘッジファンドへの投資は理にかなっているだけでなく、魅力的でさえあると主張できる確たる根拠についてだ。では、純粋に伝統的なポートフォリオというごく一般的な選択肢から検討しよう。伝統的なファンドに投資する場合、株式ファンドか債券ファンドから選ぶことになる。これらの分散効果は極めて限られたものだ。株式と債券というそれぞれのカ

テゴリー内では、ファンド同士の相関は非常に高いだろう。つまり、株式ファンドや債券ファンドを複数選んでも、２種類の分散化されたファンドひとつずつから成るポートフォリオにわずかな分散化が加わるだけだ。

　対照的に、伝統的な投資と比べたヘッジファンドの主な利点は、その戦略が極めて多岐にわたるところだ。それらのように選択肢が豊富にあると、伝統的なポートフォリオでは不可能なほど、リターン・リスク比率に優れていて、分散化されたポートフォリオを作ることができる——投資家が複数のヘッジファンド（理想的には少なくとも10〜20）に資金を配分するか、もっとずっと簡単な方法では、ファンド・オブ・ファンズに投資するかぎりだが。分散化はウォール街で唯一のフリーランチかもしれないが、それはヘッジファンドの投資家のみが利用できるレストランでしか提供されない。

　ヘッジファンドの世界では高い成功報酬が得られるため、最も優秀なマネジャーが集まると主張しても間違いではないが、ヘッジファンドに投資すべき根拠はそんなことを当てにしたものではない。仮にヘッジファンドマネジャーが伝統的なファンドマネジャーたちよりも優位に立てるスキルを持っていないとしても、ヘッジファンドへの投資は理にかなっている。たとえ個々のヘッジファンドが平均して投資信託や株価指数と同じリターン・リスク比率でも、ヘッジファンドは異質なので、リターン・リスク比率が非常に高いポートフォリオを作ることができる。ヘッジファンド戦略は多種多様で、互いの相関が小さいものから適度なものまでそろっている。そのため、広く分散投資ができて、低リスクのポートフォリオを作ることができる。したがって、使える道具が多いというだけでも、ヘッジファンドの分散化されたポートフォリオには伝統的な投資信託に勝る重要な利点が備わっているのだ。

表12.1　パフォーマンスの比較──ヘッジファンドとS&P500（1990～2011年）

	複利での年平均リターン	年率換算した標準偏差	最大ドローダウン	リターン・標準偏差比率	リターン・最大ドローダウン比率
S&P500	8.2%	15.2%	51.0%	0.54	0.16
HFRファンド・オブ・ファンズ	7.4%	5.9%	21.9%	1.25	0.34

ポートフォリオにヘッジファンドを組み込む利点

　伝統的なロングオンリー戦略のポートフォリオにヘッジファンドを加えたほうが良い主な理由が2つある。

1．**リターン・リスク比率から見ると、ヘッジファンドのほうがパフォーマンスが良い**　表12.1は、図12.1で示したデータに基づいて、カギとなるパフォーマンスの統計をいくつか示したものだ。複利での平均年率リターンでは、S&P500トータルリターン指数がHFRファンド・オブ・ファンズ指数を0.8％上回っているが、リスクはヘッジファンド指数のほうがずっと小さい──標準偏差は61％低く、最大ドローダウンは57％低い。リターンはわずかに劣るが、リスクがはるかに小さいので、ヘッジファンドのリターン・リスク比率はS&P500の2倍以上良い。そして、第8章で見たように、リターンではなくリターン・リスク比率が最も意味のあるパフォーマンス尺度なのだ。

2．**ヘッジファンドを利用すれば、分散投資ができる**　ヘッジファンドはヘッジという名前に完全に応えてはいない──特にポジションの解消売りが殺到する時期──が、ロングオンリー戦略の世界では

とうてい不可能なほどのリスク分散ができる。ロングオンリー戦略では異なる株式に投資をしても通常は著しく相関が高いからだ。

マネージドフューチャーズの特殊性

マネージドフューチャーズはヘッジファンドの一部とみなされたり、別の投資クラスに分類されたりする。マネージドフューチャーズとはマネジャーが先物市場とFX市場でトレードを行う投資のことだ（FXは先物市場でもインターバンク市場でもトレードされている）。先物のトレードを行うマネジャーはCTA（商品投資顧問業者）と呼ばれる。CTAはヘッジファンドよりも厳密な規制や監視を（CFTC［商品先物取引委員会］とNFA［米国先物協会］）受ける。CTAとほかのヘッジファンドとの境界線はますますあいまいになっている。多くのCTAはヘッジファンドの運営も行っている。また、多くのグローバルマクロ戦略を用いるヘッジファンドは先物とFXのみをトレードしている。この点で、CTAとヘッジファンドとは区別がつかない。ヘッジファンドがCFTCとNFAに登録していると、特にそう言える。

マネージドフューチャーズを別の投資クラスと見ると役に立つ理由のひとつは、流動性が圧倒的に高いヘッジファンド戦略だからだ。流動性の高さはポートフォリオの側面からも投資家の側面からも言える。

- **●ポートフォリオの側面**　ほとんどのCTAは１日ですべてのポートフォリオを手仕舞うことが簡単にできるし、数分でできることも珍しくない。
- **●投資家の側面**　解約条件は通常、ヘッジファンドのなかで投資家に最も有利で、毎月（またはもっと良い条件で）解約でき、ゲート条項が発動されることはまれである（多くのヘッジファンドはゲート条項を設けていて、投資家の総解約額が一定期間に指定した水準を

第12章 ヘッジファンドへの投資――外見と実際

超えると、解約を制限できるようになっている。ゲート条項が発動されて解除されなければ、投資を完全に解約できるまでに何年もかかることがある。危機的な状況で流動性が下がりやすい証券をマネジャーがトレードしていれば、少なくともゲート条項を発動する根拠にはなる。買い手不在の市場で気配値が極端に開いているときに、ポジションを手仕舞わないで済むようにする必要があるからだ。しかし、先物はとても流動性が高い［取引が少ない限月と市場を除く］ので、先物のマネジャーにはゲート条項を必要とするだけの妥当な理由はない）。

マネージドフューチャーズがほとんどのヘッジファンド戦略と異なる特徴を有するのは、先物の流動性が高いからだ。マネージドフューチャーズ（FXを含めて）は、「相関係数が１になる」状況に影響されない投資カテゴリーである。金融恐慌に見舞われて株式市場が暴落する時期には、投資家にリスク回避の動きが広がるので、事実上すべてのヘッジファンド戦略でポジション解消の動きが起きる。あらゆる投資が同時に幅広くポジションを解消されると、ほとんどすべてのヘッジファンド戦略は同時に損失を被る。これは、ほとんどの市場環境で株式やほかのヘッジファンド戦略との相関が低いか適度な戦略でさえ変わりない。この種のイベントは「相関係数が１になる」と言われるが、それはすべての投資が一斉に同じ動きをするという意味だ。その典型的な例が、2008年後半から2009年前半までの金融危機と株式市場の暴落だった。そうした投資家の懸念が広がる時期には、多様な戦略を用いるポートフォリオのリスク分散がうまくいくと期待されるが、リスク分散が最も必要なまさにそのときに、それが消えてしまうこともある。

マネージドフューチャーズは相関係数が１になる状況でも影響を受けない。投資家の解約が集中しても、先物やFXのポートフォリオは

273

たいしたスリッページもなく、簡単に手仕舞えるからだ。さらに、これらの市場は流動性が高いので、多くの市場で恐れに支配された値動きが見られると、CTAは簡単にドテン売りをして、それらの値動きを逆に利用できる。そのため金融危機の時期に、先物のマネジャーはどちらかと言えば利益を上げる傾向がある。ほぼすべての投資（大部分のヘッジファンドも含む）が損失を出している時期に、マネージドフューチャーズはリスク分散に役立ちやすいので、ほとんどのポートフォリオに含める価値がある投資カテゴリーとして、区別する意味があるのだ。

マネージドフューチャーズのもうひとつの利点は、マネージドアカウント（一任運用口座）を非常に受け入れやすい戦略だというところだ。先物とFXのマネジャーはほかのどのヘッジファンドマネジャーよりもマネージドアカウントを提供している比率がはるかに高い。マネージドアカウントの利点は第16章で詳しく説明する。

個々のヘッジファンドのリスク

ヘッジファンドが全体的に株式よりも低リスク——それに、投資信託も全体として株価指数よりもパフォーマンスが劣るので、投資信託よりも低リスクだという推論も成り立つ——だと言えるにしても、個々のヘッジファンドで見ると投資リスクがあるのではないか、と疑う人もいるだろう。繰り返されるヘッジファンドの恐ろしい記事についてはどうだ？　詐欺や甘いリスク管理、欠陥だらけの戦略のために破綻するヘッジファンドがあるのは本当ではないのか？　確かに、これらはどれも本当だ。そして、そうしたヘッジファンドの惨事なんて、たまにしか起きないというだけで、リスクを無視することはできない。確率は低くても、もたらされるひどい結果のほうが重要なこともあるからだ。1000に１つか２つのヘッジファンド詐欺を確率が低いからと

いう理由で無視するのは、火災に遭う可能性が非常に低いからという理由で、火災保険を自宅に掛けないのと同様に望ましくない。ただし、ファンド・オブ・ファンズを通してヘッジファンドに投資をすれば、ひとつのヘッジファンドの破綻リスクは大幅に減らすことができる。

　適切に運用されているファンド・オブ・ファンズでは、ヘッジファンドへの投資で大きな損失を被らないようにするために、2つの方法を用いる。

1．ファンドは通常、投資分析やデューディリジェンス（投資対象の精査）を行うので、詐欺的なファンドや重大な欠陥があるファンドははじかれる可能性が高い。
2．たとえ選んだヘッジファンドが悲惨だった場合でも、分散投資で痛手はかなり和らげられるだろう（一般的に、ファンド・オブ・ファンズは10～50の個別ファンドに投資している）。例えば、極端なケースで、30の個別ファンドに均等に投資しているファンド・オブ・ファンズが、投資家の資金を全額失うヘッジファンドをひとつ選んでいたとする。この場合、ファンド・オブ・ファンズの損失は3.3%で、これは株式市場がさえない月に投資信託が出す典型的な損失よりもはるかに小さい。

　ファンド・オブ・ファンズに投資をすると、二重に手数料を取られるという理由で反対する投資家もいる。資金を配分している各ファンドからは、それぞれの管理手数料と成功報酬を請求され、ファンド・オブ・ファンズも同じように管理手数料と成功報酬を請求する。ファンド・オブ・ファンズを通さずにヘッジファンドに投資することは、個人にはできない。ほとんどのヘッジファンドは、最低投資額が非常に高い。一般的に、ヘッジファンドの最低投資額は100万ドルである。したがって、ヘッジファンドのかなり分散されたポートフォリオに投

資するためには、2000万ドル以上が必要になる。これは明らかに、ほとんどすべての個人投資家の限度を超えている。

　機関投資家の場合は、ファンド・オブ・ファンズの追加手数料を節約するために、ヘッジファンドに直接に投資をしても、倹約にならないことが多い。ヘッジファンドに直接に投資する機関投資家には、選択肢が２つある。

1. **正攻法で行く**　この選択肢は、専門知識を有する投資チームを社内に設置して、幅広いヘッジファンド戦略から投資対象を評価して選び、精査や監視を行うことを意味する。社内で対処するのは、ヘッジファンドに非常に多額の資金配分を行う機関投資家にとっては適切かもしれない。だが、ほとんどの機関投資家にとって、そうしたチームや関連インフラを整備すると、ファンド・オブ・ファンズの手数料よりも高くつくだろう。特に機関投資家は一般的に、規模が大きくなるほど大幅な値引き交渉ができるから、なおさらだ。
2. **安上がりに行く**　この選択肢では、機関投資家は適切な専門知識を持つ部署を社内に設置せずに、データベースの検索か何かを使ってヘッジファンドへの投資を決める。この手法は簡単で、安上がりかもしれないが、ヘッジファンドへの投資初心者が過ちを犯すと、ファンド・オブ・ファンズの手数料よりもはるかに高くつく可能性がある。

　また、ファンド・オブ・ファンズのパフォーマンスは手数料を控除したあとの数字である点にも注意する必要がある。ヒストリカルデータを見ると、それらの投資はヘッジファンドよりもはるかにボラティリティが低く、株価指数とほぼ等しい長期リターンを生み出しているが、それは二重に課された手数料をすでに引いた結果に基づいているのだ。

投資における誤解

投資における誤解33　ヘッジファンドは非常に高いリターンを得られる可能性がある一方、リスクが高い投資である。
現実　十分に分散化されたヘッジファンドのポートフォリオに投資すれば、リターンは適度だが慎重な投資ができる。

投資における誤解34　ヘッジファンドに投資をすると、資金の多くを失うか、全額すら失うリスクがある。
現実　この主張はヘッジファンドに投資する資金の全額を1人のマネジャーに託す投資家には確かに当てはまる。だが、似た主張はひとつの銘柄に全額を投じる株式投資家にも当てはまる。エンロンが良い例だ。ここで言われるリスクは、分散投資をしないために被るものであって、ヘッジファンドに特有のものではない。それに特有のリスクを考えると、資金のすべてか、ほぼすべてを失うのではないかという恐怖を感じてしまう。だが、ヘッジファンドへの投資を個別のヘッジファンドに行うのではなく、専門家による分散投資されたファンド・オブ・ファンズに限れば、このリスクは簡単に取り除くことができる。

投資における誤解35　ヘッジファンドへの投資は洗練された富裕層の投資家にしか向かない。
現実　ほかのポートフォリオについて、感情ではなく分析に基づいて評価をすると、複数のヘッジファンド――つまり、プロによる運用と分散投資の両方が得られるファンド・オブ・ファンズ――は洗練されていない中間層の投資家でさえ、望ましい投資だ

と分かるだろう。実は、彼らこそ分散化されたヘッジファンドへの投資をポートフォリオに含める必要がある、と主張することもできる。従来からある一般的なポートフォリオは、もともと十分な分散化ができない。そのため、彼らはそういうものにすべての資金を投資するというリスクはとれないからだ。

投資における誤解36 ヘッジファンドに投資をすると、通常の相場ではリスク分散になるかもしれないが、市場で暴落や恐慌が起きると、ヘッジファンドでショートバイアス戦略以外のほぼすべての主要なカテゴリーは同時に損失を被るだろう（すなわち、「相関係数が1になる」影響）。

現実 マネージドフューチャーズは先物市場とFX市場で高い流動性を確保しているので、「相関係数が1になる」影響をあまり受けない。

投資における誤解37 ヘッジファンドへの投資は、最大でもポートフォリオの5～10％に限るべきだ。

現実 ほとんどの場合、リターンとリスクと相関関係の水準に基づいて客観的に評価をすると、ヘッジファンドに10％以上の配分をするほうが適切だと分かるだろう。

投資の知恵

ヘッジファンドには、従来型の株式や債券への投資に勝る重要な利点がひとつある。ヘッジファンドには異質な投資対象が幅広くあり、従来の投資よりもはるかに分散投資ができるという点だ。これが、ヘ

ッジファンドのポートフォリオが株価指数や投資信託よりもリターン・リスク比率が著しく高い主な理由である。リターン・リスク比率がより高く、株式との連動性を適度に弱めることができるということは、ヘッジファンドに資金を配分すればたいてい、従来型のポートフォリオのリターン・リスク比率を引き上げることができるということだ。

　これまでのところは、ヘッジファンドをポートフォリオに加えるほうが有利だったが、将来もこれが続くかについて、十分な注意を払っておきたい。ヘッジファンドに資金を配分する機関投資家はますます増えている。この章での主張が広く受け入れられて、機関投資家が現在のヘッジファンドへの投資水準を大幅に引き上げたら、膨れ上がった運用資産をうまく吸収できなくなって、リターンが落ちるかもしれない。ヘッジファンドマネジャーは全体として、投資信託のマネジャーや一般投資家よりも優れた手腕を持っていて、それらの腕が劣る市場参加者や、ヘッジが目的で利益追求には無関心な参加者が生み出す市場の非効率性から利益を得てきた。同一の非効率性を利用しようとするヘッジファンドの数が増えすぎないかぎり、彼らはうまくやっていけるだろう。しかし、彼ら同士での競争が中心になってきたら、パフォーマンスが落ちるのは避けられない。そうした状況に達すると、彼らは非常に頻繁にトレードを行うため、市場の取引に占める割合がその運用資産とは比較にならないほど高くなる点に注意が必要だ。大きな魚は小さな池でも非常にうまくやっていけるが、数が増えすぎると飢えに苦しむだろう。この章では、ポートフォリオにヘッジファンドも含めたほうがよいというアドバイスをしたが、アドバイスが有効であり続けるのは、これがあまり広がりすぎないかぎりの話だ。

　投資の一選択肢としてヘッジファンドを検討することについては、事実と一般の認識との間に大きな隔たりがある。ヘッジファンドはハイリスク、ハイリターンの投資だと受け止められている。しかし、ヘ

ッジファンドは伝統的な株式投資とほぼ同じ程度のリターンである一方で、リスクははるかに小さいというのが現実である。それなら、株式投資信託は慎重な投資で、ほとんどの投資家向きとみなされるのに対して、ヘッジファンドがハイリスクな投資とみなされる理由は何なのだろうか？ 次章で、この疑問に答えたい。

第13章

ヘッジファンドに対する警戒
——人間であるが故の誤謬
Fear of Hedge Funds：It's Only Human

例え話

　ファイナンシア王国で自動車が発明された。何年かのうちに多くの改良が加えられると、この新発明品は乗り心地が良くなって人気に火が付いた。車を買う市民が次々と増えていった。車の耐久性は向上したが、問題もあった。道が混雑してくるにつれて、事故が多発するようになったのだ。多くの市民がこの新発明のせいで重傷を負い、死者すら出るようになった。

　ファイナンシア王国のある発明家は、この問題の解決に心血を注いだ。失敗を何回か重ねたあと、彼は座席にストラップを取り付けて、運転手の体に巻き付けるというアイデアを思いついた（そして、同乗者にも同様のストラップを付けた）。彼はこの新発明を「シートベルト」と呼んだ。高級車メーカーの1社が全車種にこの新しいシートベルトを付け始めた。

　国民にとても愛され、尊敬もされていた王子がその新しい車を1台買った。彼は事故の際にシートベルトで身を守る、というアイデアがとても気に入ったのだ。王子は分別をわきまえた人と言えたが、運転となると少しばかり向こうみずなところもあった。それで、シートベルトを付けている安心感から、もっとスピードを出しても大丈夫だと

思ったのだ。

ある日、王子は曲がりくねった急な山道で無謀な運転をしていて、ハンドル操作を誤り、時速80マイル以上で激突した。車はバラバラになり、王子は死んでしまった。

このニュースはたちまち国中に広まった。王子は例の新しいシートベルトをしていて、自動車事故でお亡くなりになったそうだ、と。間もなく、車を買う人たちはシートベルト付きの車に見向きもしなくなった。どのメーカーも車にシートベルトを付けなくなった。この技術革新は今やさげすまされ、すでに取り付け済みのわずかな車を除いて、シートベルトはほとんど姿を消してしまった。シートベルトの発明家はひどく落ち込んだ。

何年もあとに、シートベルトを利用しているほうが事故にあったときの死傷者が劇的に減るという事実を、ある研究者が発見した。シートベルトはやはり役に立っていたのだ！ 彼はシートベルトの発明家にその調査結果を持って行った。発明家は役に立つという証拠を見て興奮した。「これで、この素晴らしい発明がよみがえるぞ」と、彼は思った。

この新たな証拠を携えて王国の自動車メーカーを回り、シートベルトの装着がいかに賢明かを説得しようとした。しかし、彼らの心は動かなかった。

「王子がどうなったか、知ってるだろう」と、彼らは口をそろえて言い、それがシートベルトを使う愚かさを何よりも証明していると信じ切っていた。憤慨した発明家は言った、「私だって、王子が大好きでした。でも、彼が亡くなったのはシートベルトのせいではなく、軽率な運転のせいなんです」。そして、シートベルトを使えば命が助かると証明できる、議論の余地のない証拠を差し出した。

だが、自動車メーカーは信用してくれなかった。「君の主張はおそらく正しいのだろう。でも、うちの会社じゃ冒険はできない。そんな

リスクの高い製品をお客に販売するなんて論外だね」というのが典型的な反応だった。

ヘッジファンドは恐ろしい

　株価は2000年3月に天井を付けたあと、2年半にわたって大幅に下落し、S&P500指数は45％、ナスダックに至ってはさらに劇的で、75％近くまで下げた。投資信託も株価指数と変わりなかった。しかし、ほとんどのヘッジファンドは痛手を免れた。株価が激変していたのと同じ期間に、HFRファンド・オブ・ファンズ指数はほぼ横ばいだった（個別ファンドに基づくヘッジファンド指数は第14章で説明するように大きく偏るので、個別ファンドの総合指数ではなく、ファンド・オブ・ファンズ指数を使って、ヘッジファンドのパフォーマンスを示している）。驚いたことに、それにもかかわらず、ほとんどの機関投資家や個人投資家は、ヘッジファンドはリスクが高くて平均的な投資家向きではないというお題目を繰り返した。明らかに、価値の半分から4分の3を失う投資だけが、「慎重な」投資家にふさわしいと言うのだ。

　しかし、ヘッジファンドも2000年代後半に起きた金融危機では、無傷でいられなかった。2007年11月から2009年2月までの間に、HFRファンド・オブ・ファンズ指数は22％という、それまでで最悪の下落をした。ヘッジファンド指数はかなりの下落をしたが、まったく同じ期間に、S&P500とナスダックは50％以上も下落している。22％の損失を1回出しただけの投資が、同じ期間に2回、2倍以上の損失を出したものよりもずっとハイリスクだと思われるのは、いったいなぜだろうか？

　おそらく、ヘッジファンドへの投資がいかにハイリスクかというゆがんだ見方を定着させたイベントで、LTCM（ロング・ターム・キ

ャピタル・マネジメント）の破綻以上のものはない。これは、史上最も有名なヘッジファンドの破綻だろう（バーニー・マドフのほうがずっと有名だったかもしれないが、彼のやったことはヘッジファンドではなく、ポンジスキームと呼ばれる投資詐欺だった。彼はパフォーマンスの数字をでっち上げていただけで、実際にはまったくトレードをしていなかった。また、独立したブローカーやアドミニストレイターといった、通常ならヘッジファンドに備わっている監視体制もなかった）。LTCMは運用開始から4年間は安定した利益を生み出し、純資産を4倍にした。しかし、その後の5カ月（1998年5〜9月）で、ファンドの純資産は92％という途方もない減少をして、破綻した。LTCMは非常に大きなレバレッジをかけて運用していたので、融資をしていた銀行や証券会社にはすさまじいリスクがあった。LTCMの破綻によって金融システム全体に連鎖反応が起きる恐れが出たため、FRBはこの会社に対する緊急援助を組織させた（もっとも、資金は出さなかったが）。

　LTCMの事例がこれほどの説得力を持つようになったのは、破綻や金融システムに対する脅威の大きさだけではなく、そこにかかわった頭脳集団のせいでもある。この点はロジャー・ローウェンスタインの優れた著書『天才たちの誤算』（日本経済新聞社。この節のLTCMに関する説明はこの本に基づく）という書名で強調され、有名になった。2人のノーベル賞受賞者が取締役にいて、ウォール街で最も優れた頭脳をスタッフに擁し、洗練された投資家たちが投資リストに名を連ねていると評判になったヘッジファンドが、資金のほとんどすべてを瞬く間に失うことがあるのだ。そうであれば、投資をこれから考えている人が、どんなヘッジファンドに投資しても安心なんてできない、と思っても当然だろう。ちょうど前に述べた寓話で自動車メーカーが「王子がどうなったか知ってるだろう」と言って、シートベルトをはねつけたように、投資家が「LTCMがどうなったか知ってるだろう」

と言って、ヘッジファンドを断っても無理はないのだ。

そこで、重要な問いは、LTCMのような出来事がヘッジファンドへの投資でどれほど起きるのかだ。実は、LTCMのようなヘッジファンドの破綻は、比較的まれにしか起きない。LTCMは最初のうちは慎重な裁定取引を行っていた。リスクも通常は限られていて、明確に定義されていた。そのトレードは、市場の非効率性によって関連する金融商品間の価格にゆがみが生じたときに、利益を得ようとするものだった。

競争が激しくなって、核となるトレードで利益を得る機会が減ると、LTCMは非常にリスクの高いトレードへと移り始めた。破綻が迫ったころになると、ポートフォリオは最初の時期とは正反対のポジションであふれていた（例えば、買いと空売りによる損失が理論的に無限になるスプレッド取引）。また、けた外れのレバレッジをかけていたことや、動きが似た市場での出来事（例えば、利回り格差の縮小）に弱いポートフォリオを多く抱えていたせいで、リスクはさらに高くなっていた。要するに、LTCMは慎重なアービトラージを行うファンドとして立ち上げられたが、結局はハイリターン狙いに変わっていたのだ。1998年に起きたロシアの債務不履行がきっかけとなって破綻したLTCMは、こうしたブラックスワンと呼ばれるテールイベント（まれにしか発生しない事象）が起きる可能性を考慮しない投資モデルに従っていた。ヘッジファンドへの投資リスクをLTCMの経験に基づいて判断することは、エンロンに基づいて株式への長期投資のリスクを判断するようなものだ。

LTCMの破綻によって、ヘッジファンドへの投資はリスクが高いという見方が広がった。人々のリスクの見方をゆがめる行動バイアスはいくつかあるが、これはそのひとつの具体例だ（この場合は、マスコミ報道が多いことを、イベントが起きる可能性が高いと勘違いしたもの）。人々はリスク判断となると信じられないほど非論理的であり、

リスクについて不合理な見方をする。それはヘッジファンドへの投資に限った話ではない。

　２～３の例を挙げよう。非常に多くのヨーロッパ人は狂牛病が怖くて牛肉を食べなくなった（狂牛病にかかるよりも、雷に打たれる確率のほうがはるかに高いのに）。一方で、タバコは健康に悪いと分かっているのに平気で吸い続けているが、それはなぜだろう？　遺伝子組み換え穀物は何億ものアメリカ人がごく普通に食べているものなのに、アフリカではそれらがアメリカから送られてきても国民に配らずに、飢えを放置する国がある（2003年に、ザンビア共和国のレヴィ・ムワナワサ大統領は、寄付された遺伝子組み換え食品を飢えている国民に配ることを禁じた。「安全でないと言われたからだ」と、ムンディア・シカタナ農業担当大臣はニューヨーク・タイムズでのインタビューで語っている）。これはどうしてだろうか？　飛行機の墜落を恐れて、長距離を自分の車で移動する人たちもいる。移動距離で測ると、交通事故で死ぬ可能性のほうがはるかに高いのに、なぜなのか？　サメに襲われる人はまれで、水死する人のほうがはるかに多いのに、サメを恐れて水泳を思いとどまる人のほうがずっと多い。これはなぜだろうか？

　ここで述べた例から、リスクに対する人々の態度には行動バイアスがあることが分かる。第１に、聞き慣れたこと（または知識）と恐れの間には逆の関係がある。例えば、喫煙とガンや心臓病との関係は聞き慣れている。ところが、どうして狂牛病にかかるのかは十分に理解されていない。同様に、遺伝子組み換え食品は新しい物――ほとんどの人がわずかな知識しかない物――だが、飢えについて不可解な点ははあまりない。

　第２に、皮肉なことだが、珍しい出来事ほどマスコミが取り上げやすいため、珍しければいっそう不安になる。サメに襲われると、夕方のニュースになり、ひょっとするとトップニュースにさえなるかもし

れない。しかし、水死のニュースを最後に見たのはいつのことだろう？　飛行機の墜落はニュースで取り上げられるが、自動車事故は違う。情報が広まると、人々のリスク評価はゆがむ。珍しいことを当たり前のことと感じるようになるか、普通なら無視するまれなリスクに敏感になるかのどちらかだ。いずれにしろ、マスコミにむやみに取り上げられると、チェーンスモーカーが狂牛病に慌てふためくといった矛盾したことが起きるのだ。

　伝統的な市場（例えば、株式市場）とヘッジファンドでは報道が極端に異なるが、それは両者に関する一般のとらえ方が極端に分かれることと大いに関係する。一般に、ヘッジファンドがニュースになるのは、ヘッジファンドをかたる詐欺があったか、ヘッジファンドの破綻といった悲惨な出来事が起きたときだけだ（破綻とは、詐欺の結果ではなく、リスク管理を誤ったせいで、会社を破滅させるほど巨額の損失を被った状態を指す。破綻は、ファンドが過度のリスクを意図的にとったためか、リスク測定を誤ったため、あるいはLTCMのようにその両方が原因で起きることがある）。対照的に、株式市場については毎日、決まって報道されている。株式に関する人々のとらえ方や知識がエンロンとワールドコムの記事だけに基づいていると想像してみよう。そんな世界で、株式に投資をしようかと思っていると友人に言えば、「気は確かなのか？　お金を全部失うことだってあるんだよ？」と返されるかもしれない。

　第3に、人々は自分が影響を及ぼせる普通の出来事よりも、コントロールできないまれな出来事のほうにリスクを大きく感じるようだ。そのため、水死よりもサメに襲われる可能性のほうが不安になるし、命にかかわる交通事故よりも飛行機が墜落する可能性のほうを恐ろしく感じるのだ。

　リスクを見るときに人が一般に持つこれら3つのバイアスから、人々が投資信託ではなく、ヘッジファンドへの投資のほうを恐れる理

由が説明できる。ヘッジファンドよりも株式市場のほうが大幅な値下がりが頻繁に起きて、その額もはるかに大きいのに関係ないのだ。第1に、人はヘッジファンドについては詳しくないので、それらが用いる幅広い戦略も理解していないが、投資信託にはなじみがあり、株式に分散投資するポートフォリオだということを十分に理解している。第2に、投資家の資金の50％以上を失うヘッジファンドは派手なニュース記事になる（例えば、LTCM）。だが、同じほどの損失を被る投資信託は、最近にそうした損失を被った数百、あるいは数千の投資信託のひとつにすぎない。第3に、毎日、解約できる投資信託や株式への直接投資はヘッジファンドよりもはるかに自由度が大きい。ヘッジファンドに投資をすれば解約時期は限られて、かなり前に解約を通知しておく必要がある。また、ロックアップ条項か中途解約時の違約金、それにゲート条項があるなど、解約にはさまざまな制限が課される（かつては、ヘッジファンドの解約は毎月できるのが当たり前だったが、現在では四半期ごとか、さらに長く待たされるのが一般的になっている。また、多くのヘッジファンドはロックアップ条項――初めて投資をしてから一定期間（例えば、1年から数年）は解約を禁じる条項――を設けている。ファンドによっては、投資後の一定期間に解約をすると違約金を課すところもある。ヘッジファンドでほぼ標準となったゲート条項は、総解約額が指定された限度額［例えば、運用資産の10％］を上回ると、投資家の解約を一時中止できるというものだ）。

もちろん、ヘッジファンドに対する恐れが、すべて心理的なものというわけではない。リスクが高いと考える合理的な根拠も実際にある。詐欺と破綻はまれだが、懸念材料になるほどには起きている。また、ヘッジファンドは複雑なため、リスク、特に隠れたリスク（第4章で説明）を測定するのは難しい。解約に障害があるのは、現実にも心理的にも影響がある。しかし、解約の問題を除けば、現実のリスクはファンド・オブ・ファンズに投資をすれば、かなり下げることができる。

また、ヘッジファンドの代わりにマネージドアカウントを利用すれば解約の障害はなくせるし、詐欺や破綻のリスクも大幅に減らせる（第16章を参照）。

　結局、ヘッジファンドに特有のリスクはあるが、それだけでは特にハイリスクな投資であると一般に見られる十分な説明にはならない。伝統的な投資と比べたときに、だれもが持つ心理的なバイアスのせいで、投資家はゆがんだリスク評価を行って、結局は不合理な投資判断に至ると見るしかないのだ。

第14章

ファンド・オブ・ヘッジファンズのパフォーマンスが単一のヘッジファンドに劣るという矛盾
The Paradox of Fund of Hedge Funds Underperformance

　単一のヘッジファンドから成るヘッジファンド指数と、ファンド・オブ・ファンズから成る指数を比較すると、奇妙なことに気づく。ファンド・オブ・ファンズに基づく指数のほうがほぼ一貫してパフォーマンスが劣るのだ。ファンド・オブ・ファンズのリターンのほうがほぼ毎年低いだけでなく、その割合もかなり大きい。過去の記録ではパフォーマンスが年率で5%以上悪いのはごく普通だった。

　ファンド・オブ・ファンズのマネジャーのほうが明らかにパフォーマンスが相当に劣るのは、「エックハートの格言」とでも呼べるような例のひとつなのだろうか？　ビル・エックハートは私の著書『**新マーケットの魔術師**』(パンローリング)でインタビューをしたマネジャーの1人である。そのインタビューで、人は本来、トレードや投資には向かないので、ほとんどの人はランダムに選んだ場合よりも結果が悪いと、彼は主張したのだ。誤解しないでほしい。彼は例の有名な学問的主張――ウォール・ストリート・ジャーナルの株式欄にダーツを投げるサルでもファンドマネジャーと変わりない結果を出せる――と同じことを言ったのではない。彼はサルのほうが優れていると言ったのだ！　彼の見方では、人は進化の過程で安心感を求めるように形成されてきたので、ほとんどの人はランダムなトレードや投資よりも判断が劣るのだ。ファンド・オブ・ファンズのマネジャーはファンド

の選別や、デューディリジェンス（投資対象の精査）、ポートフォリオの組成や監視を、良いダーツセットで行うべきだろうか？

　ファンド・オブ・ファンズのパフォーマンスのほうが劣る理由の一部は、手数料を余分に取ることで説明できる。ファンド・オブ・ファンズが、それを構成する単一ファンドの平均リターンと同じリターンであれば、ファンド・オブ・ファンズに基づく指数は追加の手数料分だけパフォーマンスが劣るだろう。しかし、手数料を上乗せされても、ファンド・オブ・ファンズは必ずしも悪い投資ではない。それどころか、投資家に提供される2つの重要なサービスを受けられるなら、手数料を払ってもおしくはないのだ。

1. **分散投資**　ヘッジファンドへの投資を十分に分散できるほど裕福な個人投資家は極めて少ない。ヘッジファンドの最低投資額が平均で100万ドルと仮定して、20のヘッジファンドに分散投資したポートフォリオを作るためには、2000万ドルが必要になる。しかし、ファンド・オブ・ファンズなら最低投資額はずっと少なくて済む（10万ドル以下が一般的）。そのため、ファンド・オブ・ファンズを利用すれば、個人投資家でも分散化ができるようになる。分散化でリスクを減らせれば、手数料を払っても十分に元が取れると主張できるはずだ。

2. **プロによる管理**　ファンド・オブ・ファンズが行う投資対象の選別やデューディリジェンス、ポートフォリオの組成と監視はすべて、ヘッジファンドに慎重に投資するためには欠かせないが、これらはほとんどの個人投資家の能力を超えている。さらに、ヘッジファンド投資部門を置くことができる機関投資家でさえ、ファンド・オブ・ファンズのポートフォリオを組んで維持するための経費だけでも手数料くらいはかかるし、それ以上かかることすらある（特に、機関投資家は手数料を大幅に割り引いてもらえるため）。

しかし、単一ファンドの指数とファンド・オブ・ファンズの指数に見られるパフォーマンスの差は、手数料だけでは説明できない。ファンド・オブ・ファンズ指数が手数料を除いた総リターンで示されたとしても、大半の年で単一ファンドの指数よりも劣るからだ。大まかに言って、ファンド・オブ・ファンズの手数料で説明できる部分は、パフォーマンスの差の３分の１以下だろう（正確な比率はデータ提供会社によって異なる）。それで、ファンド・オブ・ファンズのマネジャーがファンドを自分で選ぶと、ランダムに選ぶよりも劣るのはなぜか、という疑問は依然として残るのだ。

　ファンド・オブ・ファンズに基づく指数が単一ファンドから成る指数を下回る最も重要な理由は、ヘッジファンド指数にはバイアスがかかるからで、このバイアスは単一ファンド指数のほうが明らかに大きい。これらのバイアスには以下のものが含まれる。

- **生き残りバイアス**　これは長年にわたって数多くの論文の主題となってきたので、最も有名なバイアスだ。パフォーマンスが劣るファンドほど活動を停止しがちなので、消滅したファンドや報告を行わなくなったファンドを指数の計算で考慮しなければ、基本的には指数に上方バイアスがかかるだろう。このバイアスがあれば影響は大きいが、現在ではいくつかの指数はこの部分を調整しているので、それほど重要でなくなっている。
- **選択バイアス**　ヘッジファンドは自らのパフォーマンスデータをデータベースに載せるかどうかを自分で決めている。したがって、パフォーマンスが良いファンドほどデータを載せたがるとすれば、自主的な選択によって上方バイアスがかかるだろう。ただし、パフォーマンスが特に良くて新規の受け入れを停止したファンドも、新たな投資家からの問い合わせを避けるために報告を中止する可能性が

あるので、このバイアスには相殺し合う関係がある。この２つのうちでどちらの影響力が強いのか判断しづらいが、新たな投資家の観点からは、選択バイアスには上方バイアスがかかる。潜在的な投資ユニバースには閉鎖されたファンドが含まれていないからだ。

●**遡及バイアス（または、「インスタントヒストリー」バイアス）**　ファンドが初めて指数の提供会社にデータを報告すると、ファンドの開始までさかのぼって、データを指数の計算に含めるところもある。これらのデータは実際の運用で達成されたリターンではあるが、パフォーマンスが良いファンドのほうがデータを自主的に報告しがちなので、上方バイアスが生じる。例えば、1000のファンドが運用を開始して２年後に、500は成績が良くて500が悪かったとしよう。すると、成績が良かった500のほうが、データを報告する可能性がはるかに高いだろう。それで、それらのデータは過去にさかのぼって指数で使われる一方で、パフォーマンスが劣るファンドの分は使われない。したがって、データをさかのぼって計算した指数のヒストリカルデータは、当時の多くのファンドの実際の数字よりも誇張されている。

●**清算バイアス**　ファンドのパフォーマンスが非常に悪くて、運用をやめるほどの損失を出したとき、彼らにとって最も関心がないことは自分たちの成績を指数のデータベース提供会社に報告することだろう。そのため、ほとんどの場合、清算されるファンドの最悪の時期のパフォーマンスはけっして表に出ないだろう。たとえ指数のほうで生き残りバイアスを修正しても、この問題は残るという点に注意してほしい（ファンドがデータベースに維持されても、断末魔の苦しみを味わっている最後の時期のデータは入手できない可能性がある）。

●**配分バイアス**　ほとんどの指数はファンドの組み入れ比率が等しいという仮定に従っている。これは、統計的に見て等しくなるように

毎月のリバランスが行われるという意味だ。実際のポートフォリオでは、うまくいったファンドは利益を上げた分だけ規模が大きくなり、損失を出したファンドはその分だけ規模が小さくなるだろう。組み入れ比率を等しくするということは、暗黙のうちに利益を上げたファンドから損失を出したファンドに資金が再配分されると仮定していることになる。異なる戦略の間に平均回帰のパターンがあれば、その割合に応じて、組み入れ比率を等しくする毎月のリバランスはパフォーマンスの向上に役立つだろう。しかし、この利点も、解約や投資に遅れや障害があると実際には達成できない。

指数によっては、これらすべてのバイアスを（運用実績の少なくとも一部に）含むものもあれば、特定の日付よりも後は遡及バイアスや生き残りバイアスが出ないように修正しているものもある。しかし、重要なことは、学界の研究者であるウィリアム・ファンとデビッド・シーが詳細に述べたように、ファンド・オブ・ファンズの指数を使えば、ヘッジファンド指数のバイアスを取り除くか、大幅に弱めることができるということだ（ウィリアム・ファン、デビッド・シー著『Benchmarks of Hedge Fund Performance : Information Content and Measurement Biases（ベンチマークス・オブ・ヘッジファンド・パフォーマンス）』、ファイナンシャル・アナリスト・ジャーナル誌、2002年58号、22〜34ページ）。それでは今度は、ファンド・オブ・ファンズの観点から前述のバイアスを見直してみよう。

●**生き残りバイアス** 消滅したファンドの実績はファンド・オブ・ファンズの過去データに反映されているので、単一ファンドにあるこのバイアスはファンド・オブ・ファンズでは取り除かれる。ファンド・オブ・ファンズが後に破綻するファンドに投資をしていたら、そのファンドはデータベースから消えるが、損失はファンド・オブ・

ファンズの運用実績に残るだろう。ファンド・オブ・ファンズの水準にも生き残りバイアスはある（つまり、ファンド・オブ・ファンズの消滅）が、消滅するファンド・オブ・ファンズの割合は非常に小さいので、その影響は単一ファンドよりもずっと限られるだろう。

- **選択バイアス**　たとえ、組み入れているファンドが運用実績を指数の提供会社に報告しなくても、ファンド・オブ・ファンズのデータには反映されるので、このバイアスはファンド・オブ・ファンズの水準では取り除かれる。ファンド・オブ・ファンズでは、選択バイアスの影響はプラスのほうでもマイナスのほうでも、はるかに弱まる。マイナスのバイアスの影響はファンド・オブ・ファンズではおそらく取るに足りないだろう。同一傘下にあるほかのファンド・オブ・ファンズ商品の販売を助けるために、ほとんどのファンド・オブ・ファンズはたとえ閉鎖をしても、データを報告し続けると考えられるからだ。

- **遡及バイアス**　このバイアスはファンド・オブ・ファンズに組み入れられている単一ファンドでは取り除かれている。これらの単一ファンドの運用実績は、投資という観点からしかファンド・オブ・ファンズ指数に反映されないからだ。ファンド・オブ・ファンズの水準では、過去にさかのぼってデータを当てはめても、ファンド・オブ・ファンズの同時期の平均と大きく異なることはないので、このバイアスはずっと弱い。

- **清算バイアス**　このバイアスもファンド・オブ・ファンズのデータにはない。投資先のファンドがデータを報告しなくなっても、ファンド・オブ・ファンズが解約をするまでは結果が反映され続けるからだ。例えば、あるファンドが短期間に60％の資産を失って清算したとすれば、その60％の損失はおそらく指数の提供会社には報告されないだろう。しかし、損失はそのファンドに投資をしたすべてのファンド・オブ・ファンズの運用成績には反映される。清算バイア

スはおそらくファンド・オブ・ファンズの水準では極めて限られるだろう。さえないファンド・オブ・ファンズでさえ破綻するのではなく、パフォーマンスがぱっとしないか売り込みが不十分なせいで、忘れられていくだけだからだ。

●**配分バイアス** 運用実績は実際の投資に基づいているので、このバイアスはファンド・オブ・ファンズに組み入れられている単一ファンドのデータにはない。ファンド・オブ・ファンズ同士は非常に異質で、平均回帰の影響は少ないので、ファンド・オブ・ファンズ水準での配分バイアスはおそらく限られている。

というわけで、ファンド・オブ・ファンズのパフォーマンスが単一のファンドに劣ることの謎は解けた。これはファンド・オブ・ファンズが単一ファンドの平均を下回るという意味ではなく、ファンド・オブ・ファンズの指数のほうが単一ファンドの指数よりも上方バイアスがはるかに少ないということなのだ。

投資における誤解

投資における誤解38 ヘッジファンド指数はヘッジファンドのパフォーマンスの適切な代用になる。
現実 単一ファンドに基づくヘッジファンド指数はいくつものバイアスがあるせいで、パフォーマンスが誇張されている。典型的なヘッジファンド指数を伝統的な投資の指数（例えば、株価指数）と比べると、ヘッジファンドの相対的パフォーマンスが大幅に誇張されがちなことが分かる。実は、ヘッジファンドの真のパフォーマンスは、典型的なヘッジファンド指数が示唆する水準にまっ

> たく及ばないのだ。

投資の知恵

　単一のヘッジファンド指数はデータベースにいくつものバイアスがあるため、パフォーマンスが著しく誇張されがちである。これらの指数を使うと、ヘッジファンドのリターンに非現実的な期待を持ってしまう。ファンド・オブ・ファンズの指数を使えば、これらのバイアスは取り除くか、少なくとも大いに弱めることができるので、ヘッジファンドのパフォーマンスの真の姿をずっと良く示している。そのため、ヘッジファンドをポートフォリオに含めた場合の影響を評価したければ、この投資セクターの代用にファンド・オブ・ファンズの指数を使う必要がある。ではいつ、単一ヘッジファンド指数を使うべきだろうか？　私の考えでは、けっして使うべきではない（ここでの意見は、総合的なヘッジファンド指数についてのものだ。ヘッジファンドのセクター指数では、単一ファンドに基づく指数しか存在しない。セクター指数はこれまでに詳しく述べてきた理由のためにバイアスがあるが、単純化のために、それらのバイアスにほぼ等しく影響を受けるという暗黙の仮定を置けば、セクター指数同士の比較に使える。実際にも、第3章のヘッジファンドのパフォーマンス分析で、そうした比較を行った）。

第15章

レバレッジの誤った考え
The Leverage Fallacy

　レバレッジには危険性もある。第13章の古典的な例で述べたLTCM（ロング・ターム・キャピタル・マネジメント）のように、レバレッジをかけすぎて破綻したヘッジファンドはいくつもある。投資家はこれまでに教訓を学んできた。レバレッジには危険性もあり得るのではなく、本当に危険なのだと。この意味で、彼らは熱いストーブの上に座ったネコにそっくりだ。マーク・トウェインが述べたように、「ネコは二度と熱いストーブのふたには座らないだろう。それは結構なことだ。だが、ネコは冷えたふたの上にも二度と座らないだろう」。

　投資家はいつもヘッジファンドに、「レバレッジはどれくらい、かけているのですか？」と、尋ねているようだ。この質問には2つの根本的な理由で欠陥がある。第1に、この質問は計測単位——投資対象（つまり、レバレッジをかけられているもの）——を無視しているので、意味がない。第2に、この質問は暗黙のうちに、レバレッジとリスクに直接的な関係があると仮定している。この仮定は誤っているだけでなく、高レバレッジの投資のほうが低リスクということもあり得る——実はそのほうが普通——なのだ。

　ここに2つの債券ファンドがあり、信用リスク、流動性、それに金利変化に対するエクスポージャーを除くその他の関連リスクがほぼ等しいと仮定して、比較する場合を考えてみよう。ファンドAのポート

フォリオにはレバレッジがかけられていなくて、デュレーションはネットで10年である。それに対して、ファンドBのポートフォリオには5倍のレバレッジがかけられていて、デュレーションはネットで1年と仮定しよう（デュレーションとは、金利の小さな変化に対して債券価格が変化する比率を示す、おおよその乗数である。例えば、デュレーションが7年の債券の金利が0.01％上昇すると、その価格はこれに7を掛けた数字である約0.07％ほど下落する）。レバレッジに基づいてこれら2つのファンドを比較する投資家なら、Bポートフォリオのほうが5倍のリスクがあると結論づけるだろう。しかし、5倍のレバレッジをかけられていても、BポートフォリオはAポートフォリオの半分ほどのリスクしかないのだ。なぜなら、保有する債券（均等な額で投資していると仮定する）はAポートフォリオの保有債券の10分の1ぐらいのリスクしかないからだ。

　レバレッジはリスクを下げる道具としても使える。単純な例として、ロングオンリー戦略を取るファンドに2倍のレバレッジがかけられており、そのレバレッジはすべてショートポジションを取るために使われているとしよう。この場合、ファンドはレバレッジをかけられていない状態から2倍のレバレッジに変わったが、ポートフォリオは100％の買い越しから市場中立になったので、リスクは明らかに下がっているのだ。

　どちらの場合でも、レバレッジだけに焦点を合わせると、リスクの評価を大きく誤ってしまう。比較するファンドのポートフォリオに含まれる銘柄は、リスクという点では非常に幅が広いからだ。リスクとは保有する証券そのもののリスクと、レバレッジの関数である。保有している証券を考慮せずに、レバレッジだけを見て投資対象を比べても、リスクについて無意味な結論に達するだけだ。要するに、組み入れている証券がほぼ同じ場合にだけ、レバレッジを比べても意味があるのだ。組み入れている証券が、実は計測単位と言ってよい。

私があるファンド・オブ・ファンズの運用会社で働いていたとき、監視のひとつの手順として、グロスとネットのエクスポージャー、月次損失額、運用資産の大きな変化、レバレッジなどの要素に関して、ファンドごとにフラグ（基準）を設定した。これらのフラグはファンドを詳しく調べるシグナルとして使われた。ある月に、ポートフォリオ内のクレジット商品ファンドのレバレッジにつけていたフラグが立った。そのファンドでは、レバレッジの許容限度を5倍に設定していた。私たちが状況を調べると、レバレッジはそれまでで最高の5.2倍にまで上がっていたが、それはすべてファンドがヘッジ目的で空売りをしていたためだと分かった。実は、買い越しが350％だった一方で、売り越しは170％で、ネットではわずか180％の買い越しにすぎず、2年で最も低い水準だった。さらに、高利回り債指数に対するファンドのベータはわずか0.6だった。これはレバレッジをかけていない高利回り債のポートフォリオが指数と同じように下落したとき、ファンドの下落幅はその半分を少し超える程度という意味だ。
　この一般によくある現実の例には2つの皮肉がある。

1．ファンドの総レバレッジはこれまでで最も高い水準まで上がっていた。だがそれと同時に、リスクをはるかに良く示すネットエクスポージャーは2年で最も小さい水準まで下がっていた。
2．ファンドの総レバレッジは5倍を超えていたが、そのボラティリティはレバレッジをかけていないポートフォリオのボラティリティのわずか0.6倍だった。

　この実例は重要な原則を示している。レバレッジをヘッジ目的で使えば、リスクは実際には増えるのではなく、減るということだ。これはレバレッジについての世間一般の見方とは正反対である。
　仮に銀行の窓口担当者が毎日、営業時間が終わったら現金を数える

ようにと主任から言われているが、紙幣の単位にかまわず、枚数だけを計算すればよいと言われているとする。これはバカバカしく聞こえないだろうか？　しかし、投資家がポートフォリオのリスクを考慮しないで、レバレッジだけからリスクを測定しようとするとき、これとまさに同じことをやっているのだ。

根拠のない投資ルールの愚かさ

　ある投資家たちは投資基準のチェックリストに従って動く。チェックリストのひとつの項目は最大許容レバレッジであることが多い。例えば、ある年金基金はレバレッジが2倍以下のヘッジファンドにしか投資しないというルールを設けているかもしれない。そうしたルールはリスクの制限が理にかなっているので、年金基金のようにリスクを嫌う機関投資家には特に適切だと思われるかもしれない。それでも、ひとつの基準をすべてに当てはめるルールは愚かさの極みだ。これではレバレッジが基準以下やゼロであるにもかかわらず、実はハイリスクというファンドにも投資ができてしまう（例えば、ロングオンリー戦略を用いる新興国市場ファンドやハイテクファンドなど）。一方、多くのローリスクのファンドは避けられてしまう（例えば、マーケットニュートラル戦略を用いるファンド）。ポートフォリオの中身を考えずに、将来の投資すべてに同じ最大許容レバレッジを設けるのは、すべての道路に時速40マイルの制限を無条件に課す交通規則に似ている。この制限速度は晴れた高速道路ではバカバカしいほど遅いが、凍結して曲がりくねった山道では無謀なスピードになる。両方を40マイルで走るのではなく、前者では時速65マイル、後者では時速15マイルで走るほうがはるかに安全だ。

　要するに、レバレッジの比較は等しいポートフォリオ同士だけで行う必要がある。当然、分散されたファンド・オブ・ファンズのポート

フォリオに組み入れた資産の平均レバレッジを求めるなど、何の意味もない。まったく異なる投資対象すべてで、レバレッジの平均をどうやって求められるだろうか？ 保有証券が3つあるファンド・オブ・ファンズという単純な例を考えてみよう。レバレッジが6倍の債券ファンド、2倍のマーケットニュートラル戦略を取るファンド、レバレッジをまったく使わないロングオンリー戦略のファンドに等しく配分されているとする。さて、これらのポートフォリオのレバレッジは何倍だろうか？ これは、「2個のりんごと5個のボールを足すといくつか？」という質問と同様に、答えられない無意味な問いだ。

レバレッジと投資家の好み

ちょうど1950年代後半のミリオネアというテレビ番組のように、とても裕福な匿名の寄付者から100万ドルの小切手をもらえるとする。ただし、条件があって、そのプレゼントは次の2つのうちのひとつに、ぴったり1年の投資をしなければならない。さて、あなたはどちらを選ぶだろう？

投資A

年平均リターン　　　　　　　　　　　25％

過去12カ月で最悪のパフォーマンス　−25％

投資B

年平均リターン　　　　　　　　　　　50％

過去12カ月で最悪のパフォーマンス　−50％

2つを比べて、先を読む前に投資したいほうを選んでもらいたい。同じ設定だが、今度は次の2つのどちらかに投資できるとする。あ

なたはどちらを選ぶだろうか？

投資A

年平均リターン　　　　　　　　　10％
過去12カ月で最悪のパフォーマンス　－2％

投資B

年平均リターン　　　　　　　　　20％
過去12カ月で最悪のパフォーマンス　－4％

　今度も2つを比べて、先を読む前に投資したいほうを選んでもらいたい。

　あなたがほとんどの人と似ていれば、最初の場合は投資Aを、あとの場合は投資Bをすぐに選んだだろう。しかし、奇妙なことは次の点にある。どちらの場合も、投資Bのリターンと最大損失は投資Aの2倍だ。あるいは、同じことだが、投資Bは投資Aの2倍のレバレッジだ。それなら、両方とも同じ2倍のレバレッジなのに、なぜほとんどの人は、最初のほうではA（50％と－50％の組み合わせよりも25％と－25％の組み合わせ）を強く好み、あとのほうではB（10％と－2％の組み合わせよりも20％と－4％の組み合わせ）を強く好むのだろうか？

　この一見、矛盾した現象は次のように説明できる。ある戦略に多少はレバレッジをかけたほうを望むとき、人は次の2つの要素に影響される。

1．リターン・リスク比率
2．リスク水準

　つまり、リターン・リスク比率が高くてリスクが低いほど、レバレ

ッジをかけたほうを好む投資家が増えるのだ。

レバレッジが危険なとき

レバレッジが特に危険な状況もある。次の3条件のどれかに当てはまるとき、レバレッジはハイリスクを意味することがある。

1. レバレッジをかけた資産の流動性が低い。
2. レバレッジの裏付けとなる貸し付け限度額を引き下げられる可能性がある。1と2の両方があると、特に致命的になることがある。2008年に多大な損失を被った多くのファンドはこの組み合わせにさらされた。貸し付け限度額を引き下げられて、流動性がかなり低い保有証券をかなりの安値で手仕舞うしかなかったのだ。
3. レバレッジをかけないでも、すでにリスクが普通か高いポートフォリオのエクスポージャーを増やすために、レバレッジを用いる(例えば、新興国市場の株式を買い持ちするポートフォリオにレバレッジをかける)。

投資における誤解

投資における誤解39 レバレッジはリスクの尺度である。
現実 リスクはポートフォリオとレバレッジの関数である。レバレッジだけでは、ポートフォリオのリスクについて何も分からない。実際には、レバレッジをかけたポートフォリオのほうが、かけていないものよりもリスクが小さいことは珍しくない。リスクはポートフォリオに含まれる資産によって変わるのだ。

投資における誤解40 レバレッジを引き上げるとリスクが高くなる。
現実 これはレバレッジを何のために使うかによる。ネットエクスポージャーを増やすためにレバレッジをかけるのなら、レバレッジを上げるとリスクも高くなる。しかし、ネットエクスポージャーを減らすというヘッジ目的でレバレッジをかけるのなら、実際にはリスクが低くなる。

投資における誤解41 投資では、けっしてレバレッジを使ってはならない。
現実 リターン・リスク比率が高くてリスクが小さければ、ほとんどの投資家はリターンとリスクを一律に増やすほうを好む。この場合は、レバレッジは投資を投資家のリスクの好みに合わせるための、慎重で役に立つ道具として使える。

投資の知恵

　レバレッジは危険なこともあるが、多くの投資家が見せるお決まりの反応をしていると、バカげた投資バイアスに引っかかってしまうことがある。投資家はレバレッジではなく、リスクに焦点を合わせる必要がある。レバレッジは実際にリスクを高める要素になることもある。しかし、ヘッジ目的のように、実はリスクを下げるために使うこともできるのだ。この意味で、レバレッジを一律に禁じるのは、リスク尺度にレバレッジを使う場合──つまり、レバレッジが大きいほどリスクが高いという仮定──と同じように近視眼的で見当違いだ。
　レバレッジはより効率的な投資の手助けになる道具だ。それを使え

ば、ヘッジをしていないポートフォリオよりも、リターン・リスク比率が高くてヘッジされたポートフォリオを作ることができるし、低リスクな投資のリターンを投資家の好みに合わせることもできる。しかし、どんな道具でも同じだが、間違った使い方をすれば、レバレッジで痛い目に遭うこともある。解決策はそれを使うのを禁じることではない。それは酔っぱらいが使うと危険だという理由で、電動工具の使用を禁じるのと同じぐらい愚かなことだ。そうではなく、レバレッジを適切に使えるようにすることだ。従うべき原則は、リスクを無邪気にレバレッジだけの関数と見るのではなく、組み入れられている証券とレバレッジの関数として見て、リスク評価をすべきだということだ。

第16章

マネージドアカウント──投資家が利用しやすい代替手段
Managed Accounts : An Investor-Friendly Alternative to Funds

　自分のお気に入りの車を、2つの異なるディーラーから買えるとしよう。両方のディーラーとも価格は同じだ。Aディーラーの評判は分からず、特に何も付けてくれない。Bディーラーの評判は非常に素晴らしく、オプションのサイドエアバッグを無料で付けてくれ、全パーツとその交換についての無料保証期間も延長すると言う。どちらを選ぶべきかは明らかだと思われる。だが、ヘッジファンドへの投資では、ほとんどの投資家はBディーラー（マネージドアカウントとする）ではなく、Aディーラー（ヘッジファンドとする）に相当するほうを選んでいる。ただし、2008年の金融危機の直後に、多くのファンドが解約に関するゲート条項（この注は、第11章と第12章で述べたことを思い出してもらうためのメモ代わり。多くのヘッジファンドはゲート条項を設けていて、投資家の総解約額が一定期間に指定した水準を超えると、解約を制限できるようになっている。ゲート条項が発動されて解除されなければ、投資を完全に解約できるまでに何年もかかることがある。危機的な状況で流動性が低くなりやすい証券をトレードしていれば、少なくともゲート条項を発動する根拠にはなる。買い手不在の市場で気配値が極端に開いているときに、ポジションを手仕舞わないで済むようにする必要があるからだ）を発動するか、サイドポケット（これも第11章を思い出してもらうためのメモ代わり。ポートフォ

309

リオに、特に流動性が低くて売りにくい証券が含まれる場合、大量の解約を迫られたヘッジファンドはサイドポケットと呼ばれる別口座にそれらの証券を移すかもしれない。解約を請求している投資家はサイドポケット以外のファンド部分から比例配分された現金しか受け取れない。サイドポケットに入れられた証券は、状況が変化したときに時間をかけて手仕舞われる。サイドポケット条項が行使されると、投資家がこれらの資産部分の現金を返してもらえるまでに何年もかかることがある。また、受け取る金額はサイドポケット条項が行使された時点の価値よりも大幅に少なくなることがよくある）を利用するか、あるいはその両方を行ったために、Bディーラーに利点があると気づく投資家が増えてきている。この傾向は今後も続きそうだ。

マネージドアカウントとファンドの重要な違い

マネージドアカウント（一任運用口座）では、ヘッジファンドと同じ対象に投資できる一方で、典型的なヘッジファンドに見られるマイナス面の多くを避けることができる。マネージドアカウントとファンドの主な違いは次のようにまとめられる。

- ヘッジファンドでは、投資家はマネジャーによって完全にコントロールされているファンドの一定割合を保有する。
- マネージドアカウントでは、投資家か投資家の代理人が口座を管理して、マネジャーにトレードを行う一定の権限を委任する。

マネージドアカウントのポートフォリオは、ファンド・オブ・ファンズと極めて似ている。ファンド・オブ・ファンズは複数のヘッジファンドから成るポートフォリオを保有しているのに対して、対応するマネージドアカウントの仕組みには、複数のマネージドアカウントか

ら成るポートフォリオがあり、各マネージドアカウントがファンドに相当する。通常、ヘッジファンドマネジャーはマネージドアカウントに、ファンドと類似するか同一のポートフォリオを保有することになる。

マネージドアカウントの主な利点

マネージドアカウントの主な利点は次のとおりだ。

- **日次レベルでの透明性** ポジションの把握や監視を日々行って、透明性を高めている。
- **日次レベルでの独立した価格計算** ヘッジファンドとは独立に、ポートフォリオの価格計算を日々行う。
- **より良い解約条件** ファンドよりも解約条件がはるかに良い。月次（あるいはそれよりも短期）での解約は例外ではなく、ごく普通のことである。
- **資金移動の管理** 組織がしっかりしたマネージドアカウントでは、マネジャーが口座にある現金を移動することを禁じている。マネジャーの唯一の責任はポートフォリオの投資に限られている。
- **詐欺行為から守られた口座** マネージドアカウントは投資家か、投資家の代理人の名義になっている。このため、悪質なマネジャーが投資家の承認を得ずに、知らないうちに口座を隠し口座と不正に結びつけることはできない仕組みになっている。
- **ポジションの解消から資金の返却までの時間の短縮** 通常は解約後に、ヘッジファンドよりもはるかに速やかに資金が返却される。マネージドアカウントでは、監査を理由とする支払い遅延はない。
- **ファンド・オブ・ファンズに見られる投資家に不利な条件の除去** マネージドアカウントでは、ロックアップ条項、中途解約時の違約

金、ゲート条項、サイドポケットなどがない。
- **現金のまま保有されている資産が最小になるように口座をカスタマイズ可能**　ヘッジファンドの戦略によっては、運用資産のうちで証拠金に必要な額しか利用しない（例えば、CTA［商品投資顧問業者］やFX［外国為替］のマネジャー）。しかし、マネージドアカウントでは、ファンドのポートフォリオで要求される現金よりもずっと少ない資金で投資できるようにして、資金効率を上げることができる（ファンドでは余分な現金は不要なので、マネジャーはそれらを通常、国債で運用している）。

専用のマネージドアカウントか、マネージドアカウントへの間接的な投資か

マネージドアカウントへの投資には、3つの方法がある。

1. **専用のマネージドアカウント**　投資家はマネジャーと直接、マネージドアカウントを開設できる。これは一般的に、大口投資家や大手機関投資家にのみ適した方法だろう。セパレート・マネージド・アカウント（専用運用口座）を開設しようとすれば、ほとんどのヘッジファンドマネジャーは高額の資金を要求する（最低投資額は1000万ドル以上か、それよりもはるかに高いこともある）。たいていのCTAでは、マネージドアカウントを開設するための最低投資額はもっと少なくて済むが、それでも著名なCTAであれば、数百万ドルが必要だろう。したがって、ほとんどの投資家にとって、マネージドアカウントに投資するには、次の2つのどちらかのように、第3者である仲介者を通す必要がある。
2. **ファンド・オブ・マネージド・アカウント**　このタイプの投資はファンド・オブ・ファンズに対応する。ただし、投資先はファンド

ではなく、各マネージドアカウントである。

3. **マネージド・アカウント・プラットフォーム**　プラットフォーム提供会社はマネジャーごとに口座を開設して、推奨するマネジャーのリストを提出する。投資家はこのプラットフォームを通じて各口座に資金を配分する。多様な投資家（例えば、各口座に直接に投資する個別ファンド）の資金はひとまとめにされて、合同運用がなされる。

ファンド・オブ・マネージド・アカウントもマネージド・アカウント・プラットフォームも、投資対象の精査を行い、選ばれたマネジャーのリスクについて監視をするだろう。ファンド・オブ・マネージド・アカウントはポートフォリオの組成と管理も行う（ファンド・オブ・ファンズと同様）。一方、マネージド・アカウント・プラットフォームでは、投資家は承認されたリストからマネジャーを選び、彼ら自身のポートフォリオを組んで運用することになる。両方とも、マネージドアカウントに固有の利点をすべて備えている。彼らは投資家の代理人として、その利点を投資家にもたらす役割を果たす。

マネジャーはなぜマネージドアカウントに同意するのか？

ヘッジファンドマネジャーはポジションの機密性が守られるか不安なので、マネージドアカウントには反対するだろうと、一般に信じられている。この認識は誤った理屈に基づいている。プライムブローカーを使っていないヘッジファンドマネジャーは、どれくらいあるだろうか？　おそらく、まったくない。定義からして明らかに、プライムブローカーはマネジャーのすべてのポジションを知っている。プライムブローカーとマネジャーの間には秘密保持契約が交わされているの

で、この完全な透明性は問題にならない。マネージド・アカウント・プラットフォームでも、まったく同様のことが言える（**注** マネージド・アカウント・プラットフォームに関する以下のすべての解説は、ファンド・オブ・マネージド・アカウントにも当てはまる）。したがって、マネジャーが情報の開示に同意しないかぎり、プラットフォームがポジションに関するデータを投資家に知らせることはないので、マネジャーの機密性は守られている。一般的にマネジャーは、プラットフォームが特定のポジションについては開示せずに、セクターごとの投資割合だけを投資家に知らせることに同意するだろう。マネジャーがセクターごとの投資割合を投資家に知らせることに反対するだけの、正当な理由はちょっと思いつかない。また、口座に関するそれほど基本的な情報を開示したがらないマネジャーは、おそらく用心したほうがよい。先物やFXのように流動性が非常に高い戦略については、マネジャーはしばしばプラットフォーム側がポジションにまで踏み込んで投資家に開示することを許可するだろう。しかし、ほかのほとんどの戦略については、ポジションレベルでの透明性はプラットフォーム側だけが得られるもので、投資家は入手できないだろう（例外は、マネジャーと自分のマネージドアカウントについて交渉できて、秘密保持契約に署名できる大口投資家だけだろう）。プラットフォームは投資家に代わって監視をしてくれることや、たとえポジションレベルの透明性が得られても、ほとんどの投資家はそれを利用する手段を持たないことを考えると、セクターレベルでの透明性しか得られなくても通常は重要な問題にはならないだろう。

　もうひとつの誤解は、余分な仕事が増えるので、マネジャーはマネージドアカウントを避けるというものだ。マネジャーが投資家ごとに専用の運用口座を開設していれば、ある程度はそう言えるかもしれない。しかし、マネジャーがマネージド・アカウント・プラットフォームかファンド・オブ・マネージド・アカウントごとに、ひとつの口座

を開設するだけなら、余分な仕事はほとんど不要になるし、どんな投資家でも利用できる。マネジャーは通常、既存ファンドとマネージドアカウントに、すべての注文を割り振るようにと、プライムブローカーに指示するだろう。例えば、マネジャーがそれまでに２億ドルのオフショアファンドと１億ドルのオンショアファンドを持っていれば、プライムブローカーはオフショアファンドに注文の３分の２、オンショアファンドに残りの３分の１を割り振るようにと指示されるだろう。ここで、同じマネジャーがマネージドアカウントに１億ドルを加えると、マネジャーはそれまでの２分割ではなく、３分割（50％、25％、25％）にするようにと指示を変えるだけだ。さらに、管理すべき口座もひとつ増える。しかし、これはたいして面倒な変更ではない。

　ここまで、マネジャーがマネージドアカウントに反対しない理由を説明してきたが、マネジャーがそれを望む理由は説明していなかった。この理由は明らかだ。自分の利益のためである。投資の前提として、マネージドアカウントが提供する透明性や安全性、より公正な投資条件を望む投資家がいるので、マネージドアカウントによる運用を行えば、運用資産を増やせるだろう。2008年に起きた金融危機の結果、ゲート条項やサイドポケット条項が頻繁に発動されると、こうした風潮がさらに広がった。マネージドアカウントをプラットフォーム上か、ファンド・オブ・マネージド・アカウントから直接に投資する形で開設すれば、多くの投資家をひとつの口座にまとめることができるので、マネジャーにとっては非常に効率的である。さらに、ひとつかそれ以上のプラットフォーム上にマネージドアカウントを開設すれば、ファンドを直接に販売するよりも多くの運用資産を集められるだろう。同様に、ファンド・オブ・マネージド・アカウントに口座を開設すれば、マネージドアカウントの利点を直接に受けたいと考える投資家の運用資金から手数料が得られるため、追加の収入源にもなる。

マネージドアカウントに向かない戦略はあるか？

　理論的には、マネージドアカウントの仕組みはほぼ全ファンドのカテゴリーで使えるが、少なくともある程度の流動性がある戦略に最適である。流動性が低く、プラットフォーム提供会社が最善の努力をしても、独立した値付けが難しい銘柄を含むポートフォリオでは、十分に正確な評価ができない可能性がある。さらに、流動性が非常に低いか、かなり低い銘柄を含む戦略が、マネージド・アカウント・プラットフォームで一般的な解約条件に応じているのなら（一般的には月次かそれ以下）、両方の流動性が合わなくなる。こうした場合でも、マネージドアカウントの投資家ならすぐに解約できるかもしれないが、その柔軟性はマネージャーの負担で、大幅に割安で手仕舞うことによって得られるものだ（流動性が低い銘柄でも、すぐに手仕舞うしかないと仮定する）。一般に、保有証券の性質に比べて解約条件が良すぎるマネージドアカウントへの投資には慎重であるべきだ。マネージドアカウントではたいてい、流動性の低い戦略はほとんど入手できないだろうし、それは当然のことである。

マネージドアカウントに反対する４つの一般的な意見について

１．マネージドアカウントで投資をすると、経費が余分にかかる

　マネージドアカウントに直接に投資をする機関投資家や大口投資家の場合、この反論は当てはまらない。ファンド・オブ・マネージド・アカウントを使って直接に投資をする場合には手数料の割引交渉ができるので、手数料の一部は減らせるだろう。また、ファンド・オブ・

マネージド・アカウントはファンド・オブ・ファンズと手数料の仕組みが似ているので、これに投資をしても経費に関して不利になることはない。実は、解約と資金返済の条件が良くて、より少ない資金で投資できるものがあるので、ファンド・オブ・マネージド・アカウントは経費面でファンド・オブ・ファンズよりも有利である。

マネージド・アカウント・プラットフォームはたしかに手数料を請求するが、経費を埋め合わせる要素も次に示すようにいくつかある。

- プラットフォーム提供会社によっては、投資家に請求する手数料ではなく、マネジャーが得る手数料の一部からほとんどの収入を得ているところもある。
- マネジャーの手数料を割り引くプラットフォーム提供会社であれば、プラットフォームの手数料を埋め合わせることができる(プラットフォーム提供会社は大口投資家の代理人として、マネジャーの手数料を割り引くように交渉することがよくある)。
- 大口投資家であれば、現在のどんなプラットフォームの手数料でも、割り引くように交渉できるだろう。
- マネージドアカウントでは管理手数料が明示されているか、プラットフォームの手数料に含まれているが、この種の手数料はファンドにも存在する。単にマネージドアカウントのような区分をしないほうが普通というだけだ。
- マネージドアカウントへの投資では、解約時に素早く資金を返却してもらえるし、監査を理由にした遅延もないので、ファンドを解約するときの返却の遅れを打ち消す働きをして、結局は有利になる。
- ファンドに投資をすると解約時に違約金を取られることもあるが、マネージドアカウントではそうしたことはない。
- ファンドよりもはるかに少ない資金で、マネージドアカウントと同じ銘柄に投資できるマネージド・アカウント・プラットフォームも

ある。この場合、資金面で有利になる。
- 個人投資家によっては、マネージドアカウントの投資の仕組みはある意味で詐欺に対する保険の役割を果たす（文字どおりの意味ではなく、事実上）。

これらの要素を総合すると、マネージド・アカウント・プラットフォームはファンドに比べてかなりの利点があるが、これらを少額の経費かほぼ経費をかけずに手にできる。

2．マネージドアカウントでは、マネジャーの選択肢が非常に限られている

　マネージドアカウントではすべてのヘッジファンドに投資できないという点では、ファンドよりも投資対象がはるかに少ないのは言うまでもない。しかし、この限界は一見して思われるほどの障害ではない。第1に、流動性が低いか部分的に低い戦略はマネージドアカウントの仕組みにあまり合わない。第2に、非常に分散化されたポートフォリオでさえ、保有銘柄はたいてい50に満たないので、選択できるマネジャーの数が5000あるか、それとも1000しかないかという差はそれほど重要ではないだろう。唯一の適切な問いは、リスクを十分に分散できる、質の高いマネジャーがマネージドアカウントでも利用できて、優れたポートフォリオを組めるのかということだ。そして、この点では、マネージドアカウントで投資できるヘッジファンド数に不足はない。さらに、機関投資家からの需要の高まりに応じて、マネージドアカウントを提供するマネジャーの数は今後も増え続けそうな勢いだ。

3．第一級のマネジャーたちはマネージドアカウントを提供しないだろう

　マネージドアカウントを提供しない一流マネジャーはたしかに多いが、提供する人もまた多い。また、プラットフォーム上にマネージドアカウントを開設していないマネジャーでも、大口投資家向けには開設するか、口座が十分に大きければ申し出に快く応じるところも多い。したがって、マネージドアカウントの提供をすると明示していないから開設しない、と決まっているわけではない。マネージドアカウント経由では特定のマネジャーに投資できないというときでも、同じ戦略を取る同様に魅力的なマネジャーを見つけられる場合もある。マネージドアカウントでは同等の選択肢が見つからないと判断できれば、ファンドへの投資のほうが望ましいかもしれない。

4．マネージドアカウントはファンドよりも運用成績が劣る

　この批判は当たっている面もあるが、主としてあまり理解されていない理由のためだ。経験的には、ファンドのほうがだいたいマネージド・アカウント・プラットフォームよりもリターンが良いという証拠がある。プラットフォームの手数料がこの一因である。特に項目1で挙げた経費面の利点の多くがマネージドアカウントの運用実績に直接、反映されないためだ。しかし、ファンドとマネージドアカウントとのパフォーマンスの差はおそらく、経費や利点の差とは無関係な2つの理由のほうが、より大きく影響しているだろう。

1．**流動性の低いトレードの除外**　マネージド・アカウント・プラットフォームでは、対応するファンドでトレードをしていても、流動

性が少ない銘柄は除いてポートフォリオを組むのが決まりと言ってよい。これらの投資には流動性プレミアム（流動性が低い証券に上乗せされる利益）があるはずなので、利益になる可能性が高いと考えられる。そうであるかぎり、マネージドアカウントのリターンはファンドに劣るだろう。しかし、忘れられがちだが、これらのトレードを除くからこそ、マネージドアカウントの重要な利点のいくつかが得られるのだ。例えば、より良い解約条件や、ゲート条項、サイドポケットの回避などは、流動性の低い銘柄がポートフォリオにあれば不可能になる。

2. **立ち上げ時期の劣ったパフォーマンス**　一般的に、マネージドアカウントはファンドがしばらく運用を続けたあとに立ち上げられる。多くのマネジャーは既存のトレードですでに大きな含み益がある場合は、新しく口座を開設するときには新しいトレードしか行わないだろう。マネージドアカウントが立ち上げられたばかりの時期で、既存のファンドで保有している銘柄を含んでいないときには、パフォーマンスがファンドに大きく劣ることもある。ファンドの既存のトレードが純利益になっているかぎり、マネージドアカウントのパフォーマンスはこの期間の分だけ劣るだろう。

投資における誤解

投資における誤解42　徹底してファンドに対するデューディリジェンスを行えば、マネージドアカウントと同じ利点を提供できる。

現実　ファンド・オブ・ファンズがどんなに徹底したデューディリジェンスを行っても、マネージドアカウントの仕組みにある口

座の直接管理や完全な透明性にはかなわない。しっかりした審査や監視を行っている組織ですら、予想外のリスクをとっているマネジャーが事後的に見つかったという事例が数多くあった。しかも、それが手遅れになるまで分からないのだ。一般的に、投資家に説明したリスクに関する指針にマネジャーが従わないせいで大きな損失を被るとき、投資家はそれを事前に発見できない。ポートフォリオをリアルタイムで直接に監視して完全な透明性を確保しないかぎり、そうした予想外の不快な出来事から身を守ることはできない。ファンドの仕組みに完全な透明性がなければ、徹底的な監視をしても、詐欺を未然に防げない可能性がある。実際に起きた詐欺の一例を取り上げよう。プライムブローカーで働いていた、ある悪質なブローカーがファンドマネジャーと共謀して隠し口座を作り、それを表のファンド口座につなげた。投資家(大手のファンド・オブ・ファンズや機関投資家も多数含む)や、管理者と監査役(両方とも一流のサービス提供会社)も表の口座にしかアクセスできずに、その報告書しか受け取っていなかった。一方、表の口座とつながっていた隠し口座では巨額の損失が出ていた。詐欺が発覚したとき、隠し口座の損失で、そのファンドの口座にある資産の4分の3が吹き飛んだ。そうしたことはマネージドアカウントの仕組みでは起きなかっただろう。口座は投資家名義なので、許可なく口座をほかの口座につなぐことはできないからだ。

投資における誤解43 マネージドアカウントを通して投資できるヘッジファンドマネジャーは非常に限られる。

現実 当然ながら、ヘッジファンドマネジャーの一部しかマネー

ジドアカウントを提供しないので、マネージドアカウントで利用できるファンドマネジャーはかなり少ない。それでも、マネージドアカウントから投資できる質の高いマネジャーはたっぷりいるので、ポートフォリオを組むときの選択肢は豊富にあり、幅広い分散投資も行える。また、マネージドアカウントを開設しているか、一定規模を超える投資に対して開設に応じるマネジャーの数は、マネージド・アカウント・プラットフォームから利用できるすべてのマネジャーよりもかなり多い。最後に、先物やFXトレードなどのように、流動性が非常に高くてマネージドアカウントに最適の戦略については、マネージドアカウントからでも大半のマネジャーに投資できる。

投資における誤解44 マネージドアカウントを提供しているのは質の劣るマネジャーだけだろう。
現実 マネージドアカウントを提供しない一流マネジャーはたしかに多いが、提供する人も多い。さらに、大手機関投資家が口座の管理や透明性をもっと向上してほしがっているので、マネージドアカウントを提供するマネジャーの数も着実に増えている。マネージドアカウントという安全な仕組みを求めている投資家にとって、利用できるマネジャー数はファンドと比べると少ないが、かなり分散化されたポートフォリオを組むために、マネージドアカウントを通して利用できる一流マネジャーは十二分にいる。

投資における誤解45 マネージドアカウントを経由した投資は、伝統的なヘッジファンドへの投資よりも高くつく。
現実 この見方は表面的な比較に基づいていて、関連要素をすべ

て考慮していない。マネージドアカウントはファンドよりも高くつくという主張について、3種類のマネージドアカウントごとに検討する。

1. **直接的な投資** 直接にマネージドアカウントへ投資する場合、追加手数料は何もない。また、投資額が一定以上の投資家はファンドの手数料について割引を受けることがよくある。
2. **ファンド・オブ・マネージド・アカウント** ファンド・オブ・マネージド・アカウントから請求される手数料は、ファンド・オブ・ファンズとほぼ同じだ。そのうえ、マネージドアカウントの仕組みで得られる利点のいくつかは、お金の面でも得である（例えば、解約した資金がより素早く返却してもらえる、投資する資金をより効率的に使えるなど）。
3. **マネージド・アカウント・プラットフォーム** プラットフォームで追加の手数料がかかるのは間違いないが、それらは間接的な利益で少なくとも一部は埋め合わされる。直接、間接を問わず、マネージドアカウントで得られるお金の面の利点をすべて考慮すると、プラットフォームで生じる追加出費は通常、小さい。

投資の知恵

マネージドアカウントは標準的なファンドの仕組みよりも、投資家にとってかなりの利点がある。流動性が高い銘柄、特にマネージドアカウントでもファンドでもトレードできる銘柄では、マネージドアカ

ウントのほうが望ましいとする主張に説得力があるようだ（経費の差が大きくないと仮定）。流動性の高い戦略では、ファンドよりもマネージドアカウントのほうがシェアを伸ばし続けるはずだ。今のところはマネージドアカウントの提供に否定的なマネジャーでも、競合他社が次々とそのサービスを提供するようになって、運用資産が流出していることに気づけば、もっと柔軟な対応を取るしかなくなるかもしれない。それがきっかけとなって、マネージドアカウントを通して利用できるマネジャー数も増えるはずだ。しかし、マネージドアカウントは流動性が低い戦略には向いていない。私はヘッジファンドの投資ならマネージドアカウントが万能だというつもりはない。それが適していて、シェアを着実に伸ばしている場合は、望ましい投資の仕組みだと言いたいのだ。

第2部に対するあとがき――ヘッジファンドのリターンは幻想か？

　この本の原稿が編集段階に入ったときに、以下の驚くべき引用に出合った。

　　これまでにヘッジファンドに投資された資金のすべてがTビルに投資されていたら、結果は2倍良かっただろう。――サイモン・ラック

　これまでに書かれたか口にされた言葉で、サイモン・ラックの著書『The Hedge Fund Mirage（ザ・ヘッジ・ファンド・ミラージュ）』（ジョン・ワイリー・アンド・サンズ、2012年）の出だしの文句ほど、ヘッジファンドへの投資について酷評をしたものはないだろう。しかし、これは本当だろうか？　実は、別の問いに対してであれば、これは正しい。彼が焦点を合わせた問いは、投資家はヘッジファンドで合計いくら稼いだかだった。しかし、適切な問いは、個人投資家のリターンがヘッジファンド指数のリターンと同じと仮定して、彼らはどれだけ稼いだかである（ヘッジファンド指数とはファンド・オブ・ファンズ指数を指す。マネジャーのリターンに直接に基づく指数にはいくつかの偏りがあるが、後者ではそれが避けられるからだ［第14章を参照］）。ラックが行ったように、稼いだ総額に基づいて、ヘッジファンドのパフォーマンスを測るのは、2つの理由から大きな問題がある。

1．投資家はまずい時期に投資や解約をしがちだ。そのため、投資家が稼いだ累積額に基づいてパフォーマンスを測るのは、投資家がうまくタイミングを計れないことをマネジャーのせいだと非難してい

ることになる。彼がこうした結論に達した理由は、ヘッジファンドの運用資産が相対的な天井を付けた2008年に、そのパフォーマンスが最悪になったからだ。「2008年に、ヘッジファンド業界は過去10年で生み出した全利益よりも多くの損失を出した」と、彼は述べる。しかし、それはだれのせいだろうか？　この業界が最悪の年を迎える直前に、ヘッジファンドに投資をしたのはだれの責任だろうか？

　個人投資家がファンド・オブ・ファンズに投資をして、ずっと指数と同じようなリターンを得ていたら、2008年の損失で過去10年の投資家のリターンは吹き飛んでいただろうか？　もちろん、そんなことはない。ヘッジファンドが大きな損失を被る前年に、多くの新しい投資家がそこに資金を投入したからといって、ヘッジファンドのリターンとは関係ないだろう。

　株式のリターンが株価指数のリターンではなく、株式投資家のリターンに基づいていると想像してほしい。いや、想像する必要はない。毎年、ダルバー社が、投資家のリターンとS&P500指数のリターンとを比較したレポートを発表しているからだ。ダルバーの2012年のレポートでは、2011年までの20年で、株式投資家が得た複利でのリターンは年率3.49％だった。それに対して、S&P500指数のほうは7.81％であり、年率で4.32％もの差があった。これから、この期間の株式のリターンは言われているよりも4％以上も低かったと結論づけるべきだろうか？　もちろん、そんなことはない。どんな個人投資家や機関投資家でも、指数に投資をしていたら、指数と同じリターンを達成できていただろう。投資家が全体として、投資と解約のタイミングが悪かったために指数よりも成績が劣っていても、指数に投資をした個々の投資家にとっては、そんなことは関係ない話だ。

2．ヘッジファンドの運用資産は長期にわたって劇的に増え続けたの

で、最近になるほど不当にウエートが大きくなっていた。これは諸刃の剣になり得る。だが、ごく最近まで運用資産が最大だった年はパフォーマンスが極端に落ちた2008年なので、累積額で結果を測ると下方バイアスが生じる。

では、ヘッジファンドのリターンはＴビルと比べて、実際はどうだったのか？ ラックが使ったのと同じヘッジファンド指数であるHFRXグローバル指数と、同じ開始年（1998年）を使うと、2011年末までの複利での平均年率リターンは、ヘッジファンド指数が5.49％、Ｔビルが2.69％だった。したがって、統計では、ヘッジファンドのリターンはＴビルのリターンの半分ではなく、２倍だった。Ｔビルに年率2.8％上回っても、たいした数字ではないということは認めよう。だが、同じ期間にS&P500の複利での平均年率リターンはＴビルに年率でたったの1.0％しか上回っていない。しかも、ボラティリティとドローダウンはずっと大きかったのだ。

私はヘッジファンドのパフォーマンスに関するラックの評価は不完全な仮定に基づいているので、誤っていると考えている。しかし、私がこう述べたからといって、彼の著書を全面的に批判しているとは思わないでもらいたい。それどころか、ヘッジファンドのパフォーマンスの測定法を除いて——これは明らかに相当に大きな例外だ——、私は彼の本のほかの部分で表明されている意見の多くについては、だいたい同意する。それらには次のものが含まれる。

- 投資家が得る価値と比べると、ヘッジファンドの手数料は高すぎる（これは、需要と供給による当然の結果だが）。
- ヘッジファンドの初期のリターンは現在の投資家には関係ない話だ。それらのリターンはヘッジファンド業界が非常に小さかった時期に達成されたものだからだ。ヘッジファンドは非常に増えて、同じ非

効率性から利益を得ようと激しく競争をしている。そして、ヘッジファンドの多くはあまりにも規模が大きくなりすぎて、流動性の低いトレード機会を利用できなくなっている。そのため、この業界が初期のころに近いリターンを再び達成する可能性は非常に低い。
- ●機関投資家は必ずと言っていいほど大手ヘッジファンドにしか投資をしないが、入手できるデータによれば、小規模のヘッジファンドのほうが大手ヘッジファンドよりもかなり運用成績が良いという傾向がある。

第3部

重要なのはポートフォリオ
Part Three PORTFOLIO MATTERS

第17章

分散投資──10銘柄では不十分な理由
Diversification : Why 10 Is Not Enough

分散投資の利点

　相関が高くないかぎり、保有資産の数を増やすにつれて、ポートフォリオのボラティリティとドローダウンは小さくなるだろう。相関が低いか適度な資産が必ずしも同時に損失を被るわけではないからだ。しかし、相関が極めて高い資産（例えば、投資信託）では、分散をするほどポートフォリオのリターンは指数並みになる一方で、ボラティリティはほとんど下がらないだろう。

　分散投資の直接的な利点はリスクが下がることだが、この利点の一部かすべてがリターンの上昇につながることもある。例えば、さらに分散してもリターンは変わらないが、リスクは約50％減るとしよう。ポートフォリオマネジャーがこのリスクの低下を利用する方法は3つある。

1．何もしない。この場合、期待リターンはほぼ変わらないが、リスクは当初のポートフォリオの半分になるだろう。
2．新しいポートフォリオに100％のレバレッジをかける。期待リターンは2倍になるが、リスクはほぼ変わらないままだろう。
3．0％から100％の間でレバレッジをかける。この場合、分散投資

の利点はリターンにもリスクにも反映されるが、その割合はレバレッジの大きさで変わる。

分散投資──どれだけ増やせば十分か？

分散投資の効果は最初の10銘柄でほぼ達成され、それ以上に増やしてもたいした効果は得られない、という認識が学術論文によって広められている（銘柄という用語は一般的に証券を指すが、この章ではマネジャーのポートフォリオを指している）。こうした結論になる理由は、最悪の状況に陥ったときの影響度で分散効果を測るのではなく、多くの検証数（例えば、ポートフォリオの大きさ別に１万サンプル）の平均で測るためだ。

具体例として、極めて運用成績の悪いファンドグループがあり、平均で50％の損失を出しているとしよう。そして、10人のマネジャーが運用する10のポートフォリオの５％に、それらのファンドのひとつが含まれていると仮定する。そのファンドを含むポートフォリオには、損失の５％分の影響度があるだろう（等しく配分されていると仮定すると、50％の10分の１）。しかし、10人全員のマネジャーから成るポートフォリオの平均に及ぼす影響度はわずか0.25％（ポートフォリオの95％にはまったく影響がなく、残りの５％に５％分の影響）になる（正確に言うと、運用成績が非常に悪いファンドがポートフォリオに含まれる確率が５％であれば、成績がひどくないファンドが含まれる確率は約94.9％になるだろう。なぜなら、成績の悪いファンドを２〜３含むポートフォリオはほかにも少数あるだろうからだ。しかし、そうしたポートフォリオが生じる確率は比較的小さい［10人のマネジャーから成るポートフォリオにそうしたファンドが含まれる確率が５％ならば、約0.1％］。そのため、説明を必要以上に複雑にしたくないので、単純化のためにこの可能性は無視する）。30人のマネジャーから

成るポートフォリオでも、損失が及ぼす影響度は平均で0.25％のままだ。大きな損失を出すファンドのひとつが含まれる確率は3倍になるが、ポートフォリオ全体への影響度は3分の1になるからだ。しかし、平均に対する影響度はポートフォリオの大きさでは変わらなくても、運用成績が極めて悪いこれらのファンドのひとつに投資をした、不運なファンド・オブ・ファンズのマネジャーにとっては、損失から受ける影響は30人のマネジャーから成るポートフォリオよりも10人から成るポートフォリオのほうが3倍大きくなる。そのため、ポートフォリオが被る最大損失を抑えたいと願うファンド・オブ・ファンズのマネジャーの観点からは、10人以上のマネジャーに分散投資する効果は極めて大きくなる可能性がある。

分散投資が不十分な場合にリスクが増える可能性は2種類ある。

1. **偶然性のリスク** ファンド数が少ないほど、ファンドの一定割合が単なる偶然で、同じ月に損失を被る確率が高くなる。
2. **銘柄固有のリスク** これはポートフォリオが被る損失であり、ある銘柄が最悪の場合に被ると予想されていた水準をはるかに超えて、極めて例外的な損失を出したときに生じるものだ。

これらの影響を順に調べよう。

偶然性のリスク

当然の話だが、ポートフォリオを構成する銘柄が相関していれば、特に相関が高いときには、保有銘柄の大半で同じ月に損失が出るだろう。しかし、ここでは銘柄同士の相関がゼロかほぼそれに近くなるように、選別されていると仮定する。しかし、そうであっても、かなり多くのファンドに損失が出て、「相関係数が1になる」とよく言われ

る現象に見舞われる月があるだろう。相場が激しく変動して、市場を混乱させるイベントが起きると、それまでは相関がなかった銘柄でも同じ時期に損失を被ることがあるからだ。このときの共通点は、そうした時期に解約が相次ぐことでも分かるように、普段の市場間で見られる関係がゆがみ、いつもなら無関係な市場でも同時に影響を受けることがあるという点だ。

しかし、あまり認識されていないが、「相関係数が1になる」ような影響が問題になっていないときで、ポートフォリオも相関のない資産で組まれているときでさえ、単なる偶然で大部分の保有銘柄に損失が生じることもある。さらに、保有銘柄数が減るほど、この偶然性のリスクは急激に拡大する。

図17.1と**図17.2**は、ポートフォリオを構成するファンド数と、ファンドが損失を出す割合が一定限度（3分の2と4分の3）を超える確率との関係を示したものだ。これらの確率を計算するのに用いた仮定は次の3つである。

1．個々の銘柄の相関はゼロである。
2．各ファンドが特定の月に利益を出す可能性と損失を出す可能性は等しい。
3．各ファンドの利益額と損失額は等しい（この仮定が当てはまらない——例えば、利益が損失よりも著しく大きい——場合には、大半のファンドが損失を出しても、必ずしもポートフォリオに予想される損失が出るわけではない［つまり、損失は利益で相殺できる］ので、損失を出すファンドの割合だけでは結論を下せなくなる）。

1の仮定に関して言うと、ポートフォリオを構成するほとんどの銘柄同士は実際にはいくらか相関しているが、これは問題にならない。いくらかでも相関していれば、ファンドが損失を出す割合が一定限度

第17章 分散投資──10銘柄では不十分な理由

図17.1 ポートフォリオ内のファンドの3分の2以上が損失を出す確率

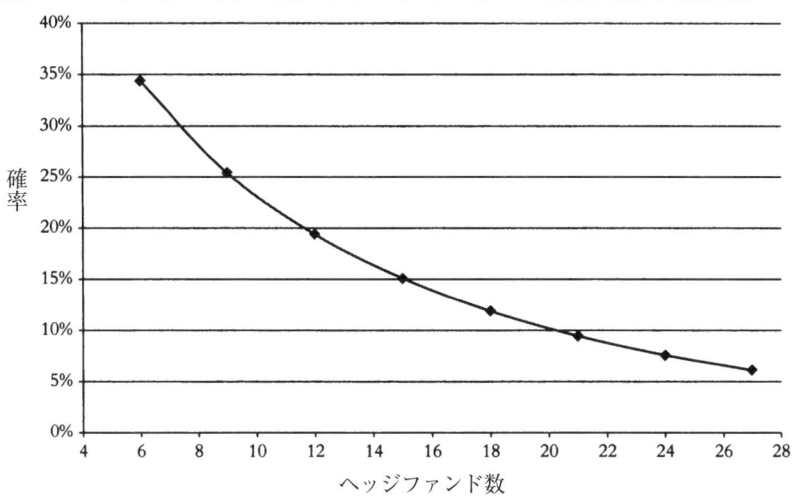

図17.2 ポートフォリオ内のファンドの4分の3以上が損失を出す確率

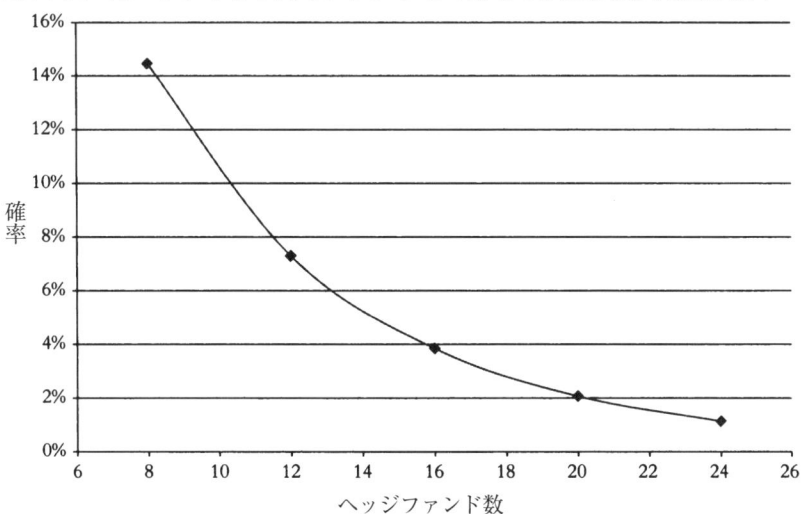

を超える確率が高まるだけだからだ。したがって、ファンド数が減るほど分散投資の効果は下がるが、相関があればそれが一層ひどくなるにすぎない。要するに、1は非常に慎重で基本的な仮定である。

2と3では、ポートフォリオを構成するファンドは平均してリターンがゼロだと暗黙に仮定している。ポートフォリオ内のファンドの純益がプラスになる可能性が高いかぎり、これらの仮定は損失が出る確率やファンド数を減らした場合の影響を誇張していると思われるかもしれない。これはすべての月の平均で見れば正しいかもしれないが、重要なのは、ここで関心があるのは月平均ではなく、最悪の月だという点だ。困難な月——ヘッジファンドのリターンがマイナスになる月——には、ポートフォリオを構成するファンドのリターンもマイナスに偏ると仮定しておいたほうが適切である。したがって、ヘッジファンドのポートフォリオがドローダウンを示す可能性が高い月には、全ファンドのリターンが平均してゼロであるという仮定を置くのは慎重と言えるだろう。つまり、分散を減らした場合に損失が出る確率や損失額が誇張されているという点も、これで弱まるだろう。

図17.1で分かるように、前に挙げた仮定では、6ファンドのときに少なくとも3分の2に損失が出る確率は34%を超える。また、10ファンドから18ファンドに増やすと、3分の2に損失が出る確率は半分になる。学問的な研究では、10銘柄以上に分散投資をしても利点はほとんどないはずだが、確率が大きく下がる点に注意してほしい。

図17.2で分かるように、ポートフォリオに8ファンドしかないとき、4分の3以上のファンドに損失が出る確率——ポートフォリオにかなりの損失が出る月にありそうな結果——は14%と、かなり大きい。しかし、ファンド数を16に増やすと、この確率は3分の1以上も下がる（4%を下回る）。今度も、10銘柄を超える分散効果はかなり高い。

表17.1　固有リスク——ポートフォリオのファンド数と１ファンドの損失が与える影響度

ヘッジファンド数	10%	20%	30%	40%	50%
8	1.3%	2.5%	3.8%	5.0%	6.3%
12	0.8%	1.7%	2.5%	3.3%	4.2%
16	0.6%	1.3%	1.9%	2.5%	3.1%
20	0.5%	1.0%	1.5%	2.0%	2.5%
24	0.4%	0.8%	1.3%	1.7%	2.1%
28	0.4%	0.7%	1.1%	1.4%	1.8%
32	0.3%	0.6%	0.9%	1.3%	1.6%

銘柄固有のリスク

　個々のヘッジファンドはそれまでの運用実績や戦略から予想されるよりも、はるかに大きな損失を出すことがときどきある。分散投資の最も重要な利点のひとつは、ひとつのファンドによる並外れた損失の影響を弱められるところだ。明らかに、ポートフォリオ内のファンド数が多いほど、破滅的な損失を被った１ファンドの影響は小さくなる。**表17.1**と**図17.3**は、ポートフォリオの損失とポートフォリオを構成するファンド数との関係を示す。例えば、組み入れ比率が等しいと仮定して、８ファンドしかないときに、ひとつのファンドで30％の損失が出ると、ポートフォリオ全体での損失は４％近くになるだろう。しかし、32ファンドあれば、全体での損失は１％に満たないだろう。ひとつのファンドが大きな損失を出した場合の影響を弱められることが、おそらく分散投資の最も重要な利点であり、10ファンドを大幅に超えても依然として重要な要素だ。

分散投資の条件

　この章の分析や分散投資についての議論は、追加する銘柄が既存の

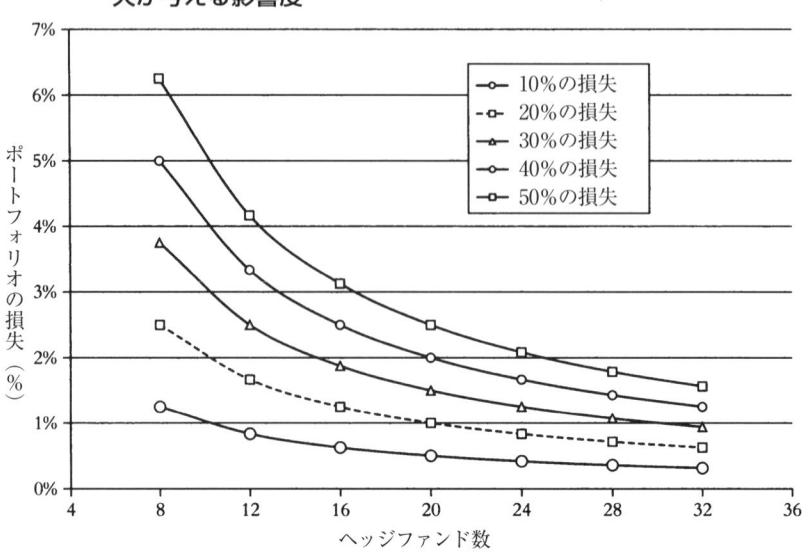

図17.3 固有リスク──ポートフォリオのファンド数と1ファンドの損失が与える影響度

銘柄と同じくらい魅力的だという前提に立っている。しかし、ポートフォリオにあまり良くない銘柄を入れなければ分散化ができないのなら、分散投資が結局はプラスになるとは考えられなくなる。この場合は、銘柄を追加した場合の得失と、リスクが下がる利点とを比較検討する必要がある。

　実際、極端に分散化を進めると、指数に近いパフォーマンスとなって、月並みな結果に終わるのは間違いないだろう。指数並みのリターンを望むのなら、指数そのものか、指数をベンチマークとするファンドに投資したほうがずっと効率的だ。ここから、どんな投資でも指数を上回ることが目標であるかぎり、分散はある程度までに抑える必要があるということになる。分散は必ず必要ではないにしろ、有益である。しかし、限度を超えると有害ですらある。投資家は分散の適切な水準を自分で決めなければならない。

投資における誤解

投資における誤解46 10銘柄を超える分散投資の利点は限られている（ヘッジファンドのような異質な銘柄でも同じだ）。

現実 こうした結論を下す調査研究は、何千ものポートフォリオの平均を見た結果に基づいているのであり、特定のポートフォリオが最悪の状況で起きること（つまり、テールリスク）に基づくものではない。しかし、ほとんどの投資家やポートフォリオマネジャーは、全ポートフォリオの平均についてではなく、ポートフォリオが被る最悪のリスクを非常に心配しているのだ。彼らにとっては、10銘柄を大きく超える分散投資をすれば、リスクをかなり下げる効果が得られる。どれだけ追加すべきかは状況によりけりだ。だが、一般的に言って、10銘柄よりも20銘柄以上のほうが良い選択だろう（追加する銘柄の質が同じ程度で、ポートフォリオマネジャーの相関の平均を下げるために、ほかのマネジャーに十分に分散するかぎり）。

投資の知恵

　ポートフォリオのサンプル数を多く取って、その平均で見ると、分散化の利点は10銘柄まででほとんど達成される。だが、ひとつのポートフォリオが被る最悪の損失という観点からは、10銘柄を超えて分散化をしてもなお、リスクを大幅に下げることができる。したがって、マネジャーを10人から30人に増やしても、ポートフォリオ全体で測ったリスクの平均はたいして変わらないが、個々のポートフォリオで見ると最大リスクを大幅に減らせる。

個々のポートフォリオでは、10銘柄を超える分散化には次の2つの重要な利点がある。

1．ポートフォリオ内のファンドの一定割合が単なる偶然で、同じ月に損失を被る確率（偶然性リスク）が著しく減る。
2．異常に大きな損失（銘柄固有のリスク）を出す1ファンドの影響度が激減する。

要するに、これら2つの効果は最悪の状況に陥りにくくする、あるいは同じことだが、ポートフォリオの最大ドローダウンを大幅に減らす役に立つ。

分散化をさらに進める主な利点は、大惨事が起きたときの保険になるという点だ。この利点は10ファンドから20ファンドに増やしても、依然として非常に大きく、20ファンドを超えてもかなり大きい。平均ではなく、最悪の状況を心配すべきときにそれらを取り違えると、悲惨な結果をもたらすことがある。信じられないことだが、陸軍工兵隊がニューオリンズで河川の堤防を設計したとき、最も弱い土壌強度ではなく、平均的な土壌強度に基づいて十分な堤防を造ったのだ。

第18章

分散投資——増やすほど劣るとき
Diversification：When More Is Less

　フレッドはファンド・オブ・ファンズを運営する会社のリサーチアナリストで、先物、グローバルマクロ、FXのマネジャーから成るポートフォリオを組む仕事を与えられた。リサーチのあと、彼は上司のサムのところに報告に行き、**表18.1**に示すように、5人のマネジャーから成るポートフォリオを提案した。その5人のマネジャーは年平均で見たリターンが10.57％、標準偏差は15.74％だった。5人の最大ドローダウンの平均は23.64％だった。しかし、分散投資の効果のため、ポートフォリオの数字はこれよりもはるかに良い。年平均のリターンが11.54％、標準偏差はわずか8.01％、最大ドローダウンは6.56％と大幅に下がった。

　サムは提案されたポートフォリオを検討したあと、フレッドを自分の部屋に呼んだ。「君が選んだマネジャーはなかなか面白い組み合わせだ。でも、ポートフォリオのマネジャーがたったの5人というところが心配だな。もっと分散しておくほうがいい。私が調べておいたこの10人のマネジャーを加えたらどうだ」。彼はそう言うと、**表18.2**に載っているマネジャーのリストをフレッドに手渡した。

　サムは話を続けた。「面白いことに、私が選んだ10人のマネジャーの平均リターンは、君が選んだ5人のマネジャーの平均リターンとほとんど同じなんだ（10.57％に対して10.50％）。リスクに関する数字も

表18.1　5人のマネジャーのポートフォリオ（2001/01〜2010/06）

マネジャー	複利での年平均リターン(%)	年率換算した標準偏差(%)	最大ドローダウン(%)	リターン・標準偏差比率	リターン・最大ドローダウン比率
アルゴノート	15.17	13.02	12.23	1.17	1.24
コンクエスト	11.81	17.62	22.64	0.67	0.52
QFSカーランシー	5.71	14.32	18.83	0.40	0.30
メイプルリッジ（2.5倍）	10.28	14.21	29.85	0.72	0.34
フォーキャスト	9.86	19.52	34.6	0.51	0.28
平均	10.57	15.74	23.64	**0.69**	**0.54**
ポートフォリオ	**11.54**	**8.01**	**6.56**	**1.44**	**1.76**

ほとんど同じだ。年平均の標準偏差はわずかに高い（15.74％に対して16.68％）が、最大ドローダウンの平均はわずかに小さい（23.64％に対して22.03％）。それで、このグループのマネジャーたちのパフォーマンスは、君が選んだマネジャーとほぼぴったり同じに見える。だけど、彼らを加えるとポートフォリオのマネジャー数が3倍になって、必要な分散を達成できると思う。この15人のマネジャーを合わせたポートフォリオについて、統計を取って報告してほしい」

そこでフレッドは分析をした。驚いたことに、10人のリスクは平均して元の5人のマネジャーとほぼ同じだったが、マネジャーを3倍に増やしたポートフォリオのリスクは大幅に高くなった。その結果は**表18.3**に示している。ポートフォリオの年平均リターンはあまり変わっていない——11.5％から11.3％に少し下がっている——が、リスクは大幅に悪化している。ポートフォリオの標準偏差は8.0％から10.9％へと、3分の1以上も大きくなり、最大ドローダウンは6.6％から12.0％へと、ほぼ2倍になっている。

表18.2　追加した10人のマネジャーのポートフォリオ（2001/01～2010/06）

マネジャー	複利での年平均リターン（%）	年率換算した標準偏差（%）	最大ドローダウン（%）	リターン・標準偏差比率	リターン・最大ドローダウン比率
トランストレンド	13.47	11.9	15.15	1.13	0.89
FTC	7.27	22.48	33.77	0.32	0.22
アスペクト	9.69	17.42	21.52	0.56	0.45
ラバー	7.05	16.3	24.42	0.43	0.29
ミルバーン・ダイバーシファイド	6.79	15.42	22.79	0.44	0.30
グレアムK4	15.19	20.96	29.84	0.72	0.51
リンクス	14.67	13.96	11.96	1.05	1.23
DKR	8.5	9.88	9.78	0.86	0.87
イーグル	11.74	22.34	32.08	0.53	0.37
サンライズ	10.67	16.09	18.95	0.66	0.56
平均	**10.50**	**16.68**	**22.03**	**0.67**	**0.57**

表18.3　5人のマネジャーと15人のマネジャーのポートフォリオ

	5人のマネジャーのポートフォリオ	15人のマネジャーのポートフォリオ
複利での年平均リターン（%）	11.54	11.31
年率換算した標準偏差（%）	8.01	10.86
最大ドローダウン（%）	6.56	12.04
リターン・標準偏差比率	1.44	1.04
リターン・最大ドローダウン比率	1.76	0.94

　これは、どういうことなのだろう？　パフォーマンスが同じくらいのマネジャーを増やすと、どうしてポートフォリオのボラティリティは高くなるのか？　これは分散投資で得られるはずの効果と正反対ではないか？　その理由は、分散効果はマネジャー数だけでなく、マネジャーの、お互い同士と全ポートフォリオに対する相関の程度によっても変わるからだ。フレッドが作った5人のマネジャーから成るポー

トフォリオは、お互いにほとんど相関がなく、対相関（2つ一組の相関係数）は平均して0.07だった。対照的に、サムのリストに載った10人のマネジャーはすべて似たトレード法——システマティックなトレンドフォロー戦略——を用いていたので、お互いの相関は極めて高かった（対相関は平均して0.69）。その結果、マネジャー数を増やすとリスクが減るのではなく、特大のポジションをポートフォリオに加えることとそれほどの違いがなかった。代わりに、サムが1人のマネジャーを最初の5人に加えて、元のマネジャーの資金配分の10倍の資金を与えたらどうだと提案していたら、直観的にリスクが増えると予想できただろう。これだと、非常に相関しているマネジャーを10人加えるのとたいして変わりないからだ。

フレッドが最初に考えた5人のマネジャーから成るポートフォリオは、前の第17章で詳しく述べた偶然性リスクと銘柄固有のリスクにさらされるため、分散が十分ではない。それでも、15人のマネジャーから成るポートフォリオよりもうまく分散されている。最も重要なのは、分散投資がうまくいくためには、ポートフォリオに加える銘柄が、既存の銘柄やお互い同士との相関が平均して小さくないといけないという点だ。

投資家にとっての教訓は、マルチマネジャー・ポートフォリオの分散がうまくいくかをマネジャーの数で判断することはできないということだ。マネジャーの数が十二分に見えるとしても、ポートフォリオの種類によっては分散が特に不十分になりがちである。CTA（商品投資顧問業者）のポートフォリオがその1例で、具体例で述べたものと似ている。大半のCTAはシステマティックなトレンドフォロー手法を用いていて、そのほとんどはお互いの相関が極めて高いので、たとえ多数のマネジャーを含んでいても、CTAのポートフォリオは十分な分散ができないことが多い。ほかの例として、株式ロングショート戦略のポートフォリオも分散が不十分になりやすい。このトレード

戦略を用いる大半のマネジャーは株式市場との相関が非常に高いからだ。実は、ある種の戦略（例えば、転換社債アービトラージ）では、マネジャーのパフォーマンスは個々のトレード手法ではなく、投資環境で決まることが多いので、十分に分散されたポートフォリオを構築するのはほぼ不可能になる。

　ポートフォリオの分散が不十分かどうか、どうすれば判断できるだろうか？　簡単な尺度ですぐに入手できる統計は、対相関の平均――つまり、ポートフォリオ内の全マネジャー1組ずつの相関係数の平均――である。例えば、20人のマネジャーから成るポートフォリオでは190通りのマネジャーの組み合わせが可能なので、190組の対相関がある。これらの相関係数の平均は、ポートフォリオがどの程度に分散できているかの指標になる。ポートフォリオマネジャーは、ポートフォリオの対相関の平均をすぐに投資家に提供できるようにしておくべきだ。どういう分散なら適切か、あるいは不十分かについて明確な定義は何もないが、ポートフォリオの対相関の平均について、大まかな指針を提案しておく。0.50を超える値は分散が不十分であることを表す。0.30～0.50の値は分散がいくらか不十分であることを示す。0.20に満たなければ、マネジャーの分散は非常にうまくいっていることを示す。しかし、分散が不十分でもまったく問題ない場合もある。特に、あるポートフォリオがもっと大きなポートフォリオの一部であり、それが全ポートフォリオのほかの保有銘柄と十分に分散されていれば、単独では十分に分散されていなくても問題ないこともあるのだ。

投資における誤解

投資における誤解47　ポートフォリオの銘柄数を増やすと、分

散が進み、リスクは減るだろう（追加する銘柄がリターンとリスクについて、既存の銘柄と同等であるとする）。

現実 追加する銘柄が、お互い同士やポートフォリオの保有銘柄と非常に高い相関を持っていれば、銘柄数を増やしても実際にはポートフォリオのリスクが高まることもある。

投資の知恵

　ポートフォリオの銘柄数を増やすと、時には分散が進むのではなく、後退することもある。分散効果は保有銘柄数と、もっと重要だが、それらがどれほど相関していないかの両方で決まる。保有銘柄数は少なくても相関はしていないポートフォリオのほうが、保有銘柄数が多くても相関が非常に高いポートフォリオよりも効果的に分散される。

第19章
ロビン・フッド流の投資
Robin Hood Investing

　私はずいぶん前に、証券会社でリサーチ担当部長として働くほかに、その部署でCTA（商品投資顧問業者）の定量的評価を専門に行ってもいた。その職務を果たすなかで、私はマルチマネジャー型のファンドを構築するもっと良い方法がないかと考えるようになった。あるとき私は、マネジャーすべての将来に期待できるパフォーマンスが等しいと仮定すると、全資産のリバランスを毎月行って、資産を等しい配分比率に戻せば、リターン・リスク比率が上昇するのは明らかだろうと思った（マネジャーのリスク水準が異なるのなら、［金額を等しくするという意味ではなく］リスクを調整するという意味で配分を等しくするほうが理にかなっている。この考え方については第21章で述べる。その場合でも、この章の結論は変わらない）。全マネジャーの将来のパフォーマンスが等しいという仮定は、そういう結果が文字どおりに期待できるという意味ではなく、選ばれたマネジャーの将来のパフォーマンスについて、順位が予測できないという意味である（過去の順位はたしかに知ることができるが、それは将来の順位を予想するための指標としては、非常にお粗末だと暗に考えていた）。

　私の頭に次の例えが浮かんだ。パフォーマンスが等しいという仮定は、月次パフォーマンスの結果を一連のトランプで表したもの——1枚でひとつの月次結果——と考えると、各マネジャーの一連の月次結

果は同じ1組のトランプを、それぞれシャッフルし直したものと見ることができる。全マネジャーの一連の月次結果は同じ（つまり、同じ1組のトランプで、順序だけが異なる）と仮定しているうえに、変動が少なければリターンは大きくなる（第5章を参照）である。そのため、各月のトランプの平均に基づくリターン・リスク比率——数学的には毎月、リバランスを行うことに等しい——は、どの1組のトランプのリターン（つまり、個々のマネジャーのパフォーマンス）に比べても、負けないはずだと思えた。言い換えると、選ばれたグループのどのマネジャーであれ、将来にほかのマネジャーよりもパフォーマンスが良くなると推測する理由がないかぎり、資産を毎月、リバランスすれば、最終リターンは初めの配分を変えない場合に負けないだろう。

　この結論を感覚的に理解してもらう非常に単純な例として、2人のマネジャーから成るファンドの2カ月のパフォーマンス期間について見てみよう。このファンドで、Aマネジャーは1カ月目に10%の利益を出して2カ月目に5%の損失を出し、Bマネジャーの月次結果はこれと逆だとする。すると、それぞれのNAV（純資産価値）は次のとおりになる。

AマネジャーのNAV＝1000×1.10×0.95＝1045
BマネジャーのNAV＝1000×0.95×1.10＝1045
リバランスをしたファンド＝1000×1.025×1.025＝1050.6
リバランスをしないファンド＝（1045＋1045）÷2＝1045

　各月に、ひとりのマネジャーは半分の資産で10%の利益を得る（または全資産の5%）一方、もうひとりのマネジャーは残り半分の資産で5%の損失を出す（または全資産の2.5%）。そのため、各月の純益は、5%－2.5%＝2.5%になる。

　この単純な例で、リバランスを毎月行ったファンドのほうが、行わ

なかったファンドよりもリターンが良くなる点に注意してほしい。

　リバランスを毎月行うというアイデアが現実の世界でもうまくいくかを調べるために、私は次のようなデータを使って実験をした。まず、6人のマネジャーから成る30グループをそれぞれ、入手できるデータベースから選んだ。グループごとに、次の2つの状況に続く3年間について、NAVを計算した。

1．初めに純資産を均等に配分し、その後は再配分をしない。
2．リバランスを毎月行い（均等な配分に戻して）、1.25倍のレバレッジをかける（リバランスを毎月行うとリスクが減るので、レバレッジをかけることで、その利点の一部をリターンに反映させるため）。

　その結果、レバレッジをかけてリバランスを行ったファンドが、リバランスを行わないファンドをほとんど常に上回ることが分かった。しかし、もっと目を引いたことがある。レバレッジをかけてリバランスを行ったファンドのリターンはたいてい、グループで1番目か2番目に良いマネジャーとほぼ同じだった。その一方で、最大ドローダウンと標準偏差（リスクの尺度）は、グループで1番目か2番目に低いマネジャーとほぼ同じだった。言い換えると、レバレッジをかけてリバランスを毎月行う戦略によって、リターンはグループで最も良いマネジャーに近づき、リスクはグループで最も低いマネジャーに近づくことができたのだ。要するに、この戦略は将来のパフォーマンスを最適化する手段だった。選んだグループ中で、将来に最も良いマネジャーに匹敵するリターンやリスクを達成したのだ。

　私はこの発見にひどく興奮した。それで私は、レバレッジをかけてリバランスを毎月行うという考えに沿ってマルチマネジャー型ファンドを構築する理屈や、それがいかに魅力的かを会社の経営陣に説得しようとした。何度か会議が開かれたが、私のアイデアは取り上げられ

そうになかった。会社には、別々のマネジャーが運用するファンドが5つあったが、そのほとんどは期待外れだった。そのため、当然ながら、経営陣の関心は薄かった。そこで、私はその5つのファンドから成る仮想的なファンドに、私の戦略を当てはめるというアイデアを思いついた。結果から見ると、私の戦略に従って構築した仮想マルチマネジャーファンドは、グループで最高のマネジャーよりもわずかにパフォーマンスが劣るだけで、残り4人のマネジャーよりもはるかに優れていた。だれが最高のマネジャーになるかは後でしか分からないので、私の手法が優れていることは明らかで、説得力があると思えた。

「これで決まるはずだ」と、私は思った。私はこれらのパフォーマンスを比べた表をカラーで作り、どうしても承認をもらう必要がある部長と再び会議を持った。私は15分のプレゼンを終えると、イスにもたれかかり、部長が私の提案を絶賛するのを待った。

ところが彼は、「君は勝ち組から金を奪って、負け組に配ってやりたいと言ってるのか!」と、母親殺しでも提案されたかのように怒鳴った。

私は答えた。「いえいえ、それは勘違いですよ。このファンドのすべてのマネジャーが勝ち組だという前提に立っているんです。そもそも、だからこそ私たちは彼らを選んだわけでしょう。私たちがしようとしていることは、勝ち組が勝っている期間にそのお金を受け取って、ほかの勝ち組が負けている期間にそちらにそのお金を移してあげるのです」。しかし、どんな理屈を持ち出しても無駄だった。部長は私の提案の「衝撃的な」性質に耐えられなかったのだ。私のアイデアが日の目を見ることはなかった。

新しい検証

本書の執筆中にこのエピソードを考え直していて、私は最初の分析

に欠陥があることに気づいた。私がサンプルを選ぶために使ったデータベースには、活動中のマネジャー（つまり、生き残っているマネジャー）しか含まれていなかった。私は廃業したマネジャー――パフォーマンスが悪そうなグループ――を入れていなかった。私が彼らをサンプルに入れていたら、勝ち組から金を奪って負け組に配ることにほぼ等しい毎月のリバランスは、おそらく有益ではなかっただろう。ひょっとすると、有害ですらあったかもしれない。要するに、私の最初の分析には生き残りバイアスがあったのだ。リバランスをすると明らかに大きな利点があることは分かったが、それがこのバイアスを克服できるほどの利点だったかを確かめる方法はなかった。

　生き残りバイアスを避けた新しい分析で、リバランスがうまくいくかどうかを検証するために、私はスターク・アンド・カンパニー（http://www.starkresearch.com/）からCTAの完全なデータベース――活動中のマネジャーも廃業したマネジャーも含むデータ――を入手した。私はこの完全なリストを使って、10人のマネジャーから成る10のポートフォリオをランダムに選び、均等に資金配分をして、2005年1月1日に運用を開始するという仮定を置いた。それから、全期間（2005～2010年）におけるポートフォリオの運用結果を、まったく資金配分の調整をしなかった場合と、リバランスを毎月行って、均等に配分し直した場合を比べた（私はエクセルのRandbetween関数を使い、廃業したマネジャーも含めて、データベースの全マネジャー数を最大限度として設定したうえで、乱数を100個生成した（10のポートフォリオ×10人のマネジャー）。

　廃業したマネジャーを扱うルールは次のように単純にした。

- **リバランスをしないポートフォリオ**　廃業後のCTAの資産は残りの検証期間にTビルに換えられていると仮定した。
- **リバランスをしたポートフォリオ**　廃業後のCTAの資産はTビル

に換えられて、ほかの銘柄と合わせてリバランスが続けられ、毎月、等しく配分（10％ずつ配分）された。例えば、CTAの3社がある月に廃業したとすると、ポートフォリオの配分の30％を毎月、Tビルに回すことになる。

表19.1は、リターン（複利での年平均）、標準偏差（リスクの代用。非常に流動性が高い先物でトレードを行うCTAの場合、第4章で詳述した隠れたリスクはたいてい問題にならないので、標準偏差［ボラティリティの尺度］はリスクの適切な代用になる）、リターン・リスク比率に関して、それぞれのポートフォリオに組み入れているCTA10社に対して、そのポートフォリオがどの順位に位置するかを調べたものだ。それぞれのポートフォリオで、順位を付ける項目は11ある（ポートフォリオとその構成要素である10社のCTA）ので、中間の順位は6になる。パフォーマンスが最高の順位は「1」で、最低は「11」になる。標準偏差の項目は、値が小さいほど良い順位になる。両方のポートフォリオ（リバランスをしたものとしないもの）とも、リターン、標準偏差、リターン・リスク比率の点で、中間よりもかなり良い順位になっていて、分散化を行うと明らかに良いことが分かる。リターンの順位の平均はリバランスをしたポートフォリオも、しないほうも同じだが、リスクとリターン・リスク比率では、リバランスをしたポートフォリオの平均のほうが良い。

表19.2は重要な尺度であるリターン・リスク比率について、リバランスをしたポートフォリオとしていないものを比較している（レバレッジをかけると、リターンは低くてもリターン・リスク比率が高いポートフォリオのほうが、リスクを同じか低いままにしてリターンをより高くできる）。リバランスをした10のポートフォリオのうちで8つは、リターン・リスク比率がより高かった。また、残り2つもわずかに低いだけだった。平均して、リバランスをしたポートフォリオは、

表19.1 各ポートフォリオ内のCTAと比べたポートフォリオの順位

ポートフォリオ	リターン		標準偏差		リターン・リスク比率	
	リバランスなし	リバランスあり	リバランスなし	リバランスあり	リバランスなし	リバランスあり
1	5	3	5	5	5	4
2	4	5	2	2	1	1
3	5	5	4	4	3	3
4	3	5	4	3	2	1
5	5	5	5	4	3	2
6	4	5	1	1	1	1
7	4	4	3	3	4	4
8	5	5	4	4	6	6
9	6	4	4	4	4	2
10	5	5	7	6	3	3
平均	**4.6**	**4.6**	**3.9**	**3.6**	**3.2**	**2.7**

表19.2 ポートフォリオのリターン・リスク比率の比較

ポートフォリオ	リバランスなし	リバランスあり	リバランスなしに対するリバランスありの比率
1	0.49	0.63	1.29 倍
2	1.57	1.64	1.04
3	0.62	0.75	1.20
4	2.03	2.44	1.20
5	0.86	1.01	1.17
6	2.38	2.37	0.99
7	0.41	0.46	1.12
8	0.18	0.29	1.60
9	0.85	0.99	1.16
10	1.28	1.27	0.99
		平均	**1.18 倍**

表19.3 リバランスをしたほうがパフォーマンスが良かったポートフォリオの割合

	リバランスあり	10%のレバレッジをかけて、リバランス
リターン	50%	80%
標準偏差	80%	70%
リターン・標準偏差レシオ	80%	80%

リターン・リスク比率が18%高かった。

表19.3は、3つの測定基準——リターン、標準偏差（リスクの代用）、リターン・標準偏差レシオ——について、リバランスをするとパフォーマンスが向上したポートフォリオの割合を示している。リバランスをすると、ポートフォリオの80%でリスクが下がり、リターン・リスク比率が上がったが、リターンはポートフォリオの半分でしか向上しなかった。リバランスをすると、ほとんどのポートフォリオのボ

ラティリティが下がるので、**表19.3**でもリバランスをしたものと、それに10％という控えめなレバレッジをかけたものとを比べてみた。このわずかな修正によって、リバランスをしたポートフォリオの80％で、リターンとリターン・リスク比率が向上した。また、ポートフォリオの70％でリスクが小さくなった。

　表19.2と**表19.3**で示されるように、生き残りバイアスを完全に排除したこの分析でも、リバランスによってパフォーマンスがかなり向上するようだ。これらの結果から、リバランス——定期的に「勝ち組から金を奪って、負け組に配ること」——によって、パフォーマンスが向上する傾向があるという仮説を支持する観察事実が得られる。もちろん、これで私の主張が証明されたことにはけっしてならない。もっと徹底した検証を行うためには、10よりもはるかに多くのランダムに選ばれたポートフォリオで、実験を繰り返す必要があるだろう。だが、私にはエクセルのスプレッドシートで計算を繰り返す根気もなければ、プログラミング能力もない。しかし、読者は自分のポートフォリオの過去のリターンを使って、リバランスを行った場合と行わない場合について、同じ比較をすることができる。この実験を行う読者のなかには、リバランスをしないほうが良い結果になる人もいるだろうが、ほとんどの人はしたほうが良い結果になると私は思っている。比較はリターンではなく、リターン・リスク比率で行う必要がある。リバランスの利点はリスクが下がりがちなところにあり、リターンは望むなら、レバレッジをかけて上げることができるからだ。

リバランスはなぜうまくいくのか

　ポートフォリオを構成するマネジャーたちが同じパフォーマンス（月次リターンが同じで、その順序だけが異なると定義）であれば、リバランスによってパフォーマンスが向上するのは数学的に確実であ

る。この点は、本章の初めにトランプのシャッフルという例えで、大まかに示した。したがって、ポートフォリオ内のあるマネジャーがそのほかのマネジャーよりも将来の成績が良くなると期待できる確実な理由がないかぎり、リバランスを行えば数学的に優位に立てるだろう。

戦略それぞれにとって、都合の良い相場は異なるだろう。ある時期に特にパフォーマンスが良くなる戦略は、ほかの時期には非常に悪くなるかもしれない。例えば、変動が激しいレンジ相場の時期は、一般的に逆張りが非常にうまくいく一方で、トレンドフォロー戦略は損を繰り返しがちである。その後に、有力なトレンドが多く見られる相場に変わると、逆張りトレーダーは損失を被る一方で、トレンドフォロー手法を取るトレーダーは利益を大きく伸ばすだろう。リバランスを行えば、マネジャーごとに異なる戦略間の資産配分が一定に保たれる。リバランスを行わないと、過去に最もうまくいった戦略に資産が過度に集中する。そのときに相場が変わると、最も影響を受けやすい戦略に最も多くの資産が配分されている状態になる。要するに、相場つきは必ず変わる。そのため、パフォーマンスが良かった戦略が有効性を失って、まさに損失を生じそうなときにオーバーウエートになっていることもある。また、これから力を発揮できる戦略がアンダーウエートになっていることもある。リバランスはそうした相場の変化に伴うマイナスの影響を弱める役目を果たす。

リバランスが役に立つもうひとつの理由は、利益が十分に出ているときには利食いをし、ドローダウンを被ると投資を増やすように強いられるからだ。そのため、大きな利益が出たあとに必ず訪れる調整時期には、そのマネジャーへの投資額はリバランスをしなかった場合よりも減っているだろう。逆に、ドローダウンのあとに利益が増える時期には、リバランスをしなかった場合よりもそのマネジャーへの投資額が増えているだろう。

誤解を防ぐために

　説明を単純にするため、この章では、リバランスを毎月、等しい配分に戻すこととみなした。しかし、リバランスで配分を等しくする必要もなければ、それを意味するわけでもない。マネジャー間で配分を変えたほうが良いときも多いだろう。例えば、リスクが高いマネジャーへの配分比率は下げたほうが望ましいとまでは言わなくても、それはまったく理にかなっている。配分が等しくない場合、リバランスとは単に目標とする配分比率に毎月戻すことを意味する。例えば、ポートフォリオマネジャーが、Ａファンドマネジャーのリスクは高いので資金配分をほかのファンドマネジャーの半分にすると決めたら、リバランスではこの比率をその後の月にも維持するように調整することになる。

投資における誤解

投資における誤解48　マルチマネジャーポートフォリオでは、運用成績が良いマネジャーの資金配分を増やして、成績が悪いマネジャーの配分を減らせば、パフォーマンスを向上させることができる。

現実　たいていは、これと正反対のことをして、事実上、ポートフォリオを定期的にリバランスするほうが良い結果になるだろう。もちろん、ポートフォリオマネジャーはさまざまな理由から、マネジャーを解約するほうを選ぶかもしれないが、それはまったく別の話だ。そのマネジャーをポートフォリオに入れておくかぎり、パフォーマンスが劣る期間の後に資金配分を増やし、パフォーマ

> ンスが良かった期間の後に減らすほうが、たいていは優れた戦略になる。

投資の知恵

　理論や証拠によれば、毎月、資産のリバランスを行うと、マルチマネジャーポートフォリオの将来のリターン・リスク比率を向上させる手段になる。これはリバランスを行えば、すべてのマルチマネジャーファンドのパフォーマンスが向上（つまり、リターン・リスク比率が上昇）するという意味ではない。だが、リバランスを行えば、おそらく大多数のファンドのパフォーマンスが向上するだろうという意味だ。つまり、どのマルチマネジャーファンドでも、リバランスを行えばパフォーマンスが向上する可能性が高いということだ。ポートフォリオマネジャーや投資家は、自分のポートフォリオの実際の結果を、最初の配分比率に毎月戻した場合の結果と比べることで、リバランスの検証ができる（時がたつにつれて起きそうなことだが、保有証券の追加や解約があると、この検証は難しくなる。この状況に対処するには、毎月のリバランスを行うときに、ポートフォリオに変化があった最後の月と同じ配分比率に戻すという単純な仮定を置けばよい。要するに、ポートフォリオに追加や解約があるたびに、リバランスで用いる配分比率の目標が変わることになる）。

　リバランスに明らかな利点があるのに、この方法がどうして一般に使われないのだろう？　この疑問に対する答えは単純で、人間の本性のためだ。ポートフォリオでたった今、運用成績が最も良かったトレーダーから、最も悪かったトレーダーに資産を移すというアイデアは、平均的な人間の直観に反する。しかし、こうした直観に従うと、

相場ではたいてい判断を誤る。相場で成功する条件のひとつは、心地よく感じられることに従うのではなく、証拠に基づいて判断できるようになることだ。

第20章

ボラティリティが高いことは常に悪いのか？
Is High Volatility Always Bad?

　2つのファンドが似たリターンで、ほかのすべての点（例えば、イベントリスクにさらされるポジションの割合、社員や運用の質など）で等しいときには、ボラティリティが低いファンドのほうが良い投資だと一般に考えられている。表面的には、ボラティリティが高いほどマイナス要素とみなす考え方は適切に思える。たしかに、このとらえ方はほとんどの状況で正しいが、実際に妥当かどうかは見逃されがちな要素で決まる。ボラティリティが高くても問題がないときもあれば、時に有益な場合すらあるのだ。

　あるとき、私は人里離れた場所にオフィスを構えるファンド運用会社を訪れて、そこで働くマネジャーたちにインタビューをした。それを終えると、同じ地域にファンド・オブ・ファンズの運用会社があることを知っていたので、そこのマネジャーを訪問した。会話の途中で、私が訪問してきたばかりのファンド運用会社に話が及んだ。その地域にヘッジファンドはほとんど存在しなかったので、当然、彼もその会社のことを知っているだろうと思った。結局、彼は知っていただけでなく、そこのマネジャーのひとりと、別の会社で12年間も一緒に働いていたのだった。そのマネジャーについて、彼は好意的な意見を述べた。そこで、私は尋ねてみた。

　「彼のファンドに投資しているのですか？」

「いいえ」

「理由を伺ってもいいですか?」

「ええ、彼らのシャープレシオが0.4しかないからですよ」

それで、私は言った。「分かります。でも、それはボラティリティが高いからですよね。彼らの投資対象はほかのものすべてと逆相関しているのだから、ボラティリティが高くても関係ないでしょう。それどころか、逆相関しているファンドでは、ボラティリティが高いほうが、実は有益かもしれない。ボラティリティをマイナスに評価するシャープレシオのような尺度は、この場合は無意味だと思いますが」

彼は控えめに言っても、私の考えに懐疑的なようだった。彼はボラティリティに対するリターンの比率がある程度低いと、そのファンドをポートフォリオに追加するかどうかを検討するに価しないと確信しているようだった。こうした考え方の欠点は、投資対象をそれ単独の特徴だけで見ていて、ポートフォリオに対する影響という視点からは見ていないところにある。追加を検討しているファンドがポートフォリオと相関しているのなら、ファンドが魅力的かどうかは単独で評価すれば十分かもしれない。だが、ファンドがポートフォリオと逆相関しているのなら、そのファンド単独ではあまり高く評価できなくても、それを追加するとポートフォリオのリターン・リスク比率が向上するかもしれない。さらに、逆相関しているファンドのボラティリティが高ければ、ポートフォリオのボラティリティを小さくできることすらある。なぜか? ファンドがポートフォリオと逆相関していれば、ポートフォリオが損失を被っているときに、利益が出がちなため、ポートフォリオの損失を穴埋めできるからだ。そして、ファンドのボラティリティが高いほど、この損失を穴埋めする効果も大きくなる。

この点を示すために、私が訪問したファンドをポートフォリオに加える、という単純な例を考えることにしよう。このファンドはショートバイアス戦略を追求するもので、純収益はプラスである。このファ

ンドを、S&P500指数で表したポートフォリオに追加するとしよう。ボラティリティの影響を測るために、ここで仮想ファンドを作り、一連のリターンの流れに次のような特徴があると仮定する。

● 月次平均リターンは元のファンドと同じ
● 月次リターンの変動パターンは元のファンドと同じ（例えば、最も良かった月や2番目に良かった月が同じなど）
● ボラティリティは元のファンドの2倍（標準偏差で測定）

このような一連の値は、元のリターンを次のように単純な2段階の操作を行うことで生み出せる。

1．元のリターンを2倍にする。
2．1で得た月次リターンのそれぞれから、元の月次平均リターンを引く。

これで得られる値の一連の流れから、ファンドと同じ月次平均リターン、同じ月次リターンの変動パターン、2倍の標準偏差が計算できる。

同様の方法でもうひとつの仮想ファンドを作り、月次平均リターンと月次リターンの変動パターンはファンドと同じだが、標準偏差は半分のリターンの流れを生み出すことができる。**表20.1**では、ファンドのパフォーマンスの特徴を、ボラティリティが高い仮想ファンドや低い仮想ファンドと比較している。表を見れば分かるように、3つとも月次平均リターンは同じだが、ボラティリティの水準は異なる。標準偏差はボラティリティが高いものが、低いものの4倍になっている。ボラティリティが高くなるとリターンに悪影響が及ぶ（第5章を参照）ので、月次平均リターンは同じであるにもかかわらず、複利で

表20.1 ボラティリティがリターン・リスク比率に単独で及ぼす影響

	ファンド	ボラティリティが 高い仮想ファンド	ボラティリティが 低い仮想ファンド
月次平均リターン	0.47%	0.47%	0.47%
複利での年平均リターン	5.11%	2.93%	5.66%
年率換算した標準偏差	11.90%	23.81%	5.95%
年率換算したリターン ・標準偏差比率	0.43	0.12	0.95

の年率リターンは変わる。リターン・リスク尺度（リターン・標準偏差比率）が8倍も良いので、ボラティリティが低いファンドのほうが高いファンドよりも、はるかにパフォーマンスが良く見えるだろう。単独の投資という視点からパフォーマンスを評価しているのなら、この結論はまったく適切だ。では、これらを逆相関しているS&Pのポートフォリオに入れると、どうなるかを考えてみよう。

　表20.2は、S&Pに80％を投資して、残りの20％を元のファンド、ボラティリティが高い仮想ファンド、ボラティリティが低い仮想ファンド、のそれぞれに投資して作ったポートフォリオの結果を示したものだ（これらの組み合わせから成るポートフォリオは元のファンドよりもリターンが小さい。計算に使った期間——ファンドが運用されていた2000年1月～2012年1月——に、S&Pの複利での年率リターンは0.7％と非常に小さかったためである）。ボラティリティが高いものは、単独の投資として見るとボラティリティが低いものよりもひどく劣って見えたが、S&Pと組み合わせたポートフォリオで見ると、複利での年率リターンがわずかに良くなり、ボラティリティはわずかに低くなる。単独の投資という視点から見ると、ボラティリティが高い

表20.2　ボラティリティの悪影響は負の相関を持つ銘柄の追加で消える可能性がある

	80%のS&P+20%のファンド	80%のS&P+20%のボラティリティが高いファンド	80%のS&P+20%のボラティリティが低いファンド
複利での年平均リターン	2.11%	2.18%	2.05%
年率換算した標準偏差	12.02%	11.45%	12.47%
年率換算したリターン・標準偏差比率	0.18	0.19	0.16

とリターン・リスク比率にかなりの悪影響を及ぼすが、ポートフォリオに組み込むと、そうした悪影響は消える。この例から、ポートフォリオに対して逆相関が高い銘柄を加えると、ボラティリティの高さはマイナスの要素ではなく、役に立つことさえあることが分かる。

　余談だが、読者はこの例が果たして妥当なのかと疑うかもしれない。リターンがたったの2％で、標準偏差は12％もあるポートフォリオを検討する理由などあるのだろうか？　答えは、過去のパフォーマンスは将来のパフォーマンスを示さないことが多いという点にある。この例で挙げたポートフォリオの80％はS&P500指数で構成されているが、この指数は調査をした期間に年率1％も上昇しなかった。そのため、その後の平均リターンがかなり高くなると期待するのはまったく適切なことだ。実際、第3章の分析で示したように、低リターンの時期が長く続いた後に、S&P500の将来のパフォーマンスは平均以上になる可能性が高くなる。

> ## 投資における誤解
>
> **投資における誤解49** 2つのファンドのリターンが似ている（また、ほかの特徴も似ている）ならば、ボラティリティが低いファンドのほうがいつでも好まれる。
>
> **現実** 通常はボラティリティが低いほうが望ましいが、そのファンドを組み入れようと考えているポートフォリオと逆相関しているときには、話がまったく変わる。この場合は前の例で示したように、ボラティリティが高いことが役立つことも十分にある（追加する資産が逆相関しているとき、そのリターンの変動パターン次第で、ボラティリティの高さが有益になることもあれば、有害になることも、中立になることもある）。
>
> **投資における誤解50** 同等のファンドであれば、常にリターン・ボラティリティ比率が高いほうが好まれる。
>
> **現実** ポートフォリオに追加する銘柄が逆相関している場合、銘柄単独でリターン・リスク比率を見ても役に立たない。この尺度はポートフォリオ全体を見るときにのみ、意味あるものになる。

投資の知恵

ポートフォリオとして考えるとき、ファンドの評価はがらりと変わる。ポートフォリオに組み入れるファンドを評価するときには、考慮すべき重要な点が2つある。

1. ファンドのパフォーマンスと突然に損失を被る可能性

2．ファンドと残りのポートフォリオの相関関係

　逆相関している場合、単独では劣ったファンドでも、ポートフォリオに組み込むにはより望ましい選択肢になることもある。教訓は、ポートフォリオに投資するのなら、ポートフォリオの視点から考える必要があるということだ。

第21章

ポートフォリオ構築の原則
Portfolio Construction Principles

ポートフォリオ最適化の問題点

　ポートフォリオの構築は、ポートフォリオ最適化用のソフトウエアを使えるなら簡単な仕事に思われる。それを使えば、ポートフォリオに含まれる証券のリターンを入力するだけで、その値に基づいて最適配分を示してくれるからだ。ソフトウエアによって、効率的フロンティア曲線が得られるが、これは望ましいボラティリティの水準で最も高いリターンが得られるポートフォリオ（つまり、配分の組み合わせ）から成る（**図21.1**には2つの効率的フロンティア曲線——ひとつは株式と債券だけを含むもので、もうひとつはそれに代替投資［株式と債券以外への投資］を組み合わせたもの——が示されている）。例えば、年率8％のボラティリティがポートフォリオにとって望ましいリスク水準と判断したら、効率的フロンティア曲線上で8％のボラティリティに一致するポートフォリオを見れば、そのリスク水準で最も高いリターンとなる資産の組み合わせが分かる。投資家は投資対象のリストとポートフォリオで望むボラティリティ水準を選びさえすれば、ソフトウエアが直ちに保有銘柄ごとに、最適な配分比率を数学的に導き出してくれるだろう。ここでは、意思決定や重労働はたいして必要ない。

図21.1　ポートフォリオの最適化

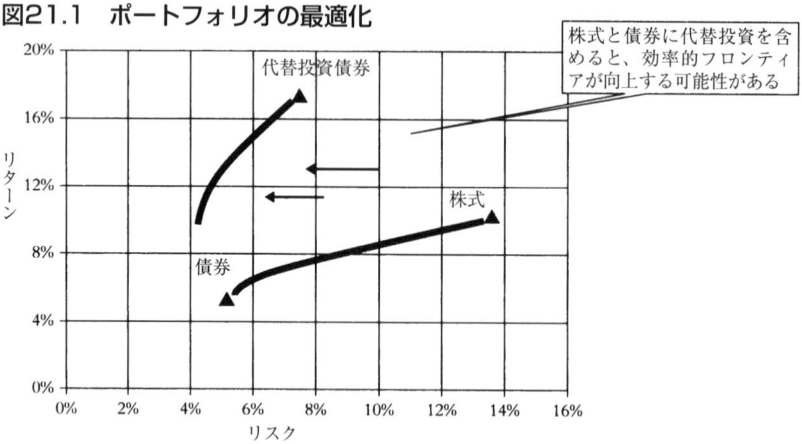
株式と債券に代替投資を含めると、効率的フロンティアが向上する可能性がある
代替投資債券
株式
債券
リターン
リスク
20%
16%
12%
8%
4%
0%
0%
2%
4%
6%
8%
10%
12%
14%
16%

ポートフォリオの最適化は簡単で、ポートフォリオ配分の科学的な手法のように思われるが、これは欠陥が極めて大きい、２つの暗黙の仮定に基づいている。

1．過去のリターン、ボラティリティ、相関係数は将来のリターン、ボラティリティ、相関係数を表している

よくある問題のひとつは、ポートフォリオに組み入れるファンドの運用実績が短すぎるため、さまざまな相場つきでのパフォーマンスを表していない点だ。ポートフォリオ最適化では、分析するファンドの運用実績のうちで最も短期のものに合わせる必要があるため、この問題はさらに大きくなる。ポートフォリオに運用実績が２～３年しかないファンドが含まれる場合、ポートフォリオ内のすべて（または、ほぼすべて）のファンドで分析を行うために、その短期間に分析を制限するか、ポートフォリオの一部（つまり、運用実績が一定期間を超え

るファンド)だけで分析するかという選択を迫られる。

　利用できる運用実績のデータに制限があるため、ポートフォリオの最適化を行うと、最近の相場サイクルに合わせすぎた資産配分になりやすい。要するに、いわゆる最適な資産配分は、最近に最もパフォーマンスが良かった配分になるだろう。しかし、相場が転換すると、最近に最も良かった銘柄のパフォーマンスは、その後に非常に悪くなる可能性が高い。その場合、ポートフォリオの最適化は役に立たないだけでなく、実はランダムに配分をするよりももっと悪い結果しか得られないだろう。例えば、2000年初めには、株式のロングバイアス戦略(特にハイテク株に焦点を合わせた戦略)は最近のパフォーマンスが非常に素晴らしかったので、最適化を行えばその戦略に通常よりもはるかに大きな配分をしていただろう。まさに、パフォーマンスが最悪になろうとする時期にだ。同様に、2008年の初めにポートフォリオの最適化ソフトを使っていたら、その年の後半に起きることになる金融危機に対して最も弱い戦略(例えば、信用リスク、流動性が低い証券、新興国市場銘柄などの買い持ち戦略)の配分比率を大きくしていただろう。

　利用できるデータが限られると、相関係数の計算も信頼度が落ちるだろう。資産間の相関係数は時がたつにつれて大幅に変わることも多いため、不十分な期間で相関係数を見ると、通常の変動幅の一部しか表れないかもしれない。また、期間が短いと、相関がないファンドでも単なる偶然から相関があるように見える可能性が高くなる(例えば、関係ない理由で、2つの資産が同じ1～2カ月に大幅な利益や損失を出すなど)。

　広範囲に及ぶデータが入手できるときでさえ、その過去データが将来の予測に使えるという暗黙の仮定は、根拠が非常に弱い。例えば、2012年現在、Tボンド市場では30年以上も強気相場が続いている。これはTボンドを含むポートフォリオで最適化を行うと、その組み入れ

比率が引き上げられることを意味する。だが、皮肉にも、Tボンドがそれほど長期にわたって上昇していたということは、将来のリターンは落ちるかそれ以上良くならないということを意味する。金利水準がそれ以上に下がる余地（すなわち、債券価格の上昇余地）はほとんど残されていないからだ。この例についての詳しい説明は第6章を読み直してほしい。

常に問うべきことは、過去のリターンを生み出した要素が、将来でもまだ通用しそうかだ。そうでなければ、ポートフォリオの最適化は良くてせいぜい無意味なものであり、最悪の場合には誤解を生む結果しか得られないだろう。

2．ボラティリティはリスクの良い代用になる

大きなリスクは運用実績に現れていないことが多いので、ポートフォリオの最適化につきもののこの仮定には、まったく根拠がないことが多い。また、リスクが大きいためではなく、リターンが非常に大きいためにボラティリティが高い場合もときどきある。リスクとボラティリティの混同について、詳しくは第4章を読み直してもらいたい。ボラティリティをリスクの代わりに使うのに最も適しているのは、先物やFXのように流動性が非常に高い戦略だ。多くのヘッジファンド戦略と異なり、それらではイベントリスクはあまり大きな問題にならないからだ。

ポートフォリオの最適化を行うと、間違った問いに対して数学的に正確な答えが導き出される。この答えは、将来のリターン、ボラティリティ、相関係数が過去と似ていると仮定すると、ポートフォリオでどういう配分をするのが最適かという問いに対するものだ。しかし、求めたい答えは、将来のリターン、リスク、それにポートフォリオ内の銘柄が同時に被りやすい損失を最も適切に評価した場合、ポートフ

ォリオの配分をどのようにするのが最適か、という問いに対してだ。これら2つの問いは絶対に同じではない。過去のリターンは将来のリターンを表さないことが多いし、過去の運用実績も既知の大きなリスクを反映していないことが多い。また、相関係数は同時に被りやすい損失を正確に表さないことも多いだろう。ポートフォリオの最適化は、理論的な世界での配分問題に対して正しい解決策を提供してくれる。だが残念ながら、私たちは現実の世界で投資をしているのであり、2つの世界は著しく異なるのだ。そのため、一見すると正確な答えが簡単に得られるポートフォリオの最適化ソフトウエアを使うよりも、過去の運用実績からは見えないものも含めて、カギとなる要素を考慮しながら手作業で推計を行うほうが好ましい。間違った前提に立って正確な答えを求めるよりも、適切な前提に立っておおよその答えを求めるほうが良い（ここで述べたポートフォリオ最適化の説明は、さまざまな投資対象の過去データを代表的なデータとみなして、それらを使うアプリケーションを指している。しかし、ポートフォリオ最適化のソフトウエアは、特定の仮定をしたときに得られる最適配分を知るための有用な道具にもなる。もちろん、そこで得られる結果の良し悪しは置いた仮定で決まる）。

ポートフォリオ構築の8原則

　ポートフォリオをしっかり構築するための基本原則は、これまでの章ですでにいくつか詳しく述べている。それらに触れる場合には、ポートフォリオの配分に関する考え方について要約し、参照すべき章を示すだけにとどめておく。

1．リターンではなく、リターン・リスク比率に焦点を合わせる（第8章）

　投資家は、投資対象がリスクにさらされている割合がリターンそのものにどの程度の影響を及ぼすかを考慮に入れずに、ほとんどリターンにだけ焦点を合わせることが多い。ポジションサイズを2倍にすればリターンは2倍になるだろうが、リスクも2倍になるだろう。リターンを2倍にすればパフォーマンスがはるかに良くなる、と考えるのはバカげている。リターン・リスク比率に焦点を合わせると、バカげた比較をしないで済む。では、あるマネジャーのリターン・リスク比率は高いが、望んでいるリターン水準に達していない場合はどうすればよいだろう？　その場合にはレバレッジをかけると、リターンは許容できる水準にあるが、リターン・リスク比率は低いマネジャーよりも、リスクを低いままにしてリターンを引き上げることができる。ポートフォリオを構成するほかの銘柄に、質的にも分散という点でも等しければ、リターン・リスク比率が高いマネジャーのほうが常に望ましいだろう。

2．ボラティリティではなく、リスクに焦点を合わせる（第4章）

　ボラティリティはリスクのひとつのタイプにすぎず、投資家の視点から見たリスク――損失を被る確率とその大きさに基づくリスク――を表していない場合すらあるかもしれない。また、最も重要なリスクの多くは運用実績に反映されていないかもしれない。リスクの代わりにボラティリティを使ってもほぼ適切（すべての場合というわけではない）と言える例外は、流動性が極めて高い戦略だけだ（例えば、先物とFXのトレード）。

3．マネジャーの手腕と強気相場を取り違えない。過去のパフォーマンスがどういう理由で達成されたかを理解しておく（第6章）

相場つきが良い時期にエクスポージャーをかなり大きくして、素晴らしい運用実績を上げるマネジャーも多いだろう。彼らがエクスポージャーを大幅に変えながら投資を行っていれば、強気相場での優れたパフォーマンスは彼らの手腕によるものと考えられる。しかし、常に大きなリスクを引き受けていて、その運用実績が上昇相場と同じ時期に得られたものならば、過去のリターンは彼らの手腕ではなく、そのときの相場つきを映しているだけなのかもしれない。

4．10銘柄よりもずっと多くの銘柄に分散投資をする（第17章）

平均して見ると、10銘柄以上に分散投資をしても得られる利益はたしかに限られている。だが、このとらえ方は、分散投資の主な価値が最悪の場合に被る結果（業界用語で言う「テールリスク」）を和らげるところにある、というポイントを見逃している。組み入れる銘柄の質が等しく、ほかの銘柄との相関が大きくないのであれば、分散化をもっと進めても効果が得られる。

5．カテゴリーに基づくトップダウンの配分よりも、マネジャーに基づくボトムアップの配分を優先する

ファンド・オブ・ファンズのマネジャーの多くは、トップダウン手法に従って分散化を達成しようとする。彼らはヘッジファンドの各カテゴリー（例えば、ロングショート、イベントドリブン、グローバル

マクロなどの戦略)にどれだけ割り当てるべきかをまず決めて、その後に各戦略カテゴリー内で個々にマネジャーを選ぶ。トップダウン手法には数え切れないほどの論理的矛盾がある。

● ヘッジファンドのデータベース提供会社によって、戦略カテゴリー数が大幅に異なることでもすぐに分かるように、戦略カテゴリーの名称はきちんと定義されていない。
● 複数の戦略カテゴリーに当てはまるヘッジファンドもある。
● どの戦略カテゴリーにも当てはまらないヘッジファンドもある。
● 同一カテゴリーのヘッジファンドでも相関しないことがある。
● 異なるカテゴリーのヘッジファンドでも非常に相関が高いこともある。

カテゴリーの名称には矛盾があり、区分の指標として誤解を招く恐れがある。マネジャーを分散したいのであれば、明らかに主観的で矛盾が多いカテゴリーの名称にではなく、個々の投資対象の統計(例えば、相関係数やベータ)や戦略の質的な比較に焦点を合わせるほうがずっと理にかなっている。

6．ほかのマネジャーとの相関が極めて重要である。マネジャー同士の対相関が平均して低く、同じ月に偶然に損失を被る確率が低くなることを目標にする

ポートフォリオに組み入れるマネジャーを選ぶことと、単独の投資対象としてマネジャーを選ぶことは別の話だ。マネジャーがポートフォリオにどれだけの影響を及ぼすかは、個々のマネジャーのパフォーマンスだけでなく、ポートフォリオを構成するほかのマネジャーとどれくらいの相関があるかにもよる。リターン・リスク比率が高くて同

質のマネジャーよりも、ほかのマネジャーとの相関が低いか逆相関をしているマネジャーのほうが、ポートフォリオに追加する銘柄としてふさわしい場合もある。別の例では、ボラティリティが非常に高いマネジャーでも、ほかのマネジャーと逆相関をしているなら、ポートフォリオのボラティリティは低くなるだろう（第20章を参照）。

一般的な指針として、ファンド・オブ・ファンズのポートフォリオマネジャーやマルチマネジャーファンドへの投資家は、対相関が平均して低くなることを目標にすべきだ。対相関とは、ポートフォリオ内のあらゆる2つの銘柄の相関係数である。ポートフォリオ内の2つ1組の数はN×（N－1）÷2に等しい。ここで、Nは全銘柄数である。例えば、ファンド・オブ・ファンズのポートフォリオ内に20人のマネジャーが組み入れられていれば、(20×19)÷2＝190の対相関がある。次の節で詳しく述べるが、相関行列はポートフォリオの対相関をすべて見るための便利な方法である。

また、ポートフォリオ内のファンドがたまたま同時に損失を出したかを直接見ることも有益である。ポートフォリオ内で同時に損失が出るパターンを見つけるための道具は、この章の「相関関係を超えて」の節で述べる。ファンド・オブ・ファンズのマネジャーは、ポートフォリオ内で同時に損失を出す傾向が強いファンド数を最小にしようと心がける必要がある。

7．ポートフォリオのリスクが下がるように、均等な配分ではなく、リスク調整に基づいて配分を行う

ポートフォリオ内のすべてのマネジャーの質がほぼ等しく、彼ら全員がほかのマネジャーに対して均等に分散されているとしよう。この場合、どのように資産を割り当てるべきだろうか？　前に述べた単純な例を前提にすれば、均等に配分するのが理にかなっていると思うか

もしれない。しかし、投資対象から得られる利点が等しいと仮定しても、実際には均等に配分するのは愚かな選択になることもある。均等な配分がいかに愚かな手法かを、次に話す想像上の２人の共同経営者で示そう。彼らはファンドを共同で運営しているが、ファンドのトレード法については基本的に意見が異なる。

キャロルとアンドリューは、先物でシステマティックなトレード戦略を取っているファンドのマネジャーとして共同経営を行っている。２人とも自分たちが開発したトレードシステムに満足しているが、問題も抱えている。彼らは証拠金使用率を、CTA（商品投資顧問業者）の標準的なエクスポージャー水準である14％にして、彼らのシステムでトレードを行っている。キャロルは非常に慎重な性格で、純資産のドローダウンを小さくしておくことに最も気を使う。しかし、アンドリューはそれでは保守的すぎるので、エクスポージャーをもっと増やすべきだと感じている。

ある日、キャロルが言う。「投資家はリターンよりもドローダウンを心配している。はっきり言うと、私もよ。私たちはエクスポージャーを半分にして、純資産に対する証拠金比率を７％にすべきだわ」

アンドリューは反論する。「本気で言ってるのかい？　今でも僕らのエクスポージャーは低すぎるんだ。これまでで最大のドローダウンはたったの10％だよ。僕らは証拠金の水準を２倍にすべきだね。そうすれば、リターンは２倍になるし、ほとんどの投資家は20％の最大ドローダウンでも問題ないと言うだろう」

キャロルは怒りが収まらず、どこから話を始めるべきか決めかねるほどだ。「将来の最大ドローダウンが過去の最大ドローダウンと同じくらいで済むって、だれが言ったの？　もしも、２倍になったらどうする？　そうなったら、あなたの提案では、40％も資産が減って、破綻するわよ！」

彼らは現状を維持することに決めるが、どちらも満足できない。そ

の後の数週間、同じ議論を蒸し返すが、どちらも相手を説得できない。とうとう、2人は共同開発したシステムを使う権利は維持しつつ、独立することに決めた。

　キャロルとアンドリューはそれぞれのファンドを立ち上げた。2人とも何も変更せずに、まったく同じシステムを使い続けた。唯一の違いは、キャロルが純資産に対する証拠金比率を7％にしてトレードを行う一方、アンドリューは28％にしたという点だ。

　さて、均等な配分を行っているファンド・オブ・ファンズのマネジャーが、キャロルかアンドリューのファンドをポートフォリオに追加するとしよう。両方のファンドとも戦略はぴったり同じで、リターン・リスク比率で見たパフォーマンスもほぼ同じだ。それで、均等に配分するのが中立的な手法と思われるかもしれないが、キャロルのファンドの代わりにアンドリューのファンドが選ばれたら、同じ投資が4倍の規模になるだろう。どんな理屈を使っても、アンドリューへの配分比率はキャロルの4分の1にしなければならない。そうすれば、リターンもリスクもいわゆる均等な投資に等しくなるだろう。

　ファンドを運用するときのリスク水準はマネジャーの主観的な好みで決まる。投資家が同じリスク水準を受け入れなければならない理由など、まったくない。投資対象によってリスク水準が異なるのなら、それに応じて配分比率も調節すべきだ。2つのファンドが保有対象として同じ程度に魅力的であり、ひとつが（最も適切と考えられる方法で測ったリスクで）もうひとつのリスクの2倍であれば、その配分は半分にすべきだ。カギは最初の基準となる配分を等しい資産額ではなく、等しいリスクに基づいて行うべきだということだ。もちろん、量や質の比較に基づく評価や、ほかの銘柄との分散化などの要素も、配分に影響させるべきである。しかし、ほかの条件がすべて等しければ、リスクが高い銘柄は、それに応じて配分比率を下げる必要がある。

　配分額が等しいファンドでは、リスクがより高い銘柄が不釣り合い

に大きな影響力を持つので、ボラティリティが高くなりがちである。対照的に、リスクに基づく配分では、リスクが高い銘柄の配分比率を下げて、ポートフォリオのボラティリティを下げるようにするだろう。

8．株式市場が下げている月の大半で利益を出すファンドを探す

ファンド・オブ・ファンズのポートフォリオを単独の投資ではなく、伝統的な投資を分散するために使おうと考えているのならば、そのファンドは下げ相場の大半の月に純利益を出しそうなものを選ぶように心がけるべきだ。この目標が達成される確率を上げるために、運用期間中に起きた下げ相場の月全体で見て、純利益を出しているマネジャーを探すとよい。

相関行列

ポートフォリオ内の銘柄を比べる際に、相関係数を一度に1つずつ見るよりも、グループとして見るほうがはるかに役に立つ。相関行列は2つの銘柄（または、ほかのどのデータでも）同士のすべての対相関をまとめる。相関行列の具体例は**図21.2**に示されている。注意しておくが、横軸も縦軸も同じファンド名である。どの銘柄同士の相関係数でも、2つが交差するセルを見れば分かる。例えば、ファンドCとファンドEの相関係数を調べたければ、ファンドCの行とファンドEの列が交わるところを見るか、ファンドCの列とファンドEの行が交わるところを見ればよい。

両方とも、相関係数は0.09である。相関行列の対角線よりも上半分は、下半分のデータを写したものだ。そのため、相関行列では下半分しか示されないことが多い。相関行列の対角線上は同じファンドが交

図21.2　相関行列

ファンド名	A	B	C	D	E	F	G	H	I	J
ファンドA		−0.06	0.17	0.00	0.17	0.30	0.00	0.06	0.19	0.43
ファンドB	−0.06		0.17	0.00	−0.14	0.15	0.07	−0.14	−0.17	0.17
ファンドC	0.17	0.17		0.00	0.09	−0.07	0.00	0.13	0.45	0.21
ファンドD	0.00	0.00	0.00		0.12	0.00	0.30	−0.09	0.87	0.03
ファンドE	0.17	−0.14	0.09	0.12		−0.04	0.37	0.21	−0.21	0.32
ファンドF	0.30	0.15	−0.07	0.00	−0.04		0.84	0.03	0.12	0.47
ファンドG	0.00	0.07	0.00	0.30	0.37	0.84		0.87	0.55	0.17
ファンドH	0.06	−0.14	0.13	−0.09	0.21	0.03	0.87		−0.07	0.22
ファンドI	0.19	−0.17	0.45	0.87	−0.21	0.12	0.55	−0.07		0.38
ファンドJ	0.43	0.17	0.21	0.03	0.32	0.47	0.17	0.22	0.38	

わるところなので、そのセルの値は常に1.0である。これは分かりきっているので、これらのセルは空欄にされていることが多い。許容限度を超える相関係数の値は強調表示しておくと役に立つだろう。例えば、**図21.2**では、0.7以上の相関係数には影を付けている。相関行列のすべての組の平均は、ポートフォリオがどれほど分散されているかをうまく要約している。対相関の平均は、低いほど良い。

相関関係を超えて

相関係数は同時に損失を被りやすい銘柄を見つけるのに有用な道具だが、第9章で詳しく述べた理由から、2つのファンド間の相関が適度か、あるいは高いときでさえも、必ずしも同時期に損失を被るわけではないし、逆に相関が低いからといって、同時に損失を被らないわけでもない。重要な心配――同じ時期に損失を被りそうか――について知りたいのなら、ポートフォリオ内のほかのファンドが損失を出しているときに、各ファンドがどういう動きをしているかを調べるほうが、相関係数を見るよりも的確な分析ができる。

ポートフォリオ内のほかの銘柄が損失を出しているときに、損失をどれほど被りやすいのかを評価したいとき、CNR（コインシデント・ネガティブ・リターン）行列が役に立つ。CNR行列は従来からある相関行列と似ているように見えるが、次の重要な2つの点で異なる。

1. セルの値は2つの銘柄間の相関係数ではなく、ある列の銘柄が損失を出していた期間に、それと交わる行の銘柄が同時に損失を出した期間の割合を示している。例えば、ファンドEの行とファンドCの列が交わるセルの値は、ファンドCが損失を出していた期間にファンドEも同時に損失を出していた期間の割合を示している。ファンドCがすべての月のうちの20％で損失を出していて、それらの同じ月の60％でファンドEも損失を出していれば、E行とC列が交わるセルの値は60％になっている。例では月次データを使っていると仮定したが、どの時間枠を使ってCNR行列を計算してもよい。しかし、どの銘柄が同じ期間に最も損失を被りやすいかを見たい場合、入手できるなら日次（か、週次）データを使うほうが、統計的に意味のある結果が得られるだろう。
2. 標準的な相関行列とは異なり、CNR行列は非対称的である。つまり、対角線よりも上の部分はそれよりも下の部分をコピーしたものではない。非対称になる理由は、ある列の銘柄が損失を出している場合に、それと交わる行の銘柄が損失を出している期間の割合は、ある行の銘柄が損失を出している場合に、それと交わる列の銘柄が損失を出している期間の割合とは異なるからだ。

CNR行列を計算するために必要な変数が1つある。損失期間（月次データなら月）を定義するための最低損失許容限度の値（T）である。Tの初期値はゼロで、損失が少しでも出れば損失月とみなす。だが、許容限度をもっと高くしたほうが良い理由かもしれない。すべて

が同時に損失を出す期間ではなく、同じ期間に被る大きな損失に焦点を合わせたほうが適切な場合もあるからだ。例えば、ファンドCがわずかな損失を被った月に、ファンドEが損失を出したかどうかは気にしないかもしれない。仮にTを0.5％に設定すれば、列のマネジャーが少なくとも0.5％の損失を被った期間に、行のマネジャーが少なくとも0.5％の損失を出した期間の割合がCNR行列で示される。

　注　CNR行列は私自身が考案したもので、既存のソフトウエアでは利用できない。しかし、これはクラリティ・ポートフォリオ・ビューアー・システムのモジュールとして、ゲート39メディアが現在開発しているシュワッガー・アナリティクス・モジュールに含まれる予定だ。このアドオンは2013年の第2四半期にリリースされる予定である。興味がある読者は、http://www.gate39media.com/solutions/clarity-portfolio-viewer/schwager-analytics-module でより詳しい情報を得ることができる。情報開示のために記しておくと、私はこの製品に利害関係がある。

投資における誤解

投資における誤解51　ポートフォリオの最適化は、目標とするどのボラティリティ水準に対しても最適なリターンを達成するための最も優れた手段である。

現実　ポートフォリオの最適化でカギとなる暗黙の前提は、過去のリターン、ボラティリティ、相関係数が将来に期待される水準の適切な推計であるということだ。この仮定は単に不適切な場合が多いというだけではない。相場が大きく転換すると、最適化を行ったポートフォリオはランダムな配分よりも悪い結果に終わる

だろう。通常は不正確な仮定に基づいているため、ポートフォリオ最適化で得られる数学的な正確さは誤った正確さである。

投資における誤解52　トップダウン手法による配分は、適切な分散投資をするための有用な道具だ。

現実　カテゴリーの名称は恣意的にならざるを得ず、ファンド区分の指標として役に立たないこともある。うまく分散されたポートフォリオを構築することが目標ならば、カテゴリーごとに決めた比率に配分をするよりも、マネジャーの違いに注目して投資先を選ぶことに焦点を合わせるほうがずっと有効である。異なるカテゴリーのマネジャーでも同じリスクに弱い場合もあるので、トップダウン手法を取ると相関が強すぎるポートフォリオになる可能性があるからだ。

投資における誤解53　マネジャーが質的に等しいとみなせるならば、将来のリターン・リスク比率が高そうなマネジャーのほうが常に望ましい。

現実　単独で投資対象を選ぶときには適切でも、ポートフォリオに組み入れるものを選ぶときには必ずしも適切ではない。パフォーマンスが劣る銘柄でも、ポートフォリオ内のほかの銘柄との逆相関が大きければ、パフォーマンスが良い銘柄よりもポートフォリオのパフォーマンス向上に役立つこともある。

投資における誤解54　ポートフォリオ内の銘柄にほぼ等しい利点があると判断できるなら、等しく配分する手法は適切である。

現実　資産額が等しくなるように配分するよりも、リスクが等し

くなるように配分するほうが中立的な配分指針として理にかなっていて、ポートフォリオのリスクを和らげる役に立つ可能性が高い。

投資における誤解55　ポートフォリオの相関行列は、同じ期間に損失を出しやすいファンドを特定するための包括的な道具である。
現実　相関行列は同じ時期に損失を出しがちなファンドを見つけるのに非常に役立つ。だが、相関係数は損失を出す月ではなく、すべての月に基づいているので、ポートフォリオ内のほかのファンドと同時に損失を被りやすいファンドを特定するには不十分なときもあり、時には誤解を招くことすらある。同時に損失を被りがちなファンドを特定する際に、CNR行列は相関行列の補助として役に立つ。

投資の知恵

　効率的なポートフォリオ配分を目指すと、単独の投資対象としては理屈に合わない銘柄を選ぶこともある。ポートフォリオと逆相関しているのなら、リターン・リスク比率が高いマネジャーよりも低いマネジャーのほうが、ポートフォリオの配分では好ましい場合もあるかもしれない。カギは、どのマネジャーが将来のリターン・リスク比率が最も高そうかではなく、どのマネジャーがポートフォリオのリターン・リスク比率を最も高くしてくれそうかである。
　ポートフォリオの最適化を行うと、数学的に正確なポートフォリオ配分が得られるが、それは不完全な仮定に基づくことが多い。ポート

フォリオ最適化における典型的な暗黙の仮定は、過去のリターン、ボラティリティ、相関係数は将来に期待される水準の適切な推計になっているというものだ。問題はこの仮定には大きな欠陥があるということで、特にリターンに関してそう言える。相場が大きく転換する時期にポートフォリオ最適化を行うと、ランダムな配分よりも劣る結果しか得られないこともある。

　ポートフォリオの配分では、均等な配分が中立的と見られている。しかし、実際には、マネジャーが引き受けるリスクは大幅に異なるので、均等に配分をすると、ほかのマネジャーよりもはるかに多くのリスクを偶然に割り当てられるマネジャーが出てくるだろう。もっと理にかなった手法は、リスクが等しくなるように配分することだ。皮肉だが、これはほかのマネジャーよりもはるかに大きな配分を受けるマネジャーが現れることを意味する。

終わりに

投資に関する32の観察結果

1. 専門家の話を鵜呑みにすると、投資の健全性を損なうこともある。

2. 市場は必ずしも正しくない。市場が最も間違っているときに、絶好のトレード機会が生まれる。

3. 大きな値動きはファンダメンタルズが原因で始まるが、終わりは感情が引き金になる。

4. 値動きがしばしばニュースを生むのであって、その逆ではない。

5. 過去のリターンと将来のリターンは異なる。将来の市場環境が過去のリターンを生み出した環境と著しく変わりそうだと考えるべき理由があるなら、過去のリターンで将来を予測すると判断を誤りかねない。

6. ファンダメンタルズや心理が大きく転換するときに、過去のパフォーマンスが最も良かった銘柄は、最も悪い銘柄に変わることが多い。

7. 株式の長期投資を始めるのに最も適した時期は、パフォーマンスが長期にわたって劣っていたあとである。

8. 投資家に根拠のない安心感を与えるために、中途半端にリスクを

測るくらいなら、何も測らないほうがましだ。

9. リスクを測るために、ボラティリティを使うと誤ることがよくある。多くの低ボラティリティの投資がハイリスクである一方で、高ボラティリティの投資でもリスクをうまく管理しているものもある。一般的に、ボラティリティがリスクの良い尺度になるのは、流動性が高い投資対象に対してだけだ。

10. 本当のリスクは運用実績を見ても分からないことが多い。

11. ボラティリティが高いと、リターンに悪い影響がある。

12. レバレッジ型ETFは、連動する市場の指数に同じレバレッジをかけた投資よりもパフォーマンスが大きく劣ることがある。時には相場の方向が合っているのに損失を被ることすらある。

13. 高いリターンはマネジャーの手腕によって得られたものではなく、市場環境が良好なときに過度にリスクをとったおかげということもときどきある。過去のリターンが将来にどういう意味を持つかを理解するには、リターンが何によって得られたのかを知ることが重要である。

14. マネジャー同士の比較は運用期間が重なっている時期だけで行うべきだ。

15. 後知恵を利用した試算結果はとても誤解を招くことがある。しかし、現在と過去の手数料の差を調整するためだけに試算結果を用いる場合は、過去の運用結果よりも実際の数字に近くなる。試算結果

という同じ言葉が、これらのまったく異なる2つの場面で使われるが、これらは区別することが重要だ。

16. リスクを高めればリターンを増やすことができるので、リターンだけでは意味がない。リターン・リスク比率を主なパフォーマンス尺度にすべきだ。

17. リターン・リスク比率を測る尺度で最もよく使われるのはシャープレシオだが、下方リスクに基づくリターン・リスク尺度のほうが、ほとんどの投資家のリスクの見方にはるかに近い。

18. NAV（純資産価値）を従来の目盛りで示したチャートは現実をゆがめて示す。特に、長期的な運用実績を示すチャートはNAVの水準が大きく変化するので、ゆがみが大きくなる。長期のNAVチャートでは、対数目盛を使ったほうがよい。

19. ある銘柄と指数（例えば、S&P500）との相関係数は、指数が強いときにその銘柄のリターンがどの程度高くなり、指数が弱いときにどの程度低くなりそうかを測るだけである。相関係数は、指数が下げた月に、銘柄も同様に下げる月の割合を直接に測るものではない。ある銘柄が指数と高い相関があるのに、指数が下落している時期の大部分で上昇していることさえ十分にあり得る。S&Pが下落する時期にファンドの成績が落ちないかを心配しているのならば、過去に指数が下落した月のパフォーマンスに焦点を合わせて分析をする必要がある。

20. 一般的に、ヘッジファンドはハイリスク・ハイリターンの投資と見られている。十分に分散されたヘッジファンドのポートフォリオ

に投資すれば、リターンは適度だが慎重な投資となる。ヘッジファンドは慎重な投資家には不適切だという従来の知恵は事実ではなく、偏見に基づいている。統計に基づく証拠によれば、分散投資された典型的なヘッジファンドは伝統的なポートフォリオよりもリスクが低く、分散投資の恩恵も受けられる。

21. ヘッジファンドのパフォーマンスを知りたければ、けっして単一ファンドに基づくヘッジファンド指数を使うべきではない。それらの指数はヘッジファンドのパフォーマンスを実際よりもずっと良く見せる多くのバイアスを含んでいるからだ。ファンド・オブ・ヘッジファンズに基づく指数のほうが、ヘッジファンドのパフォーマンスをはるかに現実的に示している。

22. レバレッジだけでは、ポートフォリオのリスクについて何も分からない。リスクとはポートフォリオとレバレッジの関数である。レバレッジをかけたポートフォリオのほうが、そうでないものよりもリスクが小さいこともある。それはポートフォリオを構成する資産によりけりだ。

23. レバレッジを大きくしても、必ずしもリスクが高まるわけではない。ヘッジ目的でレバレッジを使うのなら、実はリスクが減るだろう。

24. 従来のファンドの仕組みよりもマネージドアカウント（一任運用口座）を利用するほうが、投資家にとってはるかに安全な運用ができる。世界一、徹底した精査を行っても、マネージドアカウントの仕組みにある、口座の直接管理や透明性にはかなわない。

25. 10銘柄を超えると分散投資の効果はあまりないという調査研究は、

特定のポートフォリオの最悪の状況の結果に基づくものではなく、何千ものポートフォリオの平均で見た結果に基づいている。テールリスクが心配なポートフォリオマネジャーなら、10銘柄を大きく超えて分散すべきだ（加える資産が既存の資産よりも劣ると考えられるときを除く）。

26. 保有数を増やしても、必ずしも分散効果は高まらない。カギは、追加する資産が既存の資産とどれほど相関していないかだ。相関する資産を加えると、分散効果は低くなる場合さえある。

27. ポートフォリオのリバランスとは、最近のパフォーマンスが良いマネジャーから、同じ期間のパフォーマンスが悪いマネジャーに資産を再配分することで、これを行えば長期のパフォーマンスは改善することが多い（もっとも、結果は場合によるが）。

28. 通常、ボラティリティは低いほうが望ましいが、ポートフォリオに追加するファンドがポートフォリオと負の相関を持っているのなら、ボラティリティが高いことはファンドの良い特徴と言えるかもしれない（場合による）。

29. ポートフォリオ最適化ソフトによって得られる正確さは誤った正確さである。通常、それは代表的でないデータの入力で得られたものだからだ。ポートフォリオ最適化が適切と言えるのは、過去のリターンやボラティリティ、相関係数が将来の適切な推計とみなせる場合だけである。相場の大きな転換期には、ポートフォリオ最適化ソフトで得られる結果は、ランダムな配分よりも劣るだろう。

30. ヘッジファンドのカテゴリー分類がデータ提供会社ごとに異なる

以上、分散したポートフォリオを構築するためには、トップダウン手法よりもボトムアップ手法のほうが有効な場合が多い。

31. ポートフォリオに組み入れるマネジャーを選ぶとき、単独での特徴だけでなく、ポートフォリオの分散という視点からも評価することが重要である。質的に異なり、ポートフォリオを構成するほかのマネジャーとの相関があまりないか、逆相関している場合は、パフォーマンスが劣るマネジャーのほうが、パフォーマンスがより良いマネジャーよりもポートフォリオのパフォーマンスを向上させることもある。

32. ポートフォリオの配分を中立にするための指針では、資産額ではなくリスクが等しくなるように配分するほうが理にかなっているし、ポートフォリオのリスクを和らげるのにもより効果的だろう。

付録A　オプション——基本を理解する

　オプションにはコールとプットという2つの基本タイプがある。コールを買うと、満期日を含めて期間中のいつでも権利行使価格で、原資産を買う権利（義務ではない）が得られる。一方、プットを買うと、満期日までのいつでも権利行使価格で原資産を売る権利（義務ではない）が得られる（したがって、プットの買いは弱気のトレードで、プットの売りは強気のトレードになる）。オプションの価格をプレミアムと言う。例えば、4月限、210ドルのIBMのコールを1枚買えば、満期日までのいつでも、IBMの株を1株210ドルで100株を買う権利が得られる。

　コールの買い手は原資産を買う価格を確定させておき、その価格が期待どおりに上昇することで利益を得ようとする。コールの買い手が被る最大損失額は、オプションを買うときに支払うプレミアムに等しい。原資産の価格が権利行使価格を上回らないために、コールを満期日まで持ち続けると、損失が現実のものとなる。例えば、権利行使価格210ドルのIBMのコールが満期日を迎えたときに、株価が205ドルだったら、コールの価値はなくなる。一方、満期日に株価が権利行使価格を上回っていたら、コールに価値があるので、権利が行使される。しかし、株価とコールの権利行使価格の差額がプレミアムよりも小さければ、トレードをしても実際には損失が出る。コールの買い手が利益を得るためには、手数料を差し引いた後の株価と権利行使価格の差額がプレミアムを上回らなければならない。原資産の株価が高くなるほど、利益は大きくなる。

　プットの買い手は原資産を売る価格を確定させておき、その価格が期待どおりに下落することで利益を得ようとする。コールの買い手と同様に、最大損失額はプットを買ったときに支払った額に限られる。

プットを満期日まで持ち続けた場合、原資産の価格と権利行使価格との差がプットの購入時に支払ったプレミアムと手数料を上回っていれば、トレードによって利益が得られる。

コールやプットの買いはリスクが限られている上に、利益は無限大になる可能性がある。一方で、売りはその逆になる。オプションの売り手（ライターと呼ばれることも多い）は、権利が行使されたときに反対ポジションを取る義務を負うのと引き換えに、プレミアムを受け取る。例えば、コールの権利が行使された場合、コールの売り手は権利行使価格で原資産を売らなければならない（コールの買い手が権利を行使すれば、原資産を権利行使価格で買うため）。

コールの売り手は相場がもみ合うか緩やかに下落することを期待して、利益を得ようとする。コールを売ってプレミアムを得るトレードに最もうまみがあるのは、相場がそのような展開をしたときだからだ。原資産が大幅に下落すると考えている場合は、原資産を空売りするかプットを買えば利益が無限大になる可能性があるので、普通はそうすることが望ましい。同様に、プットの売り手は相場がもみ合うか緩やかに上昇することを期待して、利益を得ようとする。

オプションを買えば（コールかプットかは相場の見通しによる）、利益は無限大になる可能性がある上に、リスクは限定されている。それでもトレーダーが常にオプションを買うわけではない。初心者のなかには、これがよく理解できない人もいる。そうした混乱をしてしまうのは、確率を考えに入れていないからだ。オプションの売り手のリスクは理論的には無限大でも、実際に最もありがちな相場水準（オプションが取引されるときの原資産の相場に近い水準）では、オプションの売り手のほうが最終的には利益を得る。大まかな言い方をすると、オプションの買い手は、確率は低いが大きな利益を得るために、高い確率で生じる小さな損失（支払ったプレミアム）を受け入れる。逆にオプションの売り手は、高い確率で生じる小さな利益を得る代わ

りに、確率は低いが大きな損失を受け入れる。

　オプションのプレミアムは2つの要素から成る。本質的価値と時間価値だ。コールの本質的価値とは、原資産の市場価格が権利行使価格を上回っているときの両者の差額である（プットオプションの本質的価値は、原資産の市場価格が権利行使価格を下回っているときの両者の差額）。つまり、本質的価値とはプレミアムのうち、現時点でオプションを行使した場合に得られる利益分のことだ。本質的価値はオプションの下限価格の役目を果たす。なぜか？　仮にプレミアムが本質的価値を下回ることがあれば、そのオプションを買って権利を行使し、原市場ですぐに手仕舞うだけで、差額分が利益になるからだ（少なくとも手数料は超えると仮定する）。

　本質的価値があるオプション（すなわち、権利行使価格が原資産価格を下回るコールと、権利行使価格が原資産価格を上回るプット）をイン・ザ・マネーと呼ぶ。一方、本質的価値がないオプションをアウト・オブ・ザ・マネーと呼ぶ。そして、権利行使価格が原資産の相場に最も近いオプションをアット・ザ・マネーと呼ぶ。

　定義では本質的価値がゼロであるアウト・オブ・ザ・マネーのオプションでも、ある程度の価値はある。満期日までに原資産の価格が権利行使価格を超えて、利益が得られることもあるからだ。イン・ザ・マネーのオプションには本質的価値以上の価値がある。原資産を持つよりもオプションを持つほうが好まれるからだ。なぜだろうか？　たしかに、オプションでもその原資産でも、望ましい方向に価格が動けば等しく利益を得られる。しかし、逆方向に動いた場合、最大損失が限定されているのはオプションだからだ。プレミアムのうちで、本質的価値を超える部分を時間価値と呼ぶ。

　オプションの時間価値に影響がある要素で、最も重要なものは次の3つである。

1．権利行使価格と原資産の市場価格の関係

　ディープ・アウト・オブ・ザ・マネーのオプションは、原資産の市場価格が満期日までに権利行使価格のほうに動いたり、それを超えたりする可能性が低いため、時間価値もほとんどない。また、ディープ・イン・ザ・マネーのオプションも時間価値はほとんどない。このオプションは原資産と極めて似ているので、相場が極めて不利に動いた場合を除けば、どちらも同額の利益か損失が出るからである。言い換えると、ディープ・イン・ザ・マネーのオプションは、権利行使価格が原資産の相場とあまりにもかけ離れているために、リスクが限定されていてもたいした意味はないのだ。

2．オプションの残存期間

　満期日までの期間が長いほど、オプションの価値は高い。これは、残存期間が長いほど、権利行使期限までに本質的価値が増す確率も高くなるからである。

3．ボラティリティ

　オプションの残存期間が同じでも、原資産の推定ボラティリティ（価格の変動性を示す尺度）が変化すると、時間価値も変化する。こういう関係になるのは、このボラティリティが高まると、満期日までにオプションの本質的価値が増す確率も高くなるためだ。つまり、このボラティリティが高いほど、原資産価格の将来の変動幅も大きくなるためだ。

　ボラティリティはオプションのプレミアムを決めるうえで極めて重要な要素だが、将来の相場の変動は実際に起きるまでけっして正確には分からない、ということは強調しておく必要がある（対照的に、オプションの残存期間や、現在の原資産価格と権利行使価格の関係はいつでも正確に分かる）。そういうわけで、ボラティリティは常にヒストリカル・ボラティリティのデータに基づいて推定しなければならな

い。現在のオプション価格（つまり、プレミアム）から予測した将来のボラティリティの推定値は、ヒストリカル・ボラティリティよりも高い場合も低い場合もある。こちらはインプライド・ボラティリティと呼ばれている。

　平均して、インプライドボラティリティはオプション満期日まで、その後の原市場の実現ボラティリティよりも高くなりがちである。言い換えると、オプションのほうが少し高く値を付けられる傾向がある。オプションの売り手を引き付けて、オプションの買い手に保険を提供するという無限のリスクを引き受けてもらうためには、プレミアムを割り増しすることが必要なのだ。これは、保険会社が利ザヤを得られる水準に住宅保険料が設定されるのとまったく似ている。利ザヤが得られなければ、彼らは無限のリスクを引き受ける気にはならないだろう。

（この付録Ａは1989年に出版された『**マーケットの魔術師**』［パンローリング］に掲載されたものを元に書き換えたものである）

付録B　リスク調整済みリターン尺度の公式

この付録では、第8章で取り上げたリターン尺度の公式を載せている。

シャープレシオ

$$SR = \frac{AR - RF}{SD}$$

ここで、
SR = シャープレシオ
AR = 平均リターン（期待リターンの代わりに使われる）
RF = 無リスク金利（例えば、Ｔビルのリターン）
SD = 標準偏差

標準偏差は次の式で計算される。

$$SD = \sqrt{\frac{\sum_{I}^{N}(X_i - \overline{X})^2}{N-1}}$$

ここで、
$\overline{X}$ = 平均値
X_i = 個別リターン
N = リターン数

シャープレシオの計算には月次データを用いるのが普通だが、この場合、シャープレシオは12の平方根を掛けて年率換算されるだろう。ここでのリターンは単純平均のリターンであって、複利でのリターンではない点に注意すること。

ソルティノレシオ

$$SR = \frac{ACR - MAR}{DD}$$

ここで、
SR = ソルティノレシオ
ACR = 複利での年率リターン
MAR = 最小許容リターン（例えば、ゼロ、無リスクリターン、平均リターン）
DD = 下方偏差

ここで、DDは次のように定義する。

$$DD = \sqrt{\frac{\sum_{i}^{N}\left(MIN(X_i - MAR, 0)\right)^2}{N}}$$

ここで、
X_i = 個別リターン
MAR = 最小許容リターン（例えば、ゼロ、無リスクリターン、平均リターン）

N = データ数

例えば、最小許容リターン = 0 と定義した場合、下方偏差の計算にはリターンがマイナスの月の偏差値しか含まれない（ほかの月はゼロになる）。

SDRシャープレシオ

$$SDRSR = \frac{ACR - RF}{\sqrt{2} \times DD}$$

ここで、
$SDRSR$ = SDRシャープレシオ
ACR = 複利での年率リターン
RF = 無リスク金利（例えば、Tビルの金利）
DD = 下方偏差

ここで、DDは次のように定義される。

$$DD = \sqrt{\frac{\sum_{i}^{N}\left(MIN(X_i - \overline{X}, 0)\right)^2}{N-1}}$$

ここで、
X_i = 個別リターン
$\overline{X}$ = ベンチマークのリターン（例えば、平均値、ゼロ、無リスク金利）

SDRシャープレシオは下方偏差しか含まれないので、2の平方根

を掛ける（2乗して得られる偏差を2倍にするため）と、上方偏差は下方偏差に等しい（すなわち、対称的）と仮定することになる。上方偏差をこのように置き換えることで、SDRシャープレシオの値をシャープレシオの値と比べられるようになる。

GPR（ゲイン・トゥ・ペイン・レシオ）

$$GPR = \frac{\sum_{i=1}^{N} X_i}{\left|\sum_{i}^{N} MIN(X_i, 0)\right|}$$

ここで、
X_i = 個別リターン

テールレシオ

$$TR = \frac{\frac{\sum_{p=0}^{p=T} X_p}{N_{p<T}}}{\frac{\sum_{p=100-T}^{p=100} X_p}{N_{p>100-T}}}$$

ここで、
X_p = パーセント点$_p$のリターン
T = テールレシオの分子の計算で使う、しきい値のパーセント点（暗黙の仮定──小さいパーセント点から順に、高いリターンから

低いリターンへと並んでいる。例えばT＝10のとき、上位10%のリターンとはTが0から10までの全リターンのこと）

$N_{p<T}$＝パーセント点よりも上位のリターンの数

$N_{p>100-T}$＝パーセント点100−Tよりも下位のリターンの数

MARレシオとカルマーレシオ

$$MAR = \frac{ACR}{1 - MIN\left(\frac{NAV_j}{NAV_i}\right)}$$

ここで、

ACR＝複利での年率リターン（10進法で表す）

NAV＝純資産価値

$j > i$

RRR（リターン・リトレースメント・レシオ）

$$RRR = \frac{ACR - RF}{AMR}$$

ここで、

ACR＝複利での年率リターン

RF＝無リスクリターン

AMR＝最大下落幅の平均＝$MR_i \div N$

ここで、

N＝月数

$MR_i = \max(MRPNH_i, MRSNL_i)$

ここで、$MRPNH_i$は直近のNAV（純資産価値）のピークからの最大下落幅で、次のように定義される。

$MRPNH_i = (PNH_i - NAV_i) / PNH_i$

ここで、
$PNH_i =$（i月よりも前の）直近のNAVのピーク
$NAV_i = i$月末のNAV

$MRSNL_i$はその後のNAVの谷までの最大下落幅で、次のように定義される。

$MRSNL_i = (NAV_i - SNL_i) / NAV_i$

ここでSNL_iは、（i月以降の）その後のNAVの谷

謝辞

まず何よりも、まえがきを書いてくださったジョエル・グリーンブラット氏にお礼を言いたい。彼の最初の著書『**グリーンブラット投資法**』(パンローリング)は、多くのヘッジファンドマネジャーにとって、指導書であると同時に着想の源にもなった。マネジャーとして大きな成功を収め、著者としては複雑なことを分かりやすく、しかも楽しく説明する才能を持っている。彼に前書きを書いてもらえて、私は光栄だ。

ピーター・V・ラジシンには、原稿を入念に読んで、示唆に富む意見や提案をしてくれたことに感謝したい。おかげで、原稿をより正確で明快なものにできた。カレン・ビアンコには非常に注意深く原稿を点検してくれたことに感謝したい。私はかなりミスの少ない原稿が出来上がったと思っていたが、彼女は信じられないほど多くの誤りを見つけてくれた。また、彼女の親切な意見や質問も原稿を修正するときの役に立った。

クリストファー・ブローディには、第2章で使ったファンダメンタルズと市場の変化にずれがある例を提案してくれ、チャートも探してくれたことに感謝する。

マーク・ハルバートには市場ニュースレターが推奨する銘柄のリターンについて、非常に広範囲にわたるデータベースを作っていて、自由に使わせてくれたことにお礼を言う。ハルバート・ファイナンシャル・ダイジェストはおそらく、このデータの唯一のソースであり、それがなければ、第1章の関連する調査は不可能だった。ダニエル・スタークには、スターク・アンド・カンパニーの非常に包括的なCTAのデータベースへのアクセスを許してくれたことに感謝する。そのデータベースも閉鎖されたファンドのリターンを批判的に集めていて、

過去と将来のリターンの関係を偏りなく統計的に分析するための重要なデータとなった。

■著者紹介
ジャック・D・シュワッガー（Jack D. Schwager）
先物とヘッジファンド業界でよく知られた専門家であり、トレーディング関係の本を書いて大いに称賛を浴びた。現在は、先物とFXのポートフォリオを一任勘定で運用するADMインベスター・サービシズ・ダイバーシファイド・ストラテジーズ・ファンドの共同ポートフォリオマネジャーである。また、インドに拠点を置き、定量分析による運用を行うトレーディング会社のマーケトッパー・セキュリティーズの顧問を務め、会社のトレード技術を応用して、世界の先物市場で取引できるようにする一大プロジェクトを指導している。以前は、ロンドンに拠点を置くヘッジファンド顧問会社で、後にクロース・ブラザーズ・グループに買収されたフォーチュン・グループのパートナーであった。また、ウォール街の大手企業で先物のリサーチ担当部長として22年勤めたほか、10年間CTAの共同経営者でもあった。彼はセミナーで頻繁に講演をし、偉大なトレーダーの特徴や、投資でよくある過ち、ヘッジファンドのポートフォリオ、一任勘定、テクニカル分析、トレーディングシステムの評価などの分析について講義をしてきた。ブルックリン・カレッジで経済学学士号（1970年）を、ブラウン大学で経済学修士号（1971年）を修得。著書に『マーケットの魔術師』『新マーケットの魔術師』『マーケットの魔術師【株式編】』『続マーケットの魔術師』『シュワッガーのテクニカル分析』（いずれもパンローリング）などがある。

■監修者紹介
長尾慎太郎（ながお・しんたろう）
東京大学工学部原子力工学科卒。日米の銀行、投資顧問会社、ヘッジファンドなどを経て、現在は大手運用会社勤務。訳書に『魔術師リンダ・ラリーの短期売買入門』『新マーケットの魔術師』『マーケットの魔術師【株式編】』（いずれもパンローリング、共訳）、監修に『高勝率トレード学のススメ』『フルタイムトレーダー完全マニュアル』『新版　魔術師たちの心理学』『コナーズの短期売買実践』『システムトレード 基本と原則』『一芸を極めた裁量トレーダーの売買譜』『裁量トレーダーの心得 初心者編』『裁量トレーダーの心得 スイングトレード編』『ラリー・ウィリアムズの短期売買法【第2版】』『コナーズの短期売買戦略』『株式売買スクール』『損切りか保有かを決める最大逆行幅入門』『続マーケットの魔術師』『アノマリー投資』『続高勝率トレード学のススメ』『グレアムからの手紙』など、多数。

■訳者紹介
山口雅裕（やまぐち・まさひろ）
早稲田大学政治経済学部卒業。外資系企業などを経て、現在は翻訳業。訳書に『フィボナッチトレーディング』『規律とトレンドフォロー売買法』『逆張りトレーダー』『システムトレード 基本と原則』『一芸を極めた裁量トレーダーの売買譜』『裁量トレーダーの心得 初心者編』『裁量トレーダーの心得 スイングトレード編』『コナーズの短期売買戦略』『続マーケットの魔術師』『アノマリー投資』（パンローリング）など。

2013年8月3日 初版第1刷発行

ウィザードブックシリーズ ⑳

シュワッガーのマーケット教室
――なぜ人はダーツを投げるサルに投資の成績で勝てないのか

著　者	ジャック・D・シュワッガー
監修者	長尾慎太郎
訳　者	山口雅裕
発行者	後藤康徳
発行所	パンローリング株式会社
	〒160-0023　東京都新宿区西新宿 7-9-18-6F
	TEL 03-5386-7391　FAX 03-5386-7393
	http://www.panrolling.com/
	E-mail　info@panrolling.com
編　集	エフ・ジー・アイ（Factory of Gnomic Three Monkeys Investment）合資会社
装　丁	パンローリング装丁室
組　版	パンローリング制作室
印刷・製本	株式会社シナノ

ISBN978-4-7759-7175-8

落丁・乱丁本はお取り替えします。
また、本書の全部、または一部を複写・複製・転訳載、および磁気・光記録媒体に
入力することなどは、著作権法上の例外を除き禁じられています。

本文　©Masahiro Yamaguchi／図表　© PanRolling　2013 Printed in Japan

ラリー・R・ウィリアムズ

ウィザードブックシリーズ 196

ラリー・ウィリアムズの短期売買法【第2版】
投資で生き残るための普遍の真理

10000%の男

定価 本体4,800円+税　ISBN:9784775971611

短期システムトレーディングのバイブル！
読者からの要望の多かった改訂「第2版」が10数年の時を経て、全面新訳。直近10年のマーケットの変化をすべて織り込んだ増補版。日本のトレーディング業界に革命をもたらし、多くの日本人ウィザードを生み出した教科書！

ウィザードブックシリーズ97　ラリー・ウィリアムズの「インサイダー情報」で儲ける方法
定価 本体5,800円+税　ISBN:9784775970614

"常勝大手投資家"コマーシャルズについて行け！ラリー・ウィリアムズが、「インサイダー」である「コマーシャルズ」と呼ばれる人たちの秘密を、初めて明かした画期的なものである。

ウィザードブックシリーズ 65　ラリー・ウィリアムズの株式必勝法
定価 本体7,800円+税　ISBN:9784775970287

正しい時期に正しい株を買う。話題沸騰！
ラリー・ウィリアムズが初めて株投資の奥義を披露！
弱気禁物！上昇トレンドを逃すな！

ラルフ・ビンス

オプティマルfの生みの親

ウィザードブックシリーズ 151

ラルフ・ビンスの資金管理大全

定価 本体12,800円+税　ISBN:9784775971185

最適なポジションサイズとリスクでリターンを最大化する方法
リスクとリターンの絶妙なさじ加減で、トントンの手法を儲かる戦略に変身させる!!!資金管理のすべてを網羅した画期的なバイブル！

ジャック・D・シュワッガー

現在、マサチューセッツ州にあるマーケット・ウィザーズ・ファンドとLLCの代表を務める。著書にはベストセラーとなった『マーケットの魔術師』『新マーケットの魔術師』『マーケットの魔術師[株式編]』（パンローリング）がある。
また、セミナーでの講演も精力的にこなしている。

ウィザードブックシリーズ19
マーケットの魔術師
米トップトレーダーが語る成功の秘訣

定価 本体2,800円+税　ISBN:9784939103407

トレード界の「ドリームチーム」が勢ぞろい

世界中から絶賛されたあの名著が新装版で復刻！
投資を極めたウィザードたちの珠玉のインタビュー集！
今や伝説となった、リチャード・デニス、トム・ボールドウィン、マイケル・マーカス、ブルース・コフナー、ウィリアム・オニール、ポール・チューダー・ジョーンズ、エド・スィコータ、ジム・ロジャーズ、マーティン・シュワルツなど。

ウィザードブックシリーズ66
シュワッガーのテクニカル分析
初心者にも分かる実践チャート入門

定価 本体2,900円+税　ISBN:9784775970270

シュワッガーが、これから投資を始める人や投資手法を立て直したい人のために書き下ろした実践チャート入門。
チャート・パターンの見方、テクニカル指数の計算法から読み方、自分だけのトレーディング・システムの構築方法、ソフトウェアの購入基準、さらに投資家の心理まで、投資に必要なすべてを網羅した1冊。

ウィザードブックシリーズ 13

新マーケットの魔術師
米トップトレーダーたちが語る成功の秘密

定価 本体2,800円+税　ISBN:9784939103346

**知られざる"ソロス級トレーダー"たちが、
率直に公開する成功へのノウハウとその秘訣**

高実績を残した者だけが持つ圧倒的な説得力と初級者から上級者までが必要とするヒントの宝庫。

ウィザードブックシリーズ 14

マーケットの魔術師 株式編 増補版

定価 本体2,800円+税　ISBN:9784775970232

今でも本当のウィザードはだれだったのか?

だれもが知りたかった「その後のウィザードたちのホントはどうなの?」に、すべて答えた『マーケットの魔術師【株式編】』増補版! 過去にインタビューした各トレーダーが長引く弱気相場に一体どう対処しているのかについて、詳細なフォローアップインタビューを試みた。この増補版ではそれらすべてを網羅している。

ウィザードブックシリーズ 201

続マーケットの魔術師
トップヘッジファンドマネジャーが明かす成功の極意

定価 本体2,800円+税　ISBN:9784775971680

**『マーケットの魔術師』シリーズ
10年ぶりの第4弾!**

先端トレーディング技術と箴言が満載。「驚異の一貫性を誇る」これから伝説になる人、伝説になっている人のインタビュー集。マーケットの先達から学ぶべき重要な教訓を40にまとめ上げた。

マーク・ダグラス　ブレット・スティーンバーガー　アリ・キエフ　ダグ・ハーシュホーン

トレード心理学の四大巨人による不朽不滅の厳選ロングセラー5冊！

トレーダーや投資家たちが市場に飛び込んですぐに直面する問題とは、マーケットが下がったり横ばいしたりすることでも、聖杯が見つけられないことでも、理系的な知識の欠如によるシステム開発ができないことでもなく、自分との戦いに勝つことであり、どんなときにも揺るがない規律を持つことであり、何よりも本当の自分自身を知るということである。つまり、トレーディングや投資における最大の敵とは、トレーダー自身の精神的・心理的葛藤のなかで間違った方向に進むことである。これらの克服法が満載されたウィザードブック厳選5冊を読めば、次のステージに進む近道が必ず見つかるだろう!!

ブレット・N・スティーンバーガー博士 (Brett N. Steenbarger)

ニューヨーク州シラキュースにあるSUNYアップステート医科大学で精神医学と行動科学を教える准教授。自身もトレーダーであり、ヘッジファンド、プロップファーム（トレーディング専門業者）、投資銀行のトレーダーたちの指導・教育をしたり、トレーダー訓練プログラムの作成などに当たっている。

なぜ儲からないのか。自分の潜在能力を開花させれば、トレード技術が大きく前進することをセルフコーチ術を通してその秘訣を伝授！

悩めるトレーダーのためのメンタルコーチ術
定価 本体3,800円+税
ISBN:9784939103575

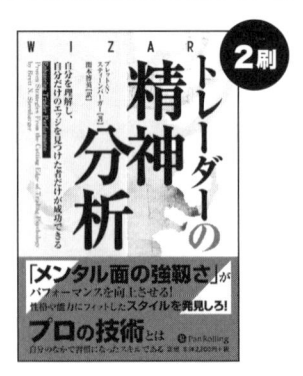

トレーダーの精神分析
定価 本体2,800円+税
ISBN:9784775970911

マーク・ダグラス (Mark Douglas)

トレーダー育成機関であるトレーディング・ビヘイビアー・ダイナミクス社社長。自らの苦いトレード体験と多くのトレーダーたちの経験を踏まえて、トレードで成功できない原因とその克服策を提示。最近は大手商品取引会社やブローカー向けに、心理的テーマや手法に関するセミナーを開催している。

本国アメリカよりも熱烈に迎え入れられた『ゾーン』は刊行から10年たった今も日本の個人トレーダーたちの必読書であり続けている!

ゾーン オーディオブックあり
定価 本体2,800円+税
ISBN:9784939103575

規律とトレーダー オーディオブックあり
定価 本体2,800円+税
ISBN:9784775970805

アリ・キエフ (Ari Kiev)

スポーツ選手やトレーダーの心理ケアが専門の精神科医。ソーシャル・サイキアトリー・リサーチ・インスティテュートの代表も務め、晩年はトレーダーたちにストレス管理、ゴール設定、パフォーマンス向上についての助言をし、世界最大規模のヘッジファンドにも永久雇用されていた。2009年、死去。

世界最高のトレーダーのひとりであるスティーブ・コーエンが心酔して自分のヘッジファンドであるSACキャピタルに無期限で雇った!

アリ・キエフのインタビューを収録!

トレーダーの心理学
定価 本体2,800円+税
ISBN:9784775970737

マーケットの魔術師[株式編] 増補版
定価 本体2,800円+税
ISBN:9784775970232

がんばる投資家の強い味方 Traders Shop

http://www.tradersshop.com/

24時間オープンの投資家専門店です。

パンローリングの通信販売サイト**「トレーダーズショップ」**は、個人投資家のためのお役立ちサイト。書籍やビデオ、道具、セミナーなど、投資に役立つものがなんでも揃うコンビニエンスストアです。

他店では、入手困難な商品が手に入ります!!

- ●投資セミナー
- ●一目均衡表 原書
- ●相場ソフトウェア
  チャートギャラリーなど多数
- ●相場予測レポート
  フォーキャストなど多数
- ●セミナーDVD
- ●オーディオブック

ここでしか入手できないモノがある。

さあ、成功のためにがんばる投資家は
いますぐアクセスしよう!

トレーダーズショップ 無料 メールマガジン

●無料メールマガジン登録画面

トレーダーズショップをご利用いただいた皆様に、**お得なプレゼント**、今後の**新刊情報**、著者の方々が書かれた**コラム**、**人気ランキング**、ソフトウェアのバージョンアップ情報、そのほか投資に関するちょっとした情報などを定期的にお届けしています。

まずはこちらの
「無料メールマガジン」
からご登録ください!
または info@tradersshop.com まで。

パンローリング株式会社

お問い合わせは

〒160-0023 東京都新宿区西新宿7-9-18-6F
Tel:03-5386-7391 Fax:03-5386-7393
http://www.panrolling.com/
E-Mail info@panrolling.com

携帯版